河南省教育厅"学前教育专业科学课程改革的研究"成果

普通高等学校学前教育专业系列教材

综合理科教程

（第二版）

主　编　张国玺
副主编　翟　岚　王海霞

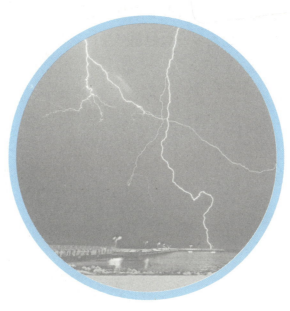

复旦大学出版社

内容提要

本教材是一套融科学理论与实践操作于一体，综合物理、化学、生物于一书，难易度适中，可操作性强的学前教育专业的文化基础课理科综合教材。

全书共分为万物之理、生活化学、生命历程三大模块，包括水和空气、力与运动、声光世界、电磁世界、能量与守恒、我们身边的化学、种类繁多的有机化合物、丰富多彩的材料、能源与环境、地球上的生物、代代相传的生命、生物与环境，共计12章。

为满足幼儿教师对科学制作和科学解释的要求，本教材设计了"想一想""说一说""做一做""实训活动"和"幼儿活动"等栏目，各种实践操作活动一百多个，突出训练学生说和做的能力。

教材第二版是第一版经过三年实践后的升华，其篇章结构更加紧凑，更加适合学前教育专业。科学制作进行了较大调整，增加了适合当堂完成的科学制作和新颖有趣的科学制作，材料易得，效果明显，针对性强，成功率高，也可供幼儿及家长做亲子活动。

本教材适用于各类学前教育专业文化基础课，也适用于各高校、幼儿园、中小学生的科学活动指导，对提高学生的科学素养和动手能力有一定的参考价值。

前　言

恰逢盛世,欣闻喜讯:2017年国家发布《义务教育小学科学课程标准》,规定从2017年秋,小学科学课程起始年级调整为一年级。时光如梭,往事如烟:1976年,全国科学大会闭幕式上《科学的春天》一文,吹响了我国向四个现代化进军的号角。其间,历经40余年。

40年间,美国出版了《美国国家科学教育标准》,提出了从幼儿园到高中的科学教育进阶;40年间,我国的科学教育工作者始终不忘初心、肩负重任、砥砺前行。教育部原副部长韦钰院士引入的科学教育项目"做中学",提出科学要在操作中学习;她早在2010年就提出科学课应该从小学一年级开设的建议。40年间,我国科学教育课程标准几经改革,至今终于将科学课程起始年级调整到小学一年级,我们期盼未来会打通科学教育的最后一个环节——幼儿的科学教育,建构从幼儿园到大学一体化的科学教育体系。

教育要改革,师资需先行,教材是关键。提起科学,人们就联想起公式定律和大量习题,产生畏难情绪。但我们编写的本册科学教材,变"学科中心"体系为"生活中心"体系,变"精英教育"为"大众教育",密切联系学前教育专业学科特点,密切联系学生的学习基础,突出幼儿园所需要的科学领域教育技能,以提高科学素养为目标,体验"科学使生活更美好",使学生爱上科学。本教材的编者分别是物理、化学、生物学科的硕士,并多年深入幼儿园,始终站在学前教育专业的讲台上,有着丰富的理论和实践经验。主编曾参编科学教材《机灵猴》,参与全国"九五"和"十五"规划教育科学重点课题,主持过省级课题"河南省幼儿园科学教育现状调查与对策研究"和"学前教育专业学生科学素养培养的实践研究",积累了大量的科学教育案例和经验,有一大批科学教育实践基地。本教材依托河南省教育厅教师教育项目,是课题"学前教育专业科学课程改革的研究"(项目编号2017-JSJYYB-168)的成果之一。

本教材以《教师教育课程标准》和《幼儿园教师专业标准》为依据,参考我国教育部颁布的科学教育标准和美国国家科学教育标准,兼顾本专业学生资格证考试需要和幼儿园教学需

要,体现育人为本、学做合一,即学即用,与幼儿园无缝对接的教育理念。教材尝试突出以下特色:

第一,能力导向,即学即用。本教材结合幼儿园所需要的科学领域的教育能力,通过"说一说""做一做"栏目,培养学生科学解释和科学制作的能力。其中,科学解释中的问题来自于学生生活实际,来自于幼儿园的孩子,密切结合教材,能使学生学会有逻辑地分析和解释科学现象;科学制作中的案例,选取经典且有新意的内容,大都经过实践检验,趣味性强、取材容易、材料易得、现象明显、科学知识点突出,非常适合课堂教学。按照教材内容,学生能很容易完成几十个科学制作,可以直接用于幼儿园,即学即用,实现与幼儿园的无缝对接。

第二,面向全体,低起高落。由于学前教育专业学生的知识背景差异较大,本教材有低起点高落点的特点,学生的入门起点较低,有普通初中科学教育背景即可,但要做到能够融会贯通、游刃有余地掌握整套教材体系,必须花大力气。例如,"纸巾吸水是因为纸巾里面有许多毛细孔",比较容易理解,但毛细现象的微观解释,却比较难。因此,本教材面向全体学生,满足不同层次学生需要。

第三,体例创新,适用性强。本教材将物理、化学、生物综合在一起,设计多个板块,创新科学教材的体例。"实训活动"和"幼儿活动"板块中设计的科学制作,分别针对学生和幼儿,难度不同;"想一想""科海拾贝"板块内容,涉及有趣的科学问题、科学故事和科学史等内容,除了满足学生教学需要,也能为学生参加国家教师资格证考试提供帮助;"做一做"有科学探究实验,可用于科学方法的教育;"说一说"有助于学生掌握科学的语言表述。本教材还可以用于小学、中学、大学的科学素养教育,也可以为幼儿家长开展家庭科学活动提供有效的参考。

本教材由张国玺编写第一～第四章,由戴华编写第五章,由马文娟编写第六章,由翟岚编写第七～第九章,由王海霞编写第十章、第十一章的第二节、第十二章的第二节和第四节,由肖兰兰编写第十一章的第一节、第十二章的第一节和第三节。

本教材的编写得到了郑州幼儿师范高等专科学校领导的大力支持,在此谨表衷心谢忱!本次教材修改版汲取各方意见,更加突出了学前教育专业特色。囿于编者水平,虽经努力,教材一定仍存在各种问题,恳请广大读者提出宝贵意见和建议,以便再次修订时加以完善。

编者

2017 年 6 月

目 录

第一模块　万物之理

第一章　水和空气 ……………………… 2
第一节　水的浮力 ………………………… 2
　　实训活动　制作浮沉子 ……………… 4
　　幼儿活动　葡萄干浮起来 …………… 4
第二节　有趣的水现象 …………………… 4
　　实训活动　不漏水的纱布 …………… 6
　　幼儿活动　迷迷转 …………………… 7
第三节　物态变化 ………………………… 7
　　实训活动　制作红色蜡烛 …………… 9
　　幼儿活动　彩虹糖 …………………… 9
第四节　大气压 …………………………… 9
　　实训活动　希罗喷泉 ………………… 11
　　幼儿活动　纸风车 …………………… 11
第五节　伯努利原理 ……………………… 12
　　实训活动　小小喷雾器 ……………… 13
　　幼儿活动　神奇的球吸 ……………… 13
第六节　气体压强、体积和温度的
　　　　关系 …………………………… 14
　　实训活动　制作针管炮 ……………… 15
　　幼儿活动　躲猫猫的气球 …………… 16

第二章　力与运动 ……………………… 17
第一节　重力与重心 ……………………… 17
　　实训活动　硬币立在钞票上 ………… 19
　　幼儿活动　跟斗虫 …………………… 19
第二节　弹力与弹性玩具 ………………… 19
　　实训活动　投石器 …………………… 21
　　幼儿活动　蝴蝶振翅 ………………… 21
第三节　生活中的摩擦力 ………………… 21
　　实训活动　会爬的七星瓢虫 ………… 23

　　幼儿活动　小偷爬房 ………………… 23
第四节　匀变速直线运动　加速度 ……… 24
　　实训活动　刹车距离的研究 ………… 25
第五节　牛顿第一定律 …………………… 26
　　实训活动　纸娃娃惯性车 …………… 27
　　幼儿活动　制作抛接球器 …………… 27
第六节　牛顿第二定律 …………………… 28
　　幼儿活动　投币式汽车 ……………… 29
第七节　牛顿第三定律 …………………… 29
　　实训活动　气球动力车 ……………… 31
　　幼儿活动　气球火箭 ………………… 31
第八节　圆周运动 ………………………… 31
　　实训活动　离心球 …………………… 33
　　幼儿活动　小球拎大球 ……………… 34
第九节　转动与平衡 ……………………… 34
　　实训活动　制作敲器 ………………… 37
　　幼儿活动　制作不倒翁 ……………… 37
第十节　轮轴与简单机械 ………………… 37
　　实训活动　旋转花瓣 ………………… 39
　　幼儿活动　彩虹蛇 …………………… 39

第三章　声光世界 ……………………… 40
第一节　机械振动　单摆 ………………… 40
　　实训活动　振动风轮 ………………… 42
　　幼儿活动　荡秋千 …………………… 42
第二节　机械波和声波 …………………… 43
　　实训活动　吸管口笛 ………………… 44
　　幼儿活动　呼啸的气球 ……………… 45
第三节　有趣的声音 ……………………… 45
　　实训活动　制作"吉他" …………… 48

幼儿活动　咆哮的老虎 …………… 48
　第四节　光源与影子 …………………… 48
　　　实训活动　小孔照相机 ………… 50
　　　幼儿活动　制作日晷 …………… 50
　第五节　光的反射 ……………………… 51
　　　实训活动　制作万花筒 ………… 52
　　　幼儿活动　看看声音 …………… 52
　第六节　光的折射 ……………………… 53
　　　实训活动　人造彩虹 …………… 55
　　　幼儿活动　鸭子转身 …………… 55
　第七节　光的全反射 …………………… 55
　　　实训活动　自制光导纤维 ……… 57
　　　幼儿活动　消失的树叶 ………… 57
　第八节　透镜 …………………………… 57
　　　实训活动　制作模拟照相机 …… 60
　　　幼儿活动　制作放大镜 ………… 60
　第九节　有趣的光现象 ………………… 60
　　　实训活动　视觉暂留转盘 ……… 62
　　　幼儿活动　鲲鹏展翅 …………… 62

第四章　电磁世界 …………………………… 63
　第一节　感应起电 ……………………… 63
　　　实训活动　听话的吸管 ………… 65
　　　幼儿活动　听话的乒乓球 ……… 65
　第二节　尖端放电 ……………………… 66
　　　实训活动　关于雷击调查报告 … 68
　　　幼儿活动　雷电的安全防护 …… 68

　第三节　电流和电源 …………………… 68
　　　实训活动　自制空气电池 ……… 70
　　　幼儿活动　电动玩具动起来 …… 70
　第四节　电路 …………………………… 70
　　　实训活动　制作明暗灯 ………… 73
　　　幼儿活动　电动娃娃动起来 …… 73
　第五节　磁场与电磁场 ………………… 73
　　　实训活动　磁力风轮 …………… 75
　　　幼儿活动　磁吸甜甜圈 ………… 75
　第六节　安培力 ………………………… 75
　　　实训活动　磁悬浮列车 ………… 77
　　　幼儿活动　磁悬浮铅笔 ………… 78

第五章　能量与守恒 ………………………… 79
　第一节　动能　势能　机械能 ………… 79
　　　实训活动　多米诺冰糕棒 ……… 82
　　　幼儿活动　五角星飞镖杀 ……… 82
　第二节　机械能守恒定律 ……………… 82
　　　实训活动　制作啄木鸟 ………… 84
　　　幼儿活动　纽扣拉拉转 ………… 84
　第三节　分子的运动　内能 …………… 84
　　　实训活动　纸杯走马灯 ………… 87
　　　幼儿活动　温度计 ……………… 88
　第四节　能量守恒定律 ………………… 88
　　　实训活动　马格努斯滑翔机 …… 90
　　　幼儿活动　空气炮 ……………… 90

第二模块　生活化学

第六章　我们身边的化学 …………………… 92
　第一节　常见的酸和碱 ………………… 92
　　　实训活动　自制紫甘蓝指示剂 … 96
　　　幼儿活动　瓶子吹气球 ………… 96
　第二节　海水中的卤素 ………………… 96
　　　实训活动　神奇喷壶 …………… 99
　　　幼儿活动　淀粉变变变 ………… 99
　第三节　海水中的钠和镁 ……………… 100
　　　幼儿活动　美丽的焰火 ………… 102
　第四节　神奇的非金属元素 …………… 103
　　　实训活动　酸雨的危害 ………… 105
　　　幼儿活动　讨厌的废气 ………… 106

第七章　种类繁多的有机化合物 …………… 107
　第一节　古老的酒与醋 ………………… 107
　　　实训活动　固体酒精 …………… 110

　　　幼儿活动　苏打喷泉 …………… 111
　第二节　身体里的营养素 ……………… 111
　　　实训活动　土豆淀粉 …………… 115
　　　幼儿活动　水和油的小秘密 …… 115
　第三节　肥皂与洗涤剂 ………………… 116
　　　实训活动　DIY手工皂 ………… 118
　　　幼儿活动　油滴不见了 ………… 118
　第四节　食品添加剂 …………………… 119
　　　实训活动　美味蛋黄酱 ………… 121
　　　幼儿活动　豆腐脑变出来 ……… 122
　第五节　化妆品 ………………………… 122
　　　实训活动　自制护手霜 ………… 124
　　　幼儿活动　不能用的化妆品 …… 124

第八章　丰富多彩的材料 …………………… 125
　第一节　金属和金属材料 ……………… 125

　　　　实训活动　回收废旧干电池 ……… 127
　　　　幼儿活动　什么东西能导电 ……… 128
　　第二节　无机非金属材料 …………… 128
　　　　实训活动　体验陶艺 …………… 130
　　　　幼儿活动　有用的玻璃 ………… 130
　　第三节　有机高分子材料 …………… 130
　　　　实训活动　尿不湿的吸水能力 … 134
　　　　幼儿活动　塑料制品 …………… 134

第九章　能源与环境 …………………… 136
　　第一节　煤　石油　天然气 ………… 136
　　　　幼儿活动　蜡烛灭了 …………… 139
　　第二节　原　电　池 ………………… 140
　　　　实训活动　水果电池 …………… 141
　　　　幼儿活动　神奇的水果 ………… 142
　　第三节　保护人类赖以生存的环境 … 142
　　　　实训活动　污水对植物的影响 … 145
　　　　幼儿活动　可怕的白色污染 …… 145

第三模块　生命历程

第十章　地球上的生物 ………………… 148
　　第一节　生物的基本特征 …………… 148
　　　　实训活动　识别生物和非生物 … 149
　　　　幼儿活动　班级生物角 ………… 150
　　第二节　美丽的植物 ………………… 150
　　　　实训活动　观察公园里常见的裸子
　　　　　　　　　植物 ………………… 153
　　　　幼儿活动　我喜欢的树 ………… 153
　　第三节　可爱的动物 ………………… 153
　　　　实训活动　了解鸟类的多样性 … 159
　　　　幼儿活动　饲养并观察蚯蚓 …… 160
　　第四节　显微镜下的各种生物 ……… 160
　　　　实训活动　探究酵母菌发酵的最佳
　　　　　　　　　条件 ………………… 163
　　　　幼儿活动　巧手做馒头 ………… 163
　　第五节　生物的分类 ………………… 163
　　　　实训活动　给树木挂牌 ………… 169
　　　　幼儿活动　树叶花瓣贴画 ……… 169

第十一章　代代相传的生命 …………… 170
　　第一节　植物的繁殖 ………………… 170
　　　　实训活动　种植常见植物 ……… 173
　　　　幼儿活动　播种小菜园 ………… 173
　　第二节　动物和人类的生殖发育 …… 174
　　　　实训活动　观察青蛙的生长
　　　　　　　　　发育 ………………… 178
　　　　幼儿活动　帮我找妈妈 ………… 178

第十二章　生物与环境 ………………… 179
　　第一节　生态系统 …………………… 179
　　　　实训活动　玻璃瓶中的生态
　　　　　　　　　系统 ………………… 182
　　　　幼儿活动　小小生态瓶 ………… 183
　　第二节　生物与环境的关系 ………… 183
　　　　实训活动　制作海洋装饰墙 …… 186
　　　　幼儿活动　钓鱼游戏 …………… 186
　　第三节　植物的应激性 ……………… 187
　　　　实训活动　植物向光性运动的
　　　　　　　　　实验设计和观察 …… 189
　　　　幼儿活动　豌豆走迷宫 ………… 189
　　第四节　动物的行为 ………………… 189
　　　　实训活动　创编生物科学童话
　　　　　　　　　故事 ………………… 191
　　　　幼儿活动　动物也爱模仿秀 …… 192

第一模块

万物之理

第一章
水 和 空 气

科学领域是幼儿园五大领域之一,水和空气是科学领域的两大主题活动,幼儿科学教育必须突出关键经验。本章水部分的关键经验涉及沉浮条件、表面张力、毛细现象和水的三态变化;空气部分的关键经验涉及大气压强、虹吸现象、伯努利原理和气体的状态变化。幼儿的思维处于前运算阶段,因此幼儿的科学经验必须通过操作活动来获得。本章设计生动有趣且易于操作的科学活动,包括浮沉子、不漏水的纱布、扎染纸巾、迷迷转、覆杯托水、鱼缸换水、希罗喷泉、喷雾器等,通过玩科学、做科学来学科学,体现了幼儿科学的特点。

第一节 水 的 浮 力

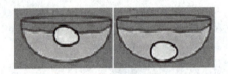

图 1-1-1 哪个鸡蛋新鲜

将生鸡蛋放入清水中,发现一个鸡蛋沉在碗底,另一个鸡蛋浮在水面(图 1-1-1),猜一猜,哪个鸡蛋是新鲜的?你是用什么办法挑选新鲜鸡蛋的?

浮力

在我们的地球家园中,海洋面积占 71%,陆地仅占 29%,水与人类的关系非常密切。明朝初期我国郑和下西洋是世界航海史上的壮举;1970 年我国核潜艇下水震惊世界;2012 年我国航空母舰研制成功,交付海军,捍卫我海疆。其实,我们的祖先很早就"观落叶以为舟","见窍木浮而知为舟",知道了浮力的用途。至今,在内蒙古一带依然能够看到用羊皮囊和羊皮筏子渡河的情景。浮力,为人类的生存和发展,做出了巨大的贡献。那么,什么是浮力?浮力产生的条件又是什么呢?

把泡沫塑料按到水底,然后把手移开,泡沫塑料会浮上来,物体在水中会受到水对于物体的向上的力,叫做**浮力**。获得浮力大小的方法有**称重法**、**溢水法**和**计算法**。

如图 1-1-2 所示,用测力计分别称量物体在空气中和在水中的重量 G_1、G_2,则物体所受到的浮力的大小 $F = G_1 - G_2$。我们把这种通过重量差来获得物体所受浮力大小的方法叫**称重法**。

如图 1-1-3 所示,将盛满水的大烧杯斜放,再将一个玩具小桶放在大烧杯旁边并能接住大烧饼中溢出的水。如果将砝码浸入大烧杯,就会有水溢出,我们用玩具小桶接住大烧杯溢出的水,用弹簧测力计称出溢出的水的重量,发现溢出水的重量等于称重法测得的浮力,这种通过称量溢出水重量来获得浮力的方法叫做**溢水杯法**,这时的玩具小桶叫做**溢水杯**。

实验表明,物体排开水的重力等于物体受到的浮力,这个关于浮力大小的规律叫做**阿基米德定律**。用公式表示就是 $F_{浮} = \rho_{液} g V_{排}$。从公式可知:物体受到的浮力与物体所排开的液体体积和液体密度有关,

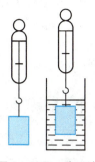
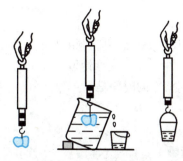

图 1-1-2 称重法　　　　　　图 1-1-3 溢水杯法

而与物体的重量、形状、浸没的深度无关。因此,改变浮力大小的途径有两条:改变物体所排开的液体体积和改变液体密度。例如,将锡纸紧紧捏成一团,锡纸会沉入水底,将锡纸叠成小船,锡纸就会漂浮在水面上,后者增加了锡纸排开水的体积;将新鲜的生鸡蛋放在清水中会下沉而放在盐水中会上浮,后者增大了液体的密度。

沉浮条件

既然所有的物体都受到水的浮力,那么为什么有的物体如乒乓球会浮在水面,而有的物体如石头会沉在水底呢?根据二力平衡知识可知,放入水中的物体有三种沉浮状态:

当 $F>G$ 时,物体上浮,如潜水艇要想浮出海面时,可以将水箱中的水向外排出;

当 $F<G$ 时,物体下沉,如潜水艇要想沉入海底时,可以向水箱中灌水;当 $F=G$ 时,物体漂浮或悬浮,如静静地浮在海面上的轮船,受到的重力等于浮力(图 1-1-4)。

图 1-1-4 沉浮条件

鸡蛋浮起来了

活动准备:鸡蛋、有清水的烧杯、小勺、盐、搅棒。

活动过程:
1. 将鸡蛋放入烧杯中,发现鸡蛋沉底了。
2. 猜一猜,加入几勺盐后鸡蛋会浮起来,将你的猜想填表。
3. 做一做,观察加入几勺盐后鸡蛋会浮起来,将你的实验结果填表。

盐的量	0勺	1勺	2勺	3勺
猜一猜	沉			
做一做	沉			

结论:_____。

沉在水底的是新鲜鸡蛋,浮起来的是不新鲜的鸡蛋。因为鸡蛋大头部位有个气室,鸡蛋放久了以后,鸡蛋内部水分蒸发,气室变大,密度变小,在清水中就会浮起来。

巩固练习

1. 潜水艇浮在海水中静止不动时,它在竖直方向上受到_____力和_____力的作用。
2. 质量相等的木块和蜡块,漂浮在同一盆水中,它们所受浮力的大小关系是( )。

A. 木块受浮力大　　　　　　　　　　　B. 木块和蜡块受浮力相等
C. 蜡块受浮力大　　　　　　　　　　　D. 条件不足，无法比较

3. 下列故事中，没有利用浮力来解决问题的是(　　)。
A. 曹冲称象　　　　B. 文彦博取球　　　　C. 怀丙捞铁牛　　　　D. 司马光砸缸

4. 我国的航空母舰交付海军的时间是(　　)。
A. 1949年　　　　　B. 1970年　　　　　　C. 2012年　　　　　　D. 明朝初期

科海拾贝　浮力的故事

文彦博取球：北宋著名宰相文彦博自幼聪明过人，有一次，他和几个小朋友在草地上踢球，一不小心，球掉进一个曲曲弯弯的树洞。文彦博将水灌进树洞，利用水的浮力，将球取了出来。

怀丙打捞铁牛：宋朝时一次发了大水，把铁牛冲入了河底。怀丙和尚将装满泥沙的两只船靠近铁牛，并用绳子将铁牛拴在两只船上，然后将船上的泥沙全部丢入河中，船变轻了，就会上浮，利用浮力，船带动绳子，把铁牛拖着，拉到了岸上。

实训活动　制作浮沉子

图1-1-5　浮沉子

活动准备　矿泉水瓶，小药瓶，锥子，注射器，大水槽。

活动过程

1. 小药瓶装水。用锥子在小药瓶盖上扎一个小孔，用注射器注射半瓶水。
2. 调试。将小药瓶放大水槽中，使之能够悬浮，竖直倒立。如果小药瓶浮了上来，往小药瓶中注入少许水以增加重量。
3. 矿泉水瓶装大半瓶水。将小药瓶放在矿泉水瓶子中，竖直倒立，盖紧瓶盖。
4. 用手挤压矿泉水瓶侧壁，将看到小瓶逐渐下沉到瓶底(图1-1-5)。

原理解释　用手挤压矿泉水瓶侧壁时，水所受到的压强增大，将水压入小瓶内，小瓶的重量增加，大于浮力时，小瓶就下沉。松开手后水从小瓶流出，小瓶的重量减小，小瓶就上浮。

幼儿活动　葡萄干浮起来

活动准备　葡萄干、雪碧、透明杯子。

活动过程

1. 将雪碧倒入透明杯子中；将葡萄干丢入雪碧中；
2. 观察葡萄干，发现葡萄干浮起来了，并且身上有很多泡泡。

原理解释　雪碧是气体饮料，其气体附着在葡萄干上，葡萄干的密度变得比水的密度小，所以葡萄干就浮起来了。

第二节　有趣的水现象

 想一想

将中曲别针内圈垂直弯折成靠背椅的形状，将订书钉水平放置在靠背椅上(图1-2-1)，再轻轻地放在水面上，发现：订书钉可以浮在水面上。想一想，为什么呢？

图1-2-1　针浮水面

表面张力

  棉线圈实验

活动准备：肥皂液，胶头滴管，拴棉线的铁丝圈，针，酒精灯，火柴。

活动过程：

1. 将铁丝圈浸入肥皂液中再轻轻提上来，使圈上布满肥皂膜，用热针刺破棉线右侧的薄膜，观察左侧薄膜的边缘形状；思考：棉线为什么会绷紧？

2. 如果刺破左侧薄膜呢？思考：棉线为什么会绷紧？（图1-2-2）

结论：_____。

图1-2-2 铁丝圈

实验发现，活动中的棉线都会绷紧，说明棉线受到了肥皂膜的拉力，这个力量使得肥皂膜的面积收缩。

图1-2-3 表面层

液体表面跟气体接触的这个薄膜层比较特殊，叫做**表面层**，如图1-2-3所示。表面层的分子与其内部分子的受力状态差别很大。液体内部的一个分子，其四面八方都受到相邻分子的作用力，但是这些力相互抵消，因而这个分子的整体受力是平衡的。但是处于液体表面上的分子，一方面受到上方气体分子作用，另一方面又受到下方液体分子作用，受力是不平衡的。同时，表面层内分子之间的距离比液体内部分子的距离也大一点，分子间的作用表现为引力。我们把表面层内各部分的分子之间的互相吸引的力叫做**表面张力**。由于表面张力的作用，表面层的薄膜会产生绷紧的趋势，这种趋势会使薄膜的表面积尽可能地减小。

正是由于表面张力会尽可能地使液滴的表面积减小，所以露珠的形状更接近于球形。这是因为在质量一定的情况下，球形在所有几何体中的表面积最小。前面的棉线圈实验也说明，表面张力的作用效果是使液体表面积尽可能缩到最小。大诗人白居易"露似珍珠月似弓"的咏吟也表达了表面张力的作用结果。

不同液体的表面张力的大小不同。在幼儿科学实验"散开的爽身粉"中，在洒有爽身粉的水面中间滴一滴洗洁精，爽身粉会迅速向四周扩散，说明洗洁精减小了水的表面张力，爽身粉受到大小不等的表面张力的作用，就会向四周散开。

生活中的很多地方会运用到表面张力。例如，吹肥皂泡时，表面张力使得肥皂泡呈球形，当吹的力量减小时，表面张力会使肥皂泡收缩；花布雨伞的伞面是用布制作的，下雨时，由于在伞面经纬线间水的表面张力形成了一层水膜，雨滴是不会漏下来的；在汽车玻璃、游泳眼镜上涂抹一些降低表面张力的物质，如肥皂水，可以使水珠散成一片片的，不会形成水珠状，我们的视线也就不容易被挡住了。

浸润和不浸润

液体与固体相遇时，会出现两种情况：浸润现象和不浸润现象。将水滴滴在玻璃板上，它向四周扩展形成薄层，附着在固体上，这种现象叫**浸润现象**，能附着在固体上的液体叫**浸润液体**；将水滴滴在蜡板上，它不会扩展形成薄层，而是会收缩成一团，液体不能附着在固体上的现象叫**不浸润现象**，不能附着在固体上的液体叫**不浸润液体**。水对玻璃浸润，对蜡板不浸润，因此，液体是否浸润是相对而言的。

毛细现象

下雨后，人走过潮湿的泥地，在地面留下的脚印里会渗出水来；砖砌的房屋比较潮湿。这些现象都与毛细现象有关。毛细现象是表面张力与浸润和不浸润共同作用后的有趣的物理现象。浸润液体在很细的玻璃管中时，不但液体表面呈凹面，而且会沿着管子上升，管子越细，上升得越高，这种很细的管子叫做**毛细管**，如水银温度计，钢笔尖部的狭缝，毛巾和吸墨纸纤维间的缝隙，土壤结构中的细隙以及植物的根、茎、叶的脉络等，都可认为是毛细管。不浸润液体如水银在毛细管中液面呈凸面，会沿着管子下降。液体在毛细管中上升或下降的现象叫做**毛细现象**（图1-2-4）。

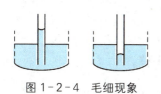

图1-2-4 毛细现象

图 1-2-5　扎染纸巾

扎染纸巾

活动准备：纸巾，在调色盘中稀释过的各种颜色的水粉。

活动过程：

1. 将纸巾折叠四次，使纸巾的每个角蘸有不同颜色的水粉。
2. 等待颜色晕染开来(图 1-2-5)，粘贴在黑板上欣赏。
3. 将纸巾铺展开来，可以看到五彩斑斓的扎染纸巾。

毛细现象在生活中很常见。例如，擦桌子时利用抹布上的毛细孔可以将桌子上的水吸到抹布里；写字时要用孔隙很多的纸张，质地紧密的纸张不易写上字；酒精灯的灯芯利用粗棉线将酒精从瓶子里面吸到灯芯最高处；在水文学中，土壤对水分的吸收作用可以用毛细现象来解释，土壤的盐碱化来自于毛细现象抽吸地下水；在植物学中，植物的根茎能利用毛细现象将根部的水分运输到植物顶部；化学家常利用毛细现象进行薄板色谱分析，工业上真空过滤机利用陶瓷的毛细现象来过滤杂质。

曲别针的密度比水大，浸入水中将会下沉。但当我们将曲别针放在水表面上，水表面的表面张力会使曲别针浮在水面上。

巩固练习

1. 液体表面跟气体接触的这个薄膜层，叫做_____，液体表面层的分子距离比液体内部分子距离_____，分子间的作用表现为引力。我们把表面层内各部分的分子之间的互相吸引的力叫做_____。由于表面张力的作用，表面层这层薄膜会产生_____的趋势，这种趋势会使薄膜的表面积尽可能地_____。

2. 荷叶上的露珠为什么是球形的？

3. 下雨天用撑开的布伞遮雨，雨水为什么不会从布伞伞面上的小孔中漏下来？

4. 下列现象中，可以用表面张力来解释的有(　　)，能够用浸润和不浸润来解释的有(　　)，能够用毛细现象来解释的有(　　)。
   A. 湿报纸会粘在桌子上　　　　　　B. 鸭子上岸后抖一抖羽毛
   C. 砖结构的房屋容易潮湿　　　　　D. 用宣纸写毛笔字

5. 大诗人白居易"露似珍珠月似弓"的诗句包含的物理原理是(　　)。
   A. 浮力　　　　B. 表面张力　　　　C. 摩擦力　　　　D. 大气压力

 王亚平的太空实验课

2013年6月20日，航天员王亚平在天宫一号内进行了太空实验课，包括无重力环境下的测质量、单摆、陀螺、水球、水膜共五项实验，其中水球和水膜实验都与表面张力有关(图 1-2-6)。

图 1-2-6　太空授课

 **不漏水的纱布**

活动准备　矿泉水瓶、纱布 5 cm×5 cm、皮筋、水。

活动过程

1. 将矿泉水瓶装满水。用纱布盖住矿泉水瓶口，用皮筋勒紧纱布，把纱布拉平整。
2. 将矿泉水瓶瓶口朝下倒立，水不会从纱布中流出。

原理解释　纱布的经纬线之间形成一层水膜，有表面张力，表面张力阻止了瓶中的水流出来。

幼儿活动　迷迷转

活动准备　乒乓球、跳舞小人造型的剪纸、双面胶、手工剪刀、KT板(15 cm×15 cm)、清水。

活动过程

1. 将乒乓球从中间剪开,将其中半个乒乓球的边剪成锯齿形。
2. 将跳舞小人造型剪纸的脚用双面胶粘在半个乒乓球的底部。
3. 在KT板上洒上几滴水,将做好的乒乓球放在KT板上,轻轻倾斜KT板并转动,乒乓球就会在KT板上迅速旋转(图1-2-7)。

图1-2-7　迷迷转

原理解释　乒乓球底部有水的那部分被水粘住,乒乓球底部另外没有水的部分很干燥,乒乓球底部受力不均衡,发生了转动。水粘住乒乓球是由于水的表面张力引起的。

第三节　物态变化

同样是100℃的水和水蒸气,哪个含有更多的热量?正在厨房中做饭的您,突然被水蒸气烫伤了后,该怎么办呢?

物态变化

物体的存在状态叫做物态,从微观结构看,我们把物态分为固态、液态和气态三种。

气体分子间距离非常大,分子之间没有约束力,因而能够到达它所能够到达的空间;液体分子间距离大约为 r_0,相互作用较强,液体分子在平衡位置附近做微小的振动,但其平衡位置不固定,它们在某一平衡位置附近振动一小段时间后,又转到另一个平衡位置去振动,因而液体有一定的体积但具有流动性;固体分子间距离大约为 r_0,不易被压缩,固体分子在相对固定的平衡位置附近做微小的振动,因而具有一定的体积和形状。

物态之间可以互相转化:物质由固态变成液态的过程叫**熔化**,由液态变成了固态的过程叫做**凝固**;物体由液态变成气态的过程叫**汽化**,由气态变成了液态的过程叫**液化**。

熔化热

固体可以分为晶体和非晶体两种。**晶体**具有一定的外形,分子排列规则,温度升高到一定程度才熔化,熔化过程中保持温度不变。熔化过程中保持不变的那个温度叫做晶体的**熔点**,晶体具有**各向异性**的物理性质,冰晶、食盐NaCl、金属都是晶体(图1-3-1);非晶体没有规则的外形,熔化过程中的温度不断上升,没有固定的熔点,沥青、蜡烛都是非晶体。同一种晶体的熔点与压强有关,压强越大,熔点越高。例如,在一个大气压下,冰在融化为水的过程中,温度保持不变,直到完全融化为0℃的水,温度才会上升,0℃就是冰的熔点。

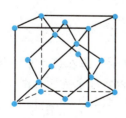 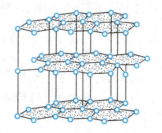

图1-3-1　金刚石和石墨的晶体结构

熔化是吸热过程,凝固是放热过程。在一个大气压下(指标准大气压,下同),单位质量的晶体在完全熔化过程中所需吸收的热量叫做**熔化热**,用字母 L 来表示,常用单位为焦/千克,因此,晶体熔化过程中所吸收的热量可以由公式 $Q = m \cdot L$ 来计算。一个大气压下冰的熔化热近似等于 3.0×10^5 J/kg。

【例题1】 50 g 的冰熔化为水,需要吸收多少热量?

已知:$m = 50$ g $= 50 \times 10^{-3}$ kg,$L = 3.0 \times 10^5$ J/kg

求:Q

解:$Q = m \cdot L = 50 \times 10^{-3}$ kg $\times 3.0 \times 10^5$ J/kg $= 15\,000$ J

答:需要吸收 15 000 焦耳的热量。

汽化热

汽化有两种方式:**蒸发**和**沸腾**。

蒸发发生在液体表面,可以在任何温度进行,是缓慢的;沸腾发生在液体表面及内部,是剧烈的。蒸发和沸腾都是吸热过程,蒸发时物体表面温度降低的现象叫**蒸发制冷效应**,例如幼儿高烧不退时,往往用酒精棉球擦拭脚心,实现物理降温;狗在夏天往往会伸出长长的舌头来散热。

沸腾需要一定的温度。液体在沸腾过程中保持温度不变,这一温度叫做**沸点**。同一种液体沸点的高低与大气压有关,压强越小,沸点越低。例如,在一个大气压下,从 100 ℃ 的水到 100 ℃ 的水蒸气需要持续吸热,温度并不上升,100 ℃ 就是水的沸点。

汽化是吸热过程,液化是放热过程。在标准大气压下,单位质量的物质在完全蒸发过程中所需吸收的热量叫做**汽化热**,用字母 λ 来表示,单位为焦/千克,物质汽化过程中所吸收的热量由公式 $Q = m \cdot \lambda$ 来计算。一个大气压下,水在 100 ℃ 沸腾时的汽化热是 2 260 J/kg。

【例题2】 50 g 的水沸腾变为水蒸气,需要吸收多少热量?

已知:$m = 50$ g $= 50 \times 10^{-3}$ kg,$\lambda = 2\,260$ J/kg

求:Q

解:$Q = m \cdot \lambda = 50 \times 10^{-3}$ kg $\times 2\,260$ J/kg $= 113$ J

答:需要吸收 113 焦耳的热量。

生活中的水

水对我们的生活非常重要,成年人体内的含水量约占人体重的 65% 左右。我们每天必须饮用足够多的水才能维持生命过程,但地球上可饮用水资源非常匮乏,所以我们要节约用水。

与水有关的天气现象有许多,如云、雾、露、霜、雨、雪。云和雾是空气中较热的水汽遇冷而变成的小水滴和小冰晶,雾升高而离开地面就成为云,云降低到地面或移动到高山时就称其为雾。露和霜很类似,是靠近地面的空气中的水汽遇冷而形成的,当地面温度在 0 ℃ 以上时,水汽液化为小液滴,形成露;当地面温度在 0 ℃ 以下时,水汽凝华成固态小晶体,形成霜。雨和雪则不同,它们都是从天而降的,当云中的小水滴和小冰晶越来越大,达到一定程度时,上升气流无法支持,就会下落,在下落过程中,小冰晶熔化成水滴落到地面上,形成了雨。如果云中的水蒸气受冷直接在小冰晶上凝华形成雪花,在下落过程中不会熔化,直接飘落到地面就形成了雪。

与水有关的地理现象也有许多,如江河湖海。通常把注入外海或大洋的河流叫江,例如长江注入东海,珠江注入南海;把注入内海或者湖泊的河流叫河,例如黄河注入渤海,塔里木河注入罗布泊;把陆地表面比较宽阔的洼地积水而成的水体叫湖,如太湖、青海湖等;把靠近陆地的洋面叫海,如渤海、黄海、东海和南海。

 同样是 100 ℃ 的水和水蒸气,水蒸气含有更多的热量。正在厨房中做饭的您,突然被水蒸气烫伤了后,应该立即用冰箱里面的冰块进行局部冰敷,以减轻水蒸气对皮肤的烫伤。

 巩固练习

1. 在四个物态变化过程:① 液化,② 熔化,③ 凝华,④ 沸腾,放热的过程是(　　)。

A. ①②　　　　　B. ③④　　　　　C. ①③　　　　　D. ②④

2. 水在蒸发过程中由于吸热导致物体表面变冷的现象叫做_____。
3. 俗话说"下雪不冷,化雪冷",这是因为(　　)。
   A. 下雪时雪的温度比较高　　　　　B. 化雪时要吸收热量
   C. 化雪时要放出热量　　　　　　　D. 雪容易传热
4. 某物体从200℃开始熔化,直到250℃还未熔化完,则这种物质一定是(　　)。
   A. 晶体　　　　B. 非晶体　　　　C. 不能确定　　　　D. 都不对

实训活动　制作红色蜡烛

活动准备　碎的白蜡烛,大、小烧杯,红色颜料,矿泉水瓶盖子,棉线,酒精灯,石棉网,三脚架。

活动过程

1. 熔化。将碎的白蜡烛放入小烧杯,将小烧杯放入有热水的大烧杯中,把大烧杯放在石棉网上,点燃酒精灯,并将它放在三脚架下,对大烧杯持续加热,直至蜡烛熔化。
2. 调色。将红色颜料滴入熔化的蜡烛里面,搅拌均匀。
3. 制作红色蜡烛。将调色后的蜡烛溶液倒入矿泉水瓶盖中,中间插入棉线作为蜡芯,冷却以后就是红色的蜡烛了(图1-3-2)。

原理解释　蜡烛固体受热熔化成为蜡烛液体,蜡烛液体放热凝成为蜡烛固体。液体的形状与盛放液体的容器的形状相同。

图1-3-2　制作蜡烛

幼儿活动　彩虹糖

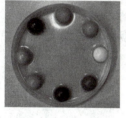

图1-3-3　彩虹糖

活动准备　彩虹糖一袋、热水、白色蛋糕碟一个。

活动过程

1. 将彩虹糖沿白色蛋糕碟的圆周一圈进行摆放,将颜色交叉开来。
2. 将热水倒入白色蛋糕碟中,让热水刚刚接触到彩虹糖。
3. 彩虹糖溶化,不同颜色的糖水流入碟子中间,非常漂亮(图1-3-3)。

原理解释　不同颜色的彩虹糖固体溶化在热水里面,变成彩色的糖水细流,形成非常漂亮的彩色图案。

第四节　大气压

家里的大鱼缸该换水了,怎么办呢?用一根软管可以换水吗?

大气压的存在

空气存在于我们周围,它是由氧气、二氧化碳等气体组成的。气体很容易被压缩,说明气体分子间距离很大。空气分子之间没有约束力,可以自由地运动且运动的速率很大,对浸在空气中的物体不断地发生碰撞。每次碰撞,空气分子都要给予物体表面一个冲击力,正如雨滴打在雨伞上,单个雨滴对伞面的作用力并不明显,大量密集的雨滴接连不断地打在伞上,对伞面就产生了持续的压力。大量空气分子持续碰撞的结果体现为大气对物体表面的压力,从而形成大气压。若单位体积中含有的分子数越多,则相同时间内空气分子对物体表面单位面积上碰撞的次数越多,因而产生的压强也就越大。高空空气稀疏,分子密度小,因此高空的大气压小于地面附近的大气压。

覆 杯 托 水

活动准备:塑料片、塑料杯、塑料吸管、水。

活动过程:

1. 覆杯托水:用塑料片紧紧盖住盛满红色水的塑料杯,将杯子翻转,松开手,观察塑料片会掉么? 为什么(图1-4-1)?

图1-4-1 覆杯托水

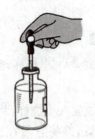
图1-4-2 大气抓水

2. 大气抓水:将塑料吸管插入盛满红色水的玻璃杯,用大拇指堵住吸管口,用食指和中指夹住吸管,将吸管从杯中提起来(图1-4-2),观察吸管中的水会掉么? 为什么?

大气压的大小是由意大利的科学家托里拆利首先用实验方法测出的,

$$1 \text{标准大气压} = 1.013 \times 10^5 \text{ 帕斯卡}$$
$$= 76 \text{ 厘米汞柱}$$
$$= 10.336 \text{ 米水柱}$$

生活中,大气压力无处不在。例如,用吸管吸饮料、钢笔吸墨水、针管吸药液的原理都是利用外部的大气压向管子内部压液体;安装挂毛巾的吸盘时,必须先将吸盘里面的空气挤出去,吸盘外面的大气压力才能把吸盘压在墙壁上。

虹吸现象

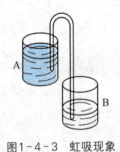
图1-4-3 虹吸现象

 探究虹吸现象的产生条件

活动准备:杯子2个、塑料管、凳子、红色的水。

活动过程:

1. 将装有红色的水的杯子A放在凳子上,将空杯子B放在地上。
2. 在塑料管中注满水,堵住塑料管两端并将它弯成倒U形,再将两端分别伸入杯子中(图1-4-3)。
3. 放开塑料管两端的口,观察A管中的液体是向上流还是向下流,为什么?

实验显示,A管中的液体会自动从低处向高处流动。这种利用大气压使液体在曲管内升高,再经过高处引向低处的现象,叫做**虹吸现象**,它利用了大气压和水柱的压力差的原理。

用图1-4-4来说明这种现象的原理,管子中的水由A流向B,当充满水的管子将A、B两个水槽连接后,C处受到向右的压强为:

$$p_1 = p_0 - \rho_\text{水} g h_1$$

向左的压强:

$$p_2 = p_0 - \rho_\text{水} g h_2$$

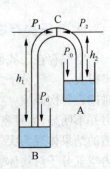
图1-4-4 虹吸原理

其中：p_0 为大气压。由于 $h_2 < h_1$，所以有 $p_2 > p_1$。

因此，液片 C 将向左移动，即容器 A 中的水向容器 B 中流淌。只要 A 中的液面高于 B 中的液面，水就会流动不停，直到两容器中的液面相平即 A 中的水流完为止。

虹吸现象有着广泛的应用。远在古代，我们智慧的祖先早已能够应用虹吸现象进行制作渴乌、唧筒、秤漏、莲花漏等装置，用于农业灌溉、战争灭火、儿童玩具、计时工具等。虹吸现象在现代生产和生活中有许多巧妙的应用。在集体宿舍，洗头时没有淋雨头，很不方便。我们可以将塑料桶盛满温度合适的温水，用结实的绳子把水桶固定在较高的地方，拿一根软管，先将软管装满水，一端放进水桶里，另一端就可以自动出水了，这样洗头，是不是很方便呢？给汽车加油，有时候也要用到虹吸现象。有的司机，跑车到半路上汽车没油了，需要向其他司机借点汽油。他们将软管一端放进别人的汽车的油箱里，排掉软管中的空气，把另一端放进自己汽车的油箱里，利用虹吸现象，就可以实现"汽油搬家"了。家庭用的马桶，用于水处理的虹吸滤池，用于雨水收集的虹吸屋面排水系统，用于医疗的洗胃等都应用了虹吸原理。

 说一说 可以用一根软管给鱼缸换水。将软管充满水，软管里就没有空气了，将软管一头插入鱼缸的水里，另一端放在空盆子里，水就会自动由鱼缸流入空盆了，这是利用了虹吸原理。

科海拾贝　荷兰式风车

风车可以用来发电，将风能转变成电能。荷兰被称为"风车之国"，在荷兰的阿姆斯特丹近郊，有很多利用风车的磨坊、锯木厂和造纸厂。我国内蒙古等地区，也大面积利用了风力发电。

实训活动　希罗喷泉

活动准备　矿泉水瓶 3 个、吸管、锥子、打火机、口香糖。

活动过程

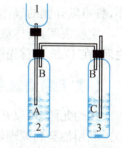

图 1-4-5　希罗喷泉

1. 制作漏斗：将矿泉水瓶 1 的上半部分剪掉并倒立它，用打火机烧热锥子，用发热的锥子在瓶盖 1 中间钻一个小眼，将吸管 A 从瓶盖下面插入 1 cm 深，用口香糖把缝隙都堵住。

2. 制作瓶盖：在另外两个矿泉水瓶盖上各钻两个小孔，将吸管 B 和 C 入瓶盖 3，将吸管 B 和 A 的另一端插入瓶盖 2。

3. 组装：在矿泉水瓶 2 和 3 里面都装进半瓶水。盖上瓶盖，调整吸管的长度，吸管 A 和 C 的下边都分别插入矿泉水瓶 2 和 3 的水里，吸管 B 的两端都不接触水面（图 1-4-5）。往漏斗里灌水，可以看到，水从吸管 3 中喷出，状若喷泉，称为希罗喷泉。

原理解释　漏斗里的水进入矿泉水瓶 2，使瓶 2 中空气体积变小，空气压强增大，这气体通过吸管 B 到达矿泉水瓶 3，挤压水面，水面在压力下将水通过吸管 C 往外面挤，从而形成细的水柱，状若喷泉。这种装置由希罗首先发明，因此，又叫希罗喷泉。

幼儿活动　纸风车

活动准备　色卡纸 10 cm×10 cm、手工剪刀、双面胶、铅笔、彩色图钉。

活动过程

图 1-4-6　纸风车

1. 做扇叶。沿正方形对角线把正方形剪开三分之二。将其中一顶角弯折后粘在正方形的中心，接着依次折叠粘贴其他 3 个顶角（图 1-4-6）。

2. 连接。用图钉将折好的纸风车扇叶的中心钉在铅笔的一端，把风车与铅笔连接起来，用嘴吹纸风车，纸风车就会转动。

原理解释 气体会冲击纸风车的扇叶,引起纸风车转动。

第五节 伯努利原理

想一想 火车站台上面都有一条"安全线",等车旅客为什么必须站在"安全线"以外呢?

伯努利原理

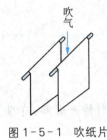
图1-5-1 吹纸片

做一做 吹 纸 片

活动准备:餐巾纸2张。
活动过程:
1. 低头,将2张餐巾纸放在嘴唇两侧,使其自然下垂(图1-5-1)。
2. 往2张餐巾纸中间持续均匀地吹气,发现餐巾纸没有被吹开,反而靠近了。
结论:_____。

向两张餐巾纸中间吹气时(图1-5-1),发现餐巾纸会向中间靠拢,说明这时餐巾纸中间的气体压力小,餐巾纸外侧的气体压力大,这样的压力差使两张餐巾纸向中间靠拢。

实验表明:流体流速快时压强小,流速慢时压强大。它是瑞士物理学家丹尼尔·伯努利通过多次实验之后,在1726年首先提出来的,因此我们称之为**伯努利原理**。

伯努利原理的应用

在幼儿园,可以开展许多与伯努利原理相关的科学实验,如球吸现象(图1-5-2)和吹硬币(图1-5-3)。利用伯努利原理,还可以解释许多看似谜一样的生活现象如"船吸""火车吸""飞机吸"现象。

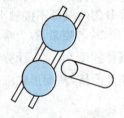
图1-5-2 球吸

图1-5-3 吹硬币

最有名的"船吸"现象发生在1912年秋,世界上最大的远洋货轮"奥林匹克"号与"哈克"号由于航道太近而发生了相撞事件。后来国际航行界禁止船只平行航行,以避免这种"船吸现象"。两只乒乓球之间、两架飞机之间都会发生类似的"球吸"和"飞机吸"现象。所以,当我们划船时要特别远离高速运动的船只;当我们游泳时要避免湍急的水流。气体也会由于伯努利原理而产生压力差,也会产生类似"船吸"的现象,所以在等火车时,要站在站台上的安全线以外。

伯努利原理最成功的应用在于飞机机翼的设计,利用了机翼上下空气流速的不同而产生了压力差。机翼截面呈流线型,空气经过机翼时,在相同时间里气流从机翼上面通过的曲线路程较长,从机翼下方通过的直线路程较短,这就造成机翼上面的气流速度大于下面气流速度,因此机翼上面的压强要小于下面的压强,压力差使得飞机获得向上的升力而翱翔蓝天。

火车站站台上,如果人离铁轨太近,那么疾驶而来的火车和人之间空气流速是增大的,导致人车中间的空气压强变小,小于大气压。人就会被后面的空气向火车方向挤压,或者说就会被"火车吸"住,发生危险。因此,在等火车时,要站在站台上的安全线以外。

1. 流体流速快时压强_____,流速慢时压强_____,这个规律我们称之为伯努利原理。
2. 向两张纸的中间吹气,发生的现象是( )。
   A. 纸向两边分开　　　　　　　　　　B. 纸向中间靠拢
   C. 保持原来位置不动　　　　　　　　D. 都有可能
3. 在靠近桌面边沿的地方放一枚硬币,在硬币前架一个约 2 cm 高的栏杆,在硬币上方沿着与桌面平行的方向用力吹一口气,硬币就能跳过栏杆,这是因为( )。
   A. 硬币上方的压强变小了　　　　　　B. 硬币的质量变轻了
   C. 硬币的密度变大了　　　　　　　　D. 空气的密度变小了

 **香蕉球的奥秘**

"香蕉球"指的是足球会在空中拐弯,沿弧线飞行,其原因是伯努利原理在起作用。原来,运动员踢"香蕉球"的时候,用脚背摩擦足球,使球在空气中前进的同时还不断地旋转。这样,球一侧空气的流动速度加快,而另一侧空气的流动速度减慢。由于足球两侧空气的流动速度不一样,空气对足球所产生的压强也不一样,于是,足球被迫向空气流速大的一侧转弯了。

小小喷雾器

活动准备　清水、玻璃杯、吸管 A、吸管 B。

活动过程

1. 将玻璃杯盛满清水,将吸管 A 插入水中(图 1-5-4)。
2. 用吸管 B 对着吸管 A 的管嘴吹气,可以吹出水雾。

原理解释　空气流速大时压强小,吹气时吸管 A 处气流速度大,压强小,大气压作用于水面,将清水向吸管 A 上面的管嘴处压过去,经吸管 B 一吹,就形成了水雾。

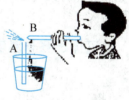

图 1-5-4　喷雾器

神奇的球吸

活动准备　乒乓球、棉线、铁丝、吹风机、纸盒、刻刀。

活动过程

1. 制作暗盒(由老师制作)。将电吹风藏在纸盒里,让风可以从纸盒的开口吹出来,风力向上,电源开关在纸盒外。

2. 制作龙门架。用铁丝弯成门形,把乒乓球吊在上面,乒乓球相距 5 cm,风在乒乓球中间。

3. 玩法:闭合开关,乒乓球就会吸在一起,断开开关,乒乓球就会分开(图 1-5-5)。

原理解释　应用了伯努利原理。闭合开关,电吹风通电工作,吹出的气流流过乒乓球的间隙,间隙处流速大、压强小,乒乓球就会吸在一起,断开开关,乒乓球就会分开。

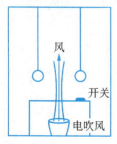

图 1-5-5　神奇的球吸

第六节 气体压强、体积和温度的关系

练声时需要用到腹肌的力量。当我们突然猛收腹部,大喊一声"哈"时,就会从身体里面呼出许多气体。你知道是什么原因么?

气体压强与体积的关系

夏天骄阳之下,自行车轮胎易爆,说明气体压强与温度有关系。我们把压强 P、体积 V 和温度 T 叫做气体的**状态参量**。这三个状态参量之间有什么关系呢?

       探究气体压强与体积的关系

活动准备:注射器。

活动过程:

1. 如图1-6-1所示,把注射器活塞压到最底部,使注射器内部的气体体积最小。堵注射器的小孔,保证气体质量不变。
2. 用右手往外拉活塞,体会气体体积变大时拉力怎么变化。

图1-6-1 注射器

思考:拉力变大说明密封气体的压强之间怎么变化?

结论:_____。

实验表明,往外拉活塞,注射器内部体积增大,压强变小,小于外界大气压,因此,拉起来很费劲,需要克服外界的大气压。所以,一定质量的气体,当温度不变时,气体的体积增大时,压强减小;体积减小时,压强增大。

气体压强与温度的关系

       探究气体温度与压强的关系

活动准备:压瘪了的乒乓球、烧杯、热水、毛巾。

活动过程:

1. 烧杯加满热水,将压瘪了的乒乓球放入烧杯,用毛巾覆盖。
2. 五分钟左右,将乒乓球拿出来,压瘪了的乒乓球变得鼓了起来。

结论:_____。

实验表明,当乒乓球内部的气体温度增加时,压强也随之增加,大于外界大气压,因此把乒乓球压得鼓了起来。所以,一定质量的气体,体积不变时,气体温度升高,压强增大;温度降低,压强减小。

气体温度与体积的关系

       探究气体温度与体积的关系

活动准备:气球、盛有碎冰块的脸盆。

活动过程:

1. 将气球吹大,扎紧。将吹大的气球放进碎冰块。
2. 过一段时间,拿出气球。观察气球是否瘪了?
思考其中的原因。
结论:_____。

实验表明,把吹大的气球放进碎冰块中以后,气球的温度会降低,体积会减小。因此,一定质量的气体,压强不变时,气体温度升高体积增大,温度降低则体积减小。

综合上面的3个实验,我们知道,在气体的质量保持不变的情况下,气体的压强、体积和温度存在着如下关系:当温度一定时,体积增大则压强减小,体积减小则压强增大;当体积一定时,温度降低则压强减小,温度升高则压强增大;当压强一定时,温度升高则体积增大,温度降低则体积减小。

气体状态变化的应用

打气筒是利用气体压强跟体积的关系制成的生活常用工具。打气筒内有一个活塞,其上有一个凹形橡皮盘,向上拉活塞时,活塞下方的空气体积增大,压强减小,活塞上方的空气就从橡皮盘四周挤到下方;向下压活塞时,活塞下方空气体积缩小,压强增大,使橡皮盘紧抵着筒壁不让空气漏到活塞上方;继续向下压活塞,当空气压强足以顶开轮胎气门(气门是一个单向阀门)上的橡皮套管时,压缩空气就进入轮胎。生活中还有许多现象都与气体状态变化相关。将热水倒入水杯后拧上盖子,水凉后盖子不易打开,是因为水杯内的气体温度降低,导致压强变小,小于外界大气压的缘故;冬天的气球从室外拿到有暖气的室内容易爆裂,是因为气球的温度升高,压强变大的缘故;炎热的夏天,打足了气的自行车轮胎在烈日下曝晒,有时会胀破,也是这个原因,所以夏天时的轮胎不宜充气太足。

练声的时候,我们大喊一声同时猛收紧腹部,身体内部盛有气体的腔体体积变小,于是腔体内气体压强变大,大于外界大气压,人体内部的气体就容易跑到外界去了。

 巩固练习

1. 在气体的质量保持不变的情况下,发现气体的压强、体积和温度存在着如下关系:当温度一定时,体积增大则压强_____,体积减小则压强_____;当体积一定时,温度升高则压强_____,温度降低则压强_____;当压强一定时,温度升高则体积_____,温度降低则体积_____。

2. 气体体积减小时压强增大,是指( )。
   A. 一定体积的气体　　　　　　　　　B. 一定质量的气体
   C. 一定压强的气体　　　　　　　　　D. 一定质量温度不变的气体

3. 将一只瓶的盖子拧紧,使其不漏气,那么当温度降低时,瓶内气体( )。
   A. 分子对器壁的作用力不变,压强不变　　B. 分子的疏密程度不变,压强不变
   C. 分子对器壁的作用力变大,压强变大　　D. 分子对器壁的作用力变小,压强变小

4. 用热水泡压瘪了的乒乓球,乒乓球会重新鼓起来,表明质量和体积不变时气体的( )。
   A. 温度增大则压强变大　　　　　　　B. 体积增大则压强变大
   C. 温度增大则压强变小　　　　　　　D. 体积增大则压强变小

实训活动　**制作针管炮**

活动准备　剪刀、塑胶软管、针筒、小塑料盒。

活动过程

1. 小塑料盒底部中央,钻出一个小孔。
2. 将塑胶软管一端与小塑料盒连接,另一端与针筒连接套紧。如果密闭性不太好,可以用一小团黏土

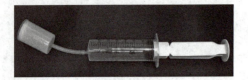

图1-6-2 针管炮

封住接口处,加强气密性。

3. 把活塞用力往前推进,小塑料盒盖子就向前猛飞出,发出很大的声音(图1-6-2)。

原理解释　用力推压针筒活塞后,空气体积减小,压强增大,就会将小塑料盒冲开。

幼儿活动　躲猫猫的气球

活动准备　玻璃瓶、气球、热水、玻璃杯、冰块。

活动过程

1. 给玻璃瓶中加满热水,放置一会儿,然后将热水倒出。
2. 将气球的吹起口套在玻璃瓶口,将套了气球的瓶子放进盛满凉水的玻璃杯中。
3. 观察气球要躲到哪里去? 哈哈,气球躲到玻璃瓶里去啦!

原理解释　热水的水蒸气把玻璃瓶里的空气排了出去。将气球的吹起口套在玻璃瓶口后,气球会与瓶口严密地闭合起来,保持质量一定。这个密闭的瓶子被玻璃杯里的自来水冷却后,压强减小,气球就被大气压力压进瓶子里了。

第二章

力 与 运 动

幼儿对空间充满了好奇和探索,常常会躲在衣柜里玩藏猫猫游戏。物体的空间位置发生了变动,就形成了运动。通过本章的学习,我们将对运动、力以及力与运动的关系有一个最基本的科学认识,理解多种力如重力、弹力、摩擦力,理解多种运动如直线运动、圆周运动、平动、转动,理解多种简单机械如杠杆、轮轴、斜面等。掌握简单易做的幼儿科技制作如跟斗虫、会爬的七星瓢、彩虹蛇、不倒翁等,体验古人的智慧如制作欹器、投石器,回味孩提时的快乐如制作小偷爬房等,将科学寓于科学制作和游戏之中。

第一节 重力与重心

 重心魔盒实验:将圆形糖果盒放在斜板上,猜一猜糖果盒向哪里滚动?在糖果盒内部,将砝码用透明胶粘在内侧壁上方如图 2-1-1。

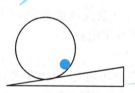

图 2-1-1 重心魔盒

力

力是物体对物体的作用。一个物体受到力的作用,一定是由另一个物体对它施加作用。前者是**施力物**,后者叫做**受力物**。力是不能脱离物体而独立存在的。例如,推车时,人对于车有推力的作用,推力的施力物是人,受力物是车;踢球时,脚对于球有踢力的作用,踢力的施力物是脚,受力物是球。

【**例题1**】 书静止在桌子上,做出书的受力图,指出施力物和受力物(图 2-1-2)。

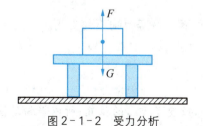

图 2-1-2 受力分析

力	施力物	受力物
重力 G	地球	书
支持力 F	桌子	书

力的三要素是大小、方向、作用点。可以用**力的图示**来表示。
【**例题2**】 用15牛顿的水平拉力拉木箱,请画出拉力的图示。

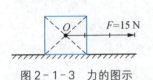

图 2-1-3 力的图示

解:1. 定标度:画出一条线段,标注出它代表 5 N(图 2-1-3)。
2. 找作用点:拉力的作用点在重心 O 上。
3. 画出力的大小和方向:根据实际情况判断力的方向,沿力的方向,根据标度,画出一段有箭头的线段,线段的长度代表力的大小,标注出 $F = 15$ N。

力的作用效果是什么呢?力的一个作用效果是使物体的形状发生变化。例如,用力挤压气球时,气球的形状发生了变化,运动员撑杆跳高时,竹竿由于受力而弯曲;力的另一个作用效果是使物体的运动状态发生变化。例如,运动员踢球时,足球由静止变为运动,打羽毛球时,球拍改变了羽毛球的运动方向。所以说,力是物体发生形变的原因,也是物体运动状态发生改变的原因,但力不是物体维持运动的原因。

力的种类有很多,如重力、弹力、摩擦力、分子力、电磁力,等等。在机械运动中,我们只研究重力、弹力和摩擦力,下面先来研究重力。

重力

地球上的一切物体都要受到地球的吸引,所以人跳起来总会落在地上,扔出去的东西总要落回地面。**重力**是由于地球对物体的吸引而使物体受到的力,凡是地球上的物体都会受到重力。重力的方向是竖直向下的。物体只要处在地球吸引力的范围内,都会受到重力的作用。我们现在所研究的物体,都受到重力。重力的施力物体是地球,受力物是物体本身。重力的大小可以用公式计算:

$$G = mg$$

其中,质量 m 的单位是千克,用符号 kg 来表示。$g = 10$ N/kg,是一个常数,它表示质量是 1 千克的物体所受到的重力是 10 牛顿。重力的大小还可以用测力计来测量,如图 2-1-4 所示,但不能用天平或杆秤来测量。

图 2-1-4 测力计

重心

你见过杂技演员走钢丝吗?演员必须掌握好重心才能走得稳。重力是由于地球的吸引而产生的,这个力作用在物体的每一部分,我们把物体各部分受到的重力的作用集中于一点,叫做物体的**重心**。

质量分布均匀、形状规则的物体,它的重心就是它的几何中心。对于形状不规则或者质量分布不均匀的物体,可以用悬挂法来确定物体的重心。结果发现,质量分布不均匀的物体,重心通常不是物体的几何中心。其重心的位置除跟物体的形状有关外,还跟物体内部的质量分布有关。载重汽车的重心随着装货多少和装载位置而变化,起重机的重心随着提升物体的重量和高度而变化。

悬垂法找重心

图 2-1-5 悬垂法

活动准备:作业本、夹子。

活动过程:

1. 用细线悬吊作业本的长边,使其自由下垂。过悬点画一条竖直向下的直线(图 2-1-5)。
2. 同样的方法,悬吊作业本的短边,画一条竖直向下的直线。
3. 两条直线相交于一点,这一点就是作业本的重心 O。

魔盒实验中,将小锁用胶带固定在粉笔盒内的角落里,改变了重心的位置,所以当粉笔盒的底面已经一大半离开了桌面的支撑时,盒子仍然不会掉下来,因为小锁的位置仍然在桌面上。

巩固练习

1. 力的作用效果是_____。一个物体受到力的作用,一定是由另一个物体对它施加作用。前者叫做_____,后者叫做_____。
2. 力的三要素_____。
3. 重力的定义是_____,计算公式是_____。
4. 质量分布均匀,形状规则的物体,它的重心就是它的_____。形状不规则或者质量分布不均匀的物体,其重心可以用_____来确定。

实训活动 硬币立在钞票上

活动准备　新百元钞票、一元硬币。

活动过程

1. 将一百元钞票在中间对折整齐,然后立起来放在桌子上。
2. 把一元硬币放在纸币折叠处,两只手捏着两边中间位置,往两边拉,注意轻轻地慢慢地拉,不要颤抖,直到把纸币拉直,发现硬币立在纸币上啦(图2-1-6)!

原理解释　纸币逐渐被拉开的过程中,会和硬币之间产生摩擦力,硬币的重心随之移动以保持平衡。当纸币被拉成直线时,硬币的重心也刚刚落在这条直线上,自然不会掉下来。

图2-1-6　硬币立在钞票上

 跟斗虫

活动准备　过期的感冒胶囊、自行车钢珠、铁铅笔盒盖。

活动过程

1. 将过期的感冒胶囊里面的药粉倒出来,把胶囊洗干净。
2. 将自行车的钢珠装进空胶囊里,将胶囊盖好,跟斗虫就做好了。
3. 把跟斗虫放在铁铅笔盒盖的一端,将盒盖倾斜一点,跟斗虫就会自动地向前翻跟斗。

原理解释　跟斗虫的重心由于内部钢珠的滚动而发生变化,我们倾斜盒盖时,跟斗虫受到重力力矩的作用向前翻了过去,由于跟斗虫的重心不断变化,跟斗虫就会在新的力矩下不断往前翻滚。

第二节　弹力与弹性玩具

 "弹簧人"指NBA篮球比赛中,拥有极好弹跳能力的人。他们通常在"二楼"打球,空中接力和爆扣都是他们喜欢的动作。他们在弹跳时,主要用到了人身体上的哪个"弹簧"?

弹力

尝试用手拉弹簧、用力压篮球,发现它们的形状都发生了变化。我们把物体形状的改变叫做**形变**。当外力不太大时,撤去外力,发生形变的物体还能恢复到原有的状态,这种形变称为**弹性形变**;当外力太大超出一定限度时,撤去外力,发生形变的物体不能恢复到原有的状态,这种形变称为**非弹性形变**;把物体发生弹性形变时受到外力的最大值叫做**弹性限度**。外力小于弹性限度时的形变是弹性形变,外力大于弹性限度的形变是非弹性形变。发生弹性形变的物体总是试图恢复原来的状态,从而对施力物体有一个反抗的力,叫做**弹力**。打羽毛球时,利用了羽毛球拍网线的弹力;撑竿跳高时,利用了杆的弹力。弹力的作用效果是反抗外力从而恢复形变,所以弹力的方向与外力的方向相反。例如,用外力竖直向下压桌面,桌面弹力的方向竖直向上反抗外界的压力。

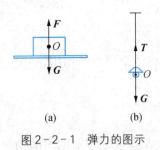

图 2-2-1 弹力的图示

【例题 1】 对静止在桌面上的书进行受力分析,做出它所受到的力的图示,其中哪一个力属于弹力?弹力的施力物和受力物分别是什么?

分析:如图 2-2-1(a)所示,选择书为研究对象。首先,地球上的物体都受到重力,所以,书受到重力。其次,根据弹力的产生条件,书与桌子互相接触,接触处有压力的作用,所以有弹力产生。

解:书受到重力和支持力。其中,支持力属于弹力,它的施力物是桌子,受力物是书。

【例题 2】 对灯绳吊着的灯进行受力分析,做出力的图示。指出灯所受弹力的施力物和受力物。

解:灯受到重力和拉力。其中,拉力属于弹力,施力物是绳,受力物是灯,如图 2-2-1所示。

胡克定律

实验表明:在弹性限度内,弹簧的伸长跟受到的拉力成正比。这个规律叫**胡克定律**,是由物理学家胡克首先进行研究的。胡克经过进一步的精确实验,得到了弹簧弹力的计算公式:

$$F=-kx$$

其中,k 叫做弹簧的**倔强系数**,单位是 N/m,它表示弹簧每伸长 1 m 需要的拉力。倔强系数越大,表明弹簧的越硬,越不容易被拉长或压缩。

【例题 3】 一根弹簧的劲度系数是 100 N/m,伸长的长度为 2 cm 时,弹簧的弹力有多大?

已知:$k=100$ N/m,$x=2$ cm$=0.02$ m 求:F

解: $$F=-kx=-100 \text{ N/m} \times 0.02 \text{ m}=-2 \text{ N}$$

答:弹簧弹力的大小是 2 N。

弹性玩具

弹性玩具是利用物体的弹性制作的玩具。常见的弹性玩具有两大类:利用橡皮筋的弹性制作的玩具和利用弹簧的弹性制作的玩具。例如,男孩子喜欢玩的橡筋发射器是利用橡皮筋的弹性制作的玩具;在弹簧的下面悬挂一个小猴,上下振动弹簧,小猴可以上蹿下跳,是利用弹簧的弹性制作的玩具。做弹簧玩具的关键是制作弹簧。

制作纸弹簧

活动准备:纸条 2 张(1 cm×20 cm)

活动过程:

1. 将纸条 1 放桌上,将纸条 2 的开头放在纸条 1 的开头,压住 1 并与其垂直。

2. 将纸条 1 从上面折叠,压住纸条 2,再将纸条 2 从上面折叠,压住纸条 1,注意每次折叠的宽度都是 1 cm。

3. 折叠重复进行,直至纸条折叠完毕,纸弹簧就做好了(图 2-2-2)。

4. 纸弹簧可以进一步加工成毛毛虫等其他玩具。

图 2-2-2 纸弹簧

人在弹跳时,主要用到的人身体上的"弹簧"是跟腱。在足跟与小腿之间有一条很粗壮结实、绷得很紧的肌腱,这就是跟腱。跟腱长约 15 cm,是人体最粗大的肌腱,人的行走、跑、跳就依仗着这条强有力的肌腱。跟腱若是完全断了就会寸步难行。

巩固练习

1. 物体形状的改变叫做_____,当外力不太大时,撤去外力,发生形变的物体还能恢复到原有的状态,这种形变称为_____。
2. 发生弹性形变的物体总是试图恢复原来的状态,从而对施力物体有一个反抗的力,称为_____。
3. 胡克定律的内容是_____。
4. 一根弹簧的劲度系数是 50 N/m,当它缩短的长度为 3 cm 时,弹力有多大?
5. 下面关于弹簧弹力大小说法正确的是( )。
   A. 弹簧的倔强系数越大,弹簧的弹力越大
   B. 弹簧越长,弹簧的弹力越大
   C. 弹簧越粗,弹簧的弹力越大
   D. 弹簧上挂的钩码越重,弹簧的弹力越大

科海拾贝 跳蚤是动物界的跳高冠军吗?

过去人们认为,跳蚤是动物界的"跳高冠军",它跳跃的高度是自身的 500 倍,相当于一个人跳过一个足球场。但英国科学家认为,比较动物跳跃能力的标准应该是看动物单位体重所能产生的力量。尽管跳蚤与沫蝉跳的高度不相上下,但沫蝉的体重却是跳蚤的 60 倍。沫蝉跳跃产生的力量是其体重的 400 多倍,而跳蚤跳跃产生的力量是其体重的 135 倍。因此,动物界真正的"跳高冠军"应该是沫蝉。动物身体的弹跳能力远远大于人类,令人咋舌。

实训活动 投石器

活动准备 雪糕棒、半个乒乓球碗、双面胶、透明胶、皮筋、纸团。

活动过程

1. 将雪糕棒、半个乒乓球碗用双面胶或透明胶粘连成图示形状。
2. 用手将半个乒乓球碗和抛石杆向下压低。
3. 将纸团放在半个乒乓球碗里面,松手,纸团会抛出很远(图 2-2-3)。

原理解释 投石机是上古时代的一种攻城武器,可把巨石投进敌方的城墙和城内,造成破坏。本制作的原理是皮筋的弹力带动抛石杆向上、向前,纸团由于惯性从半个乒乓球碗里面向前方抛出。

图 2-2-3 投石器

幼儿活动 蝴蝶振翅

活动准备 圆珠笔里的弹簧、卡纸、双面胶、筷子。

活动过程

1. 用卡纸剪出一个蝴蝶,粘在弹簧的一端。将弹簧的另一端固定在筷子的上半部分。
2. 用手拨动蝴蝶,蝴蝶可以上下振动。

原理解释 给蝴蝶一个力,蝴蝶偏离了平衡位置,在弹簧的作用下,蝴蝶会做上下的振动。

第三节 生活中的摩擦力

体操运动员在上单杠前经常在手上擦些"白粉",斯诺克运动员在击球前经常在球杆顶端擦一些粉末,这些粉末是什么东西?

摩擦力

当两个相互接触的物体做相对运动或有相对运动趋势时,在接触面上就会产生阻碍物体做相对运动的力,这种力叫**摩擦力**。摩擦力的方向永远沿着接触面的切线方向,阻碍物体间的相对运动或相对运动趋势。摩擦力可以分为静摩擦力、滑动摩擦力和滚动摩擦力。

两个相互接触的物体,在外力的作用下,有相对运动趋势而又保持相对静止时,接触面之间产生的摩擦力叫做**静摩擦力**。在桌面上放一木块,用弹簧测力计拉动木块,拉力 F 的大小可以从弹簧测力计上读出。当拉力比较小时,木块虽然有运动趋势,但仍然保持静止不动,木块受到拉力和静摩擦力,二力平衡;如果继续增大拉力,木块还保持不动,这时的摩擦力仍然是静摩擦力,可见,静摩擦力的大小随着外力的增大而增大,随着外力的减小而减小。当拉力增大到一定程度时,木块开始滑动,这说明静摩擦力不能无限地增大,而是有一个最大值,静摩擦力的最大值叫做**最大静摩擦力**。继续增大拉力,当拉力大于最大静摩擦力时,木块就开始在桌面上滑动。要保持木块在桌面上滑动,必须持续地给木块施加拉力,可见,运动的木块依然受到摩擦力。这种两个物体相互接触并且有相对滑动时,物体受到的阻碍物体相对运动的力叫做**滑动摩擦力**。一个物体在另一个物体上滚动时产生的摩擦力,叫做**滚动摩擦力**,例如,自行车轮子在地面上滚动时会受到滚动摩擦力。

滑动摩擦力的大小

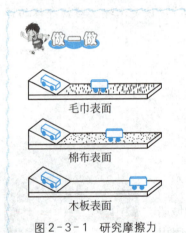

图 2-3-1 研究摩擦力

探究"滑动摩擦力的大小"

活动准备:毛巾、光滑木板、粗布条、斜面、钢球。

活动过程:

1. 搭建三个轨道:把毛巾、粗布条、光滑木板分别平铺在桌面上,与斜面1、2、3相连接组成轨道1、2、3。
2. 把三个木块分别放在三个斜面上,保持三个木块的高度相同,从静止开始释放它们。
3. 观察哪个木块滑动的距离最远(图 2-3-1)。

结论:_____。

实验表明:滑动摩擦力的大小跟两物体之间的正压力有关,正压力越大,滑动摩擦力越大;滑动摩擦力的大小还与接触面的粗糙程度有关,接触面越粗糙,滑动摩擦力越大。科学家经过进一步的研究,得到了摩擦力大小的计算公式:

$$F = \mu F_N$$

其中,正压力 F_N 的单位是 N,μ 是动摩擦因数,是一个常数,没有单位,它的大小由接触面的材料和粗糙程度决定,与接触面积大小无关。城市公路要求路面与橡皮轮胎之间的动摩擦因数是 0.7。

表 2-3-1 几种材料间的动摩擦因数

材料	钢-冰	木头-冰	木-金属	木-木	橡皮轮胎-路面
动摩擦因数	0.02	0.03	0.20	0.30	0.71

【例题】 如图 2-3-2 所示,质量是 5 kg 的物体 A 在拉力 F 的作用下向前运动,分析物体 A 所受滑动摩擦力的方向,如果动摩擦因数 $\mu=0.2$,A 受到的滑动摩擦力是多大?

已知:$m=5$ kg,$\mu=0.2$ 求:f

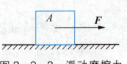

图 2-3-2 滑动摩擦力

解：$f = \mu mg = 0.2 \times 10 \text{ N/kg} \times 5 \text{ kg} = 10 \text{ N}$

答：摩擦力大小是 10 N，方向水平向左。

摩擦力的应用

摩擦力广泛地存在于生活之中。摩擦力阻碍物体的相对运动，但对于物体的运动有时还起到帮助的作用，例如，人向前行走，脚有向后扒地的动作，脚所受的摩擦力是向前的，与人的运动方向一致，这是推动人体向前移动的动力。通常摩擦分为有益摩擦和有害摩擦。例如，用黑板擦擦黑板，用笔在纸上写字，用橡皮擦去铅笔字，北方下雪时常在道路上洒些灰渣等，都是有益的摩擦。改变摩擦力的大小可以从两方面来考虑：改变正压力和改变接触面的粗糙程度。自行车刹车时用力捏闸是采用了增大了正压力的方法来增大摩擦力，汽车轮胎、鞋底、各种旋钮表面都有花纹是采用了改变接触面的粗糙程度的方法来增大摩擦力；减小有害摩擦通常用滚动摩擦代替滑动摩擦，例如，用滚动轴承代替滑动轴承。

两页书页之间的摩擦力虽然比较小，但相互夹在对方书里的书页比较多时，摩擦力就会足够大，所以书页不容易拉开。

巩固练习

1. 两个物体相互接触并有相对运动趋势时，物体受到的阻碍物体_____的力叫做静摩擦力。两个物体相互接触并且有相对运动时，物体受到的阻碍物体_____的力叫做滑动摩擦力。
2. 滑动摩擦力的大小跟两物体之间的正压力和接触面的粗糙程度有关，正压力越_____，滑动摩擦力越大；接触面越_____，滑动摩擦力越大。
3. 质量是 45 kg 的滑冰运动员脚穿冰鞋进行比赛，如果冰刀与冰面之间的动摩擦因数 $\mu = 0.05$，运动员滑冰时受到的滑动摩擦力是多大？

科海拾贝　高科技泳装

悉尼奥运会游泳比赛中，澳大利亚选手伊恩•索普穿着黑色连体紧身泳装，宛如碧波中前进的鲨鱼，劈波斩浪，一举夺得 3 枚金牌，他身穿的鲨鱼皮泳衣也从此名震泳界。生物学家发现，鲨鱼皮肤表面粗糙的 V 形皱褶可以大大减少水流的摩擦力，降低 10% 水阻力，减少 5% 的耗氧量，减少约 69% 泳装吃水量，提高 3%～7.5% 游进速度。

实训活动　会爬的七星瓢虫

活动准备　棉线、透明胶、吸管、自制七星瓢虫卡片。

活动过程

1. 将吸管呈外八字用透明胶带粘贴在自制七星瓢虫卡片背面。
2. 将棉线从两个吸管中穿过（图 2-3-3）。
3. 一人捏紧上端，一人用两只手来回拉棉线，七星瓢虫就会往上爬了。

原理解释　棉线与吸管之间的摩擦力使七星瓢虫向上爬。

图 2-3-3　七星瓢虫

幼儿活动　小偷爬房

活动准备　卡纸、剪刀。

活动过程

1. 折纸，作为房子；用剪刀剪掉最上面的小三角形作为小偷（图 2-3-4）。
2. 将小三角形夹在房子的下边，上下摩擦，小偷就会从上面爬出来。

原理解释　摩擦力带动小偷爬上了房顶。

图 2-3-4　小偷爬房

第四节 匀变速直线运动 加速度

目前我国大部分开放机场的等级在 4D,其中"4"表示飞机跑道的长度在 1 800 m 以上。飞机场为什么要修建那么长的跑道呢?

参照物

自然界的一切物体都在运动,运动是绝对的,静止是相对的。判断物体是否静止,需要首先选定参照物。**参照物**指的是假定不动的物体,通常我们选择大地为参照物。运动的形式是多种多样的,从运动轨迹来看,有直线和曲线之分,从运动速度是否变化来看,有匀速和变速之分,其中最简单的运动是匀速直线运动,在初中我们已经研究过这种运动了。

匀变速直线运动

假如一辆汽车从车站沿直线开出后第 1 秒末的速度是 4 m/s,第 2 秒末的速度是 8 m/s,第 3 秒末的速度是 12 m/s,可以看出,汽车每一秒增加的速度都是相等的,我们把这种速度变化均匀的直线运动叫做**匀变速直线运动**。

做匀变速直线运动的物体,它的位置一定是在不断变化的,物理学家们运用数学中的坐标来精确描述物体的位置。首先,建立质点模型。所谓**质点**,指的是在一定条件下,物体可以看成是一个有质量的点,而忽略物体的实际形状和大小。质点是一个理想模型。其次,建立坐标系。通常选物体的出发点为原点,选物体的运动方向为正方向,选择合适的单位长度来建立直线坐标系,这样,质点的位置和坐标就可以一一对应了。例如,汽车从天安门向右行驶了 100 m,可以选天安门的旗杆为原点 O,向右为正方向,单位长度

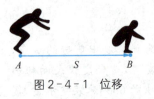

图 2-4-1 位移

是 1 m,那么,汽车初位置的坐标是 $x_1 = 0$,末位置的坐标是 $x_2 = 100$。可以看出,汽车位置的移动距离就是 100 m。物理学上把物体位置的变化叫做**位移**,它是从初始位置指向末位置的有向线段,如图 2-4-1 所示。上述汽车的位移是 100 m,记为 $S = 100$ m。位移是一个有方向的量,像位移这样既有大小又有方向的物理量叫做**矢量**,我们学过的矢量还有力和速度;那些只有大小,没有方向的物理量叫做**标量**,我们学过的标量有质量、时间、长度等。

从斜面下滑的物体,速度在不断变化,物理学上把物体在某个位置 A 的速度叫做**即时速度**,记为 v_A。汽车中的速度计表示的是汽车的即时速度。汽车从车站开出,它初始位置的即时速度一定是零,它出站以后即时速度越来越快,当车进站时,它的即时速度越来越小,停下后的即时速度是零。

加速度

如果一辆做匀速直线运动的汽车,它的速度在第 1 秒末、第 2 秒末、第 3 秒末的速度分别是 4 m/s,8 m/s,12 m/s,我们发现这辆汽车速度的变化是有规律的,它每一秒钟速度增加 4 m/s,我们把物体每一秒钟速度的增加叫做**加速度**,它等于速度的变化(增加或减少)与所用时间的比值。加速度公式为

$$a = \frac{v_t - v_0}{t} \tag{1}$$

其中,初速度 v_0 和末速度 v_t 的单位都是 m/s,时间 t 的单位是 s。在国际单位制中,加速度 a 的单位由公式中的其他单位共同决定,是 m/s²,读作**米每二次方秒**。

加速度是矢量,它表示速度在单位时间里的变化,$a > 0$ 表示速度在增加,$a < 0$ 表示速度在减少,$a = 0$ 表示速度不变化。因为当物体做加速运动时,由于 $v_t > v_0$,$v_t - v_0 > 0$,所以 $a > 0$;当物体做减速运动时,$v_t < v_0$,$v_t - v_0 < 0$,所以 $a < 0$;物体做匀速运动时,由于 $v_t = v_0$,$v_t - v_0 = 0$,所以 $a = 0$。例如,$a = -5$ m/s² 表示速度每秒钟减少了 5 m/s,负号代表速度是减少的。

【例题1】 做匀加速运动的火车,在 40 s 内速度从 10 m/s 增加到 20 m/s,求火车的加速度。

已知:$v_0 = 10$ m/s,$v_t = 20$ m/s,$t = 40$ s   求:a

解:
$$a = \frac{v_t - v_0}{t} = \frac{20 \text{ m/s} - 10 \text{ m/s}}{40 \text{ s}} = 0.25 \text{ m/s}^2$$

答:火车做加速运动,加速度是 0.25 m/s^2。

匀变速直线运动的规律

对于一个匀加速直线运动来说,速度是随着时间而不断变化的,但是,如果知道了物体的初始速度和加速度,就可以预测物体在未来某一时刻的速度。例如,一个钢球从静止开始做匀加速直线运动,加速度是 4 m/s^2,经过 5 s,钢球的速度是多少?根据加速度的物理意义,钢球的速度每秒增加 4 m/s,那么,经过 5 s,钢球的速度一共增加 20 m/s,钢球最初的速度是 0,所以 5 s 后,钢球的速度是 20 m/s。

另将加速度的公式进行变形、移项,可以推导出**速度公式**

$$v_t = v_0 + at \tag{2}$$

【例题2】 一个木块由静止从斜面的上端滑下,加速度是 5 m/s^2,求 2 秒末时木块的速度。

已知:$v_0 = 0$,$a = 5 \text{ m/s}^2$,$t = 2 \text{ s}$ 求:v_t

解: $v_t = v_0 + at = 0 \text{ m/s} + 5 \text{ m/s}^2 \cdot 2 \text{ s} = 10 \text{ m/s}$

答:2 秒末时木块的速度是 10 m/s。

对于一个匀加速直线运动来说,物体的位移也是随着时间而不断变化的,根据平均速度公式 $\bar{v} = \frac{v_0 + v_t}{2}$ 和速度的公式 $v_t = v_0 + at$,可以推导出**位移公式**

$$s = v_0 t + \frac{1}{2}at^2 \tag{3}$$

飞机场修建长长的跑道是为了实现飞机的正常起飞。飞机起飞前需要在跑道上滑行很长的距离,才能获得足够大的起飞速度,足够大的速度才能产生足够大的升力以保证飞机起飞。

 巩固练习

1. 我们把假定不动的物体叫做_____,一般选择大地为_____。
2. 位移指的是从运动物体的_____位置到_____位置的_____。它既有大小,又有方向,是一个_____量。
3. 一辆刚启动的汽车,其初速度是 0,经过 2 秒钟速度增加到 10 米/秒,其加速度是(   )。
   A. 2 m/s^2 B. 10 m/s^2 C. 5 m/s^2 D. 0
4. 一辆汽车由静止出发,加速度是 8 m/s^2,车开出去 3 秒末速度是多大?位移是多少?
5. 静止钢球经历 4 秒钟从光滑斜面顶端滚到底端时,末速度是 20 米/秒,求钢球的加速度。

科海拾贝 航空母舰的蒸汽弹射起飞

航空母舰上飞机常采用蒸汽弹射起飞。它利用蒸汽的压力,把飞机像射弹弓一样发射出去。举个例子说,找一个木塞子塞住有水的试管,然后把试管放在火上加热,水烧开以后就会把木塞子顶起来飞出去,那个木塞子就好比是飞机。利用蒸汽弹射起飞技术起飞,飞机可以在 45 m 距离内达到时速 250 km。

 刹车距离的研究

活动准备   电动车、直尺。

活动过程

1. 找一块开阔的平地,将电动车开到速度 20 km/h,然后用最大力量刹车。
2. 在地面寻找刹车的痕迹,找到初位置和末位置,测量出刹车距离 s_1。
3. 将电动车时速再增大一些,测量出刹车距离 s_2。
4. 分析数据。

思考:为什么电动车的速度越大,刹车距离就越大?

原理解释 根据公式 $v_t^2 - v_0^2 = 2as$,电动车的速度越大,刹车距离 s 越大,越容易出危险。所以,在驾驶机动车辆时,要控制行驶速度以保证安全。

第五节 牛顿第一定律

坐在行驶的汽车里,看到汽车里的一杯水突然向后面洒了出去,你能判断汽车是突然加速了还是突然减速吗?

牛顿第一定律

关闭了发动机的列车最终会停下来,自由摆动的秋千最终也会停下来,表面上看,要想维持物体的持续运动,必须有持续的外力。亚里士多德认为:如果使一个物体保持持续运动,就必须对物体施加力的作用。如果这个力被撤销,物体就会停止运动。

而伽利略认为:物体的运动并不需要力维持,运动之所以会停下来,是因为受到了摩擦阻力。

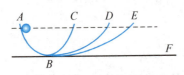

图 2-5-1 理想斜面实验

伽利略通过理想斜面实验来解释这一理论(图 2-5-1):如果让小球从一个斜面 A 的高处滚下,它会滚上另一个对接的斜面 C,假设摩擦力大小为 0,小球将会在斜面 C 上达到斜面 A 的同等高度;如果斜面倾角越小,则运动距离越远;如果倾角为 0,小球将永远运动下去。笛卡儿对伽利略推理结论做了补充说,物体如果不受力,运动方向也不会改变。牛顿总结了伽利略等人的研究成果,概括出一条重要的物理规律——牛顿第一定律:一切物体在没有受到力的作用时,将总保持静止状态或匀速直线运动状态。牛顿第一定律说明了物体的运动不需要靠力来维持,力不是维持物体的运动的原因,而是改变物体运动状态的原因。

惯性

牛顿第一定律告诉我们,物体不受外力的作用时,原来静止的物体将永远保持静止状态;原来运动的物体将以原有的速度永远运动下去。这表明无论静止的物体还是运动的物体,都有保持原来运动状态不变的特性,叫**惯性**。例如,骑摩托车跨越壕沟就是利用了物体的惯性。

一切物体都有惯性,但表现形式不同:静止物体的惯性表现为物体有保持原来的静止状态不变的性质;运动物体的惯性表现为物体能保持原来的运动速度和方向,直到有外力迫使它们改变为止。一切物体在任何时候、任何条件、任何情况下都有惯性,静止的物体也有惯性。惯性是物体的固有属性,惯性大小的唯一量度是物体的质量,质量越大,惯性越大,质量越小,惯性越小,大货车的惯性比小汽车的惯性大。

生活中的惯性现象

在一定条件下,物体由于惯性而显现出来的现象,叫做**惯性现象**。踢球、泼水、滑冰、烧锅炉时用铁锹往炉膛里添煤、跳远运动员起跳前的助跑、用手拍打衣服上的灰尘、撞击锤柄可以把锤头紧紧套在锤柄上、骑自行车太快容易发生交通事故等都是惯性现象。汽车中安全带的作用是为了防止汽车突然急刹时运动惯性对人体的伤害。

惯 性 游 戏

活动准备：杯子、硬纸板、鸡蛋、纸条、墨水瓶、橡皮。
活动过程：

1. 在装有水的杯子上盖上一硬纸板，纸板上放一鸡蛋，鸡蛋在正对水杯口的位置。迅速击打鸡蛋下边的硬纸板，鸡蛋竖直落入杯中，并没有沿水平方向运动。

2. 将一条小纸条放在水平的桌上，纸条一端悬在桌边，将一个墨水瓶放在纸条上面，迅速拉纸条，墨水瓶保持不动。

3. 手拿一块橡皮，边走路边向空中抛橡皮，橡皮落下来还会落到手中。

坐在行驶的汽车里，看到汽车里的一杯水突然向后面洒了出去时，说明水杯原来的位置是在后面，现在的位置是在前面，水杯在汽车上，所以，汽车的位置与水杯的位置相同，原来在后面，现在在前面。所以，汽车应该是突然向前加速了。

 巩固练习

1. 请解释俗语"船小好调头"这句话里面所包含的科学道理。
2. 惯性大小的唯一量度是物体的_____，与物体的运动状态、所处位置等外部条件无关。因此，物体的质量越大，惯性_____，质量越小，惯性_____。惯性与_____无关。
3. 关于惯性的说法正确的是(　　)。
   A．只有不受力的物体才有惯性   B．一切物体在任何时候都有惯性
   C．固体有惯性，液体、气体无惯性   D．只有静止的或匀速运动的物体才有惯性
4. 下面关于惯性正确的说法是(　　)。
   A．物体的质量越大，惯性越大   B．物体的质量越大，惯性越小
   C．物体的速度越大，惯性越大   D．物体的速度越大，惯性越小

实训活动　纸娃娃惯性车

活动准备　玩具汽车、白板纸、彩笔、剪刀、铁丝、尖嘴钳。

活动过程

1. 把铁丝弯折成"∩"形支架，固定在玩具汽车上。
2. 用白板纸做一个可爱的纸娃娃，黏在螺母上。把螺母吊挂在"∩"形支架上。
3. 向前推玩具汽车，纸娃娃向后摆动，向后推玩具汽车，纸娃娃向前倒。

原理解释　物体具有惯性，纸娃娃也有惯性，玩具汽车运动时，纸娃娃会保持自己原有的静止状态。

幼儿活动　制作抛接球器

活动准备　纸棍、矿泉水瓶、绳子、剪刀、透明胶、彩球。

活动过程

1. 取矿泉水瓶上面三分之一，粘在用纸卷成的纸棍的前端，做出接球盒。
2. 将绳子的一端粘在彩球上，另外一端粘在纸棍前端接球盒的下方(图2-5-2)。
3. 让彩球下垂，然后运用惯性，将彩球抛起来，并用接球盒接住球。

原理解释　将彩球抛起来的时候运用了惯性。先用力使球摆荡起来。因为惯性，球将沿着原来速度的方向继续做竖直平面内圆周运动。

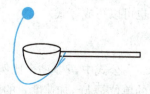

图 2-5-2　抛接球器

第六节 牛顿第二定律

我们外出旅游常常乘坐旅游大巴,大巴车行驶在坡度比较大的路段时,为什么慢一些?

牛顿第二定律

维持物体的运动状态不变,不需要力,改变物体的运动状态才需要力,或者说,力是产生加速度的原因。那么,加速度和它受到的力有什么关系呢?如果用同样大小的力推两辆质量不同的车就会发现,质量小的车起动快,加速度大。可见,加速度还跟物体的质量有关。

 探究 a 与 F,m 之间的关系

活动准备:光滑木板两个、小车两个、钩码若干。

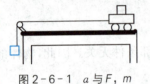

图 2-6-1 a 与 F,m 的关系

活动过程:

1. a 与 F 的关系($m_1 = m_2$):如图 2-6-1 所示,将同样的小车($m_1 = m_2$)分别放置在两个木板的最右端,在小车的绳子前端分别挂一个钩码和两个钩码,使 $F_1 < F_2$,由静止同时释放小车,接着让小车同时停下来($t_1 = t_2$)。观察两小车的位移,在下表中填"大"或"小"。

2. a 与 m 的关系($F_1 = F_2$):将同样的小车分别放置在两个木板的最右端,在小车的绳子前端挂同样的钩码($F_1 = F_2$),在第二辆小车上加一个钩码,使 $m_1 < m_2$,由静止同时释放小车,接着让小车同时停下来($t_1 = t_2$)。观察两小车的位移,在下表中填"大"或"小"。

3. 根据位移公式 $S = (1/2)at^2$,对加速度的大小进行推论,你能得出什么结论?

结论:_____。

	$m_1 = m_2$		$F_1 = F_2$	
拉力 F				
质量 m				
位移 S				
加速度 a				

牛顿详细研究了加速度与外力和质量的关系,发现:物体的加速度跟所受的外力的合力成正比,跟物体的质量成反比,加速度的方向跟合外力的方向相同,这就是**牛顿第二定律**。这个规律用公式表示,可以写成

$$a \propto \frac{F}{m} \text{ 或 } F \propto ma$$

也可以写成等式

$$F = kma$$

公式中,k 是一个比例系数,它的值取决于公式中各个物理量所用的单位。在国际单位制中,质量 m 的单位是 kg,加速度 a 的单位是 m/s^2,为了简单起见,科学家规定:使物体产生 1 米/秒^2 的加速度所需要的力的大小是 1 牛顿,即 $1\text{ N} = 1\text{ kg} \cdot \text{m/s}^2$。

我们使用国际单位制中的单位,牛顿第二定律公式中的 $k=1$,于是,公式简化成

$$F = ma$$

从定律可看到:当物体所受合外力恒定时,加速度也恒定不变,物体做匀变速直线运动;当合外力随时间改变时,加速度也随时间改变;当合外力为零时,加速度也为零,物体就处于静止或匀速直线运动状态。

【例题】 用 10 N 的力向前拉动质量是 2 kg 的木块,木块受到地面的摩擦力是 2 N,求木块的加速度。

已知:$F = 10$ N,$m = 2$ kg,$f = 2$ N,求:a。

解: $F_合 = F - f = 10 \text{ N} - 2 \text{ N} = 8 \text{ N}$

根据 $F = ma$,得 $a = \dfrac{F}{m} = \dfrac{8}{2} = 4 \text{(m/s}^2)$

答:木块的加速度是 4 m/s²。

大巴车本身的质量 m 已经很大了,根据 $F=ma$,m 大则 F 大,刹车时需要很大的力 F。如果大巴车的车速变快,会导致公式中的加速度 a 变大,a 大则 F 大,刹车时需要更大的力,很不安全。所以,下坡时,大巴车要减慢车速。

 巩固练习

1. 一质量是 2 kg 的物体受到 $F = 4$ N 的拉力,拉力产生的加速度的大小是( )。
   A. 0   B. 1 m/s²   C. 2 m/s²   D. 4 m/s²

2. 甲、乙两辆实验小车,在相同的力的作用下,甲车产生的加速度为 $a_1 = 1.5$ m/s²,乙车产生的加速度为 $a_2 = 4.5$ m/s²,甲车的质量是乙车的几倍?

3. 静止在光滑路面上的小车质量是 10 kg,在 $F_1 = 20$ N 的拉力作用下前进了 10 s,小车的加速度是多大?产生的位移是多少?

 投币式汽车

活动准备 硬币、玩具汽车、桌子、纸杯、细绳。

活动过程

1. 把玩具汽车放在桌子上,用细线的一端系上玩具汽车,另一端系在纸杯上,让纸杯挂在桌子的另一侧。

2. 在纸杯里投入一些硬币,直到玩具小车运动起来为止。

原理解释 玩具小车静止在桌面上时,受到拉力和摩擦力,二力平衡。投入纸杯的硬币逐渐增多,拉力逐渐增大,拉力大于摩擦力时,玩具汽车就会做加速运动。

第七节 牛顿第三定律

甲乙两个队伍进行拔河比赛,如果甲队战胜了乙队,那么,是不是甲队拉乙队的力要比乙队拉甲队的力大呢?

作用力与反作用力

力是物体对物体的作用,产生力的作用时,一定有两个物体,一个是施力物,另一个是受力物。例如,用手拍课桌时,施力物是人手,受力物是课桌。当力的作用发生时,施力物给受力物一个力。反过来,受

物是否也会给施力物一个力呢？手拍课桌时，手给课桌一个力，同时，手也会感觉到疼，说明课桌也会给手一个力；坐在凳子上往前推课桌时，会感觉到自己的身体向后仰，说明课桌也在推自己。这些现象告诉我们，物体间力的作用是相互的，当一个物体对另一个物体施加力的作用时，这个物体同样会受到另一个物体对它的力的作用，我们把这两个力分别叫做**作用力和反作用力**。很多时候是无法区分施力物和受力物的，例如，两个小球互相碰撞在一起时，可以任意选择一个物体为施力物。

作用力与反作用力的关系

我们常常遇到的是一个关于"马拉车"的问题：马拉车前进时，是马拉车的力大，还是车拉马的力大？

  探究作用力与反作用力的关系

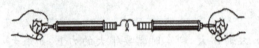

活动准备：弹簧测力计。

活动过程：

1. 模仿马拉车：保持右边的"车"不动，用左边的"马"去拉"车"，观察两个读数的大小（图 2-7-1）。

图 2-7-1 研究作用力与反作用力

2. 保持左边的"车"不动，用右边的"马"去拉"车"，观察两个读数的大小。

3. 两个弹簧测力计互相对拉，观察两个读数的大小。

4. 用力拉两个弹簧测力计，观察两个读数的大小是不是同时增大或减少。

结论：_____。

实验表明，作用力和反作用力有以下几个特点：

(1) **大小相等**　作用力和反作用力的大小在数值上是相等的。

(2) **方向相反**　作用力跟反作用力的方向是相反的，在一条直线上。

(3) **同时性**　作用力与反作用力同时产生、同时消失、同时增大、同时减小。

(4) **同一性**　作用力和反作用力的性质是相同的。当作用力是弹力时，反作用力也是弹力。

牛顿首先研究了作用力与反作用力之间的关系，发现了这个规律：两个物体之间的作用力和反作用力总是同时存在，它们的大小相等，方向相反，作用在一条直线上。这就是**牛顿第三定律**。如果用 F_{12} 表示第一个物体对第二个物体的作用力，用 F_{21} 表示第二个物体对第一个物体的作用力，那么，写成公式就是

$$F_{12} = -F_{21}$$

公式中的负号表示作用力与反作用力的方向相反。

根据上面的研究结果，可以回答前面我们提出的问题，马拉车前进时，马拉车的力与车拉马的力是一对作用力和反作用力，它们的大小相等，方向相反，这两个力的作用点不同，分别作用在两个不同的物体上。

作用力与反作用力的大小相等，方向相反，但与一对平衡力是不同的。一对平衡力的作用点同时作用在同一个物体上，而一对作用力与反作用力的作用点是分别作用在两个不同的物体上的。另外，一对平衡力中，两个力的性质往往不同，而一对作用力与反作用力的性质是相同的。

　甲乙两个队伍进行拔河比赛时，我们可以把甲队拉乙队的力叫做作用力，乙队拉甲队的力就是反作用力。根据牛顿第三定律，作用力与反作用力大小相等，方向相反。所以，这两个力的大小是永远相等的。甲队战胜了乙队的原因，是由其他因素决定的，例如：地面的摩擦力对于胜负有着重要作用。所以，拔河时，要选择鞋底有花纹的鞋以增大摩擦力。

 巩固练习

1. 如果把施力物对受力物的力叫做作用力，那么，_____就叫做反作用力。

2. 牛顿第三定律的内容是_____。
3. 观察放在桌面上的书,做出书受到的支持力的反作用力的图示,并指出施力物和受力物。
4. 反冲运动的物理原理是_____。
5. 马拉车进城,以下说法正确的是(　　)。
   A．马拉车的力大于车拉马的力　　　　B．马拉车的力小于车拉马的力
   C．马拉车的力等车拉马的力　　　　　D．以上说法都不正确

科海拾贝　安全气囊

安全气囊是安装在汽车座位的前面、能够在汽车发生碰撞时自动弹出的气囊。在发生车辆碰撞时,安全气囊能够延长人与其他物体的碰撞时间,减少外界冲击力的伤害。国家规定,从1998年开始,所有的新车都必须同时在驾驶员和驾乘人员旁边安装安全气囊。

实训活动　气球动力车

活动准备　矿泉水瓶盖、矿泉水瓶、吸管、气球、铁丝、透明胶、剪刀。

活动过程

1. 把矿泉水瓶子去掉头尾,剪出10 cm左右的瓶身。
2. 用锥子在瓶子两旁靠下位置各钻两个孔。
3. 将铁丝剪成等长的2根,长度略长于瓶子直径,穿过小孔当车轴。把瓶盖穿在铁丝的两端(图2-7-2)。
4. 气球口穿在吸管的一头,用透明胶固定。将气球平放在车身上,把吸管水平粘贴在车身上,吸管口在车身外面。气球动力车就做好了。
5. 现在开始测试,先把气球吹起来,再用手堵住吸管,然后松开手,小车就欢快地飞跑了。
6. 讨论:怎样改进,减少摩擦力,减少自重,使小车跑得更远?

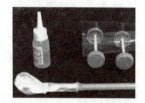

图2-7-2　气球动力车

原理解释　气体向后喷出时,给小车一反作用力,在反作用力作用下小汽车向前运动。

幼儿活动　气球火箭

活动准备　气球、吸管、铁丝、胶带。

活动过程

1. 从吸管上剪下来一个2 cm左右的吸管,用胶带粘在气球身体的中间。
2. 将细铁丝穿过气球身体上的吸管。细铁丝的两端由其他人拉直(图2-7-3)。
3. 用力吹气球,吹到最大,然后用手捏紧气球嘴,突然释放,气球会向远处冲刺。

图2-7-3　气球火箭

原理解释　利用了作用力和反作用力的原理。气球向后面喷射气体,气体反过来推动气球向前进。

第八节　圆周运动

想一想　在跑道上比赛长跑的运动员,希望在跑道的内圈跑还是在跑道的外圈跑?为什么?

匀速圆周运动

物体的运动轨迹是一个圆周的运动,叫做**圆周运动**。把小球拴在绳子的一端抢起来,小球的运动是圆周运动;儿童游乐场的旋转木马的运动是圆周运动;闹钟指针上的各个点的运动是圆周运动。圆周运动是一种常见的运动,其中最简单的圆周运动是匀速圆周运动。**匀速圆周运动**是指物体在任何相等的时间里,通过的圆弧长度都相等的一种圆周运动。因此,做匀速圆周运动的物体,其速度的大小总是相等的,但是,由于曲线运动中速度的方向是沿曲线的切线方向,因此,它的速度的方向时刻都在改变。所以,匀速圆周运动是变速运动。

匀速圆周运动的描述

周期 匀速圆周运动是一种周期性的运动,运动的快慢可以用周期、频率、角速度和线速度来描述。转动一周需要的时间长,我们就说物体转得慢;转动一周需要的时间短,我们就说物体转得快。我们把物体运动一周所需要的时间叫做**周期**,用字母 T 来表示,单位是秒。例如,钟表上的秒针每转动一周需要的时间是 60 s,可以记为 $T = 60$ s。物体在 1 s 内完成圆周运动的次数叫做**频率**,用字母 f 来表示,频率的单位是赫兹,用符号 Hz 来表示。周期和频率互为倒数,频率大,转动得快,频率小,转动得慢。其中 $f \cdot T = 1$

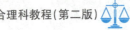

图 2-8-1 圆周运动

线速度 匀速圆周运动中物体经过的弧长和走过这段弧长所用时间的比值叫做**线速度**,如图 2-8-1 所示,用字母 v 表示,即

$$v = \frac{s}{t}$$

线速度是矢量,它的方向沿着圆周的切线方向,并且不断发生变化。在国际单位制中,弧长 S 的单位是 m,线速度 v 的单位是 m/s。

如果圆周的半径为 R,物体运动一周后,所通过的弧长就是周长,$S = 2\pi R$,经历的时间就是周期 $t = T$,那么,线速度公式还可以做如下变形:

$$v = \frac{2\pi r}{T}$$

角速度 在数学上,圆心角与圆弧的长度有着对应关系,圆弧越长,对应的圆心角就越大。匀速圆周运动中物体经过的圆心角和经过这个圆心角所用时间的比值叫做**角速度**,用 ω 表示,即

$$\omega = \frac{\phi}{t}$$

角速度是矢量,规定逆时针旋转时的角速度为正,顺时针旋转时的角速度为负。在国际单位制中,圆心角 ϕ 的单位是弧度,符号是 rad,角速度 ω 的单位是 rad/s。

如果物体运动一周后,所通过的圆心角 $\phi = 2\pi$,经历的时间 $t = T$,那么,线速度公式还可以做如下变形:

$$\omega = \frac{2\pi}{T}$$

比较线速度和角速度公式,可以得到线速度和角速度的关系式

$$v = r \cdot \omega$$

在工程上,质点在单位时间内转过的圆周数又叫做转速,用 n 来表示,单位是转/分,记做 r/min,它表示每秒质点转几周,转速 n 与频率 f 的关系是

$$n = 60 \cdot f$$

常见的匀速圆周运动

在生活和生产中,有很多机械的运动可以看成是匀速圆周运动,例如皮带传动(见图 2-8-2)和齿轮传动(见图 2-8-3)。这些传动能够产生连续的旋转运动,将力从一个轮轴传导到另外一个轮轴,同时,利用两个轮轴大小的不同,改变角速度。例如,皮带传动时,如果皮带不打滑,在相同时间内,皮带从一个轮

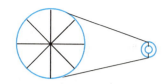

图 2-8-2 皮带传动

图 2-8-3 齿轮传动

子上走下来多长,就会在另一个轮子上缠上相同长度的皮带,所以,两个轮子边缘上各点的线速度大小相等,但由于两个轮子的半径不同,所以两个轮子的角速度不同。

【例题】 半径 10 cm 的砂轮,每秒转 5 圈,砂轮边缘上某一质点,做圆周运动的角速度是多大?线速度的大小是多少?

已知:$R = 10$ cm $= 0.1$ m, $f = 5$ Hz 求:ω, v

解:
$$\omega = 2\pi f = 2 \times \pi \times 5 = 10\pi \text{(rad/s)}$$
$$v = R \cdot \omega = 0.1 \times 10\pi = \pi \text{(m/s)}$$

答:角速度为 10π rad/s,线速度为 π m/s。

离心现象

做圆周运动的物体,需要向心力。例如链球运动中,链球做圆周运动时,铁链提供了向心力,一旦铁链断掉,链球就会飞出去,我们把向心力不够或者向心力突然消失的现象叫做**离心现象**。洗衣机的甩干桶、棉花糖的制作、离心式水泵都利用了离心现象。

做圆周运动物体,速度越大,需要的向心力越大,越容易发生离心现象。例如,下雨天雨伞伞面上沾满了雨水,快速转动雨伞,雨滴需要的向心力变大,转动速度更大时,雨滴就会做离心运动,离开伞面。

> 长跑运动员在跑弯道时,是做圆周运动。如果两人肩并肩跑步,则两人的角速度 ω 相同,从公式 $v = R \cdot \omega$ 可知,半径越大,线速度越大,外圈运动员的跑道半径大,必须跑出较大的速度才能保持和内圈的运动员肩并肩。所以,长跑运动员都希望在内圈跑。

巩固练习

1. 匀速圆周运动是指物体在任何相等的时间里,通过的_____都相等的圆周运动。它的运动性质是_____。

2. 做匀速圆周运动的物体,周期变大时频率变_____,物体的转动会变_____。

3. 半径为 10 cm 的砂轮,转速是 50 r/s,砂轮的角速度是多大?砂轮边缘上某一点的线速度是多大?离砂轮中心 5 cm 处的一点,它的线速度又是多大?

实训活动 离心球

活动准备 铁丝、乒乓球、钳子、锥子。

活动过程

1. 制作:用锥子分别在 2 个乒乓球上沿着轴心扎出上、下两个小孔。将铁丝穿入乒乓球的小孔,并将铁丝弯成圆形的铁丝圈。把另外一个直的铁丝沿铁丝圈直径方向固定在铁丝圈上,当做转轴(图 2-8-4)。

2. 玩法:手握转轴做圆周运动,加快速度,乒乓球就会沿着铁丝圈上升。

原理解释 乒乓球随着铁丝圈一起做圆周运动,速度加快时,乒乓球会做离心运动,在铁丝圈的限制下,乒乓球就会沿铁丝圈上升。

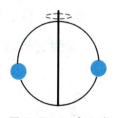

图 2-8-4 离心球

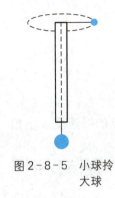

 小球拎大球

活动准备 鞋带、超轻黏土、PV套管、透明胶。

活动过程

1. 制作：将超轻黏土包裹住鞋带的一端，并揉成小的球形，同时用胶带加固。让鞋带另一端穿过PV套管，同样用超轻黏土包裹住，并揉成大的球形(图2-8-5)。
2. 玩法：让小球的一端在上面，做圆周运动，加快速度，小球就会把大球拎起来。

原理解释 小球做圆周运动，速度越大需要的向心力越大，向心力不足时就会逐渐远离圆心向远处做离心运动，就把大球拎起来了。

图 2-8-5 小球拎大球

第九节 转动与平衡

不倒翁是小朋友们喜欢的玩具，你怎么推它，它都不会倒下。你知道不倒翁的秘密吗？

平动和转动

自然界的运动有多种复杂的形式，包含平动、转动、振动等。其中最基本的运动形式是平动和转动。**平动的特征是**：物体上任意两点的连线在各个时刻始终保持平行，例如，升降机的运动，火车车厢的运动。物体平动的轨迹，可以是直线，也可以是曲线，例如，坐在摩天轮中的人的运动是平动。平动的物体可以看成质点。**转动的特征是**：物体上各个质点都沿圆周运动，圆周的中心在同一条直线上，这条直线叫做**转动轴**，例如，门、砂轮、机器的飞轮、电动机的转子等都是有固定转动轴的物体。转动的砂轮在关闭电动机后还会继续转动，最终停下来是由于轴与轮之间的摩擦力。可以想象，如果轮和轴之间没有摩擦，砂轮会永远转下去。因此，转动的物体具有保持原有转动速度的大小和方向都不改变的特性，叫做**转动惯性**。例如，陀螺旋转时，它的转动轴的方向能够保持不变。利用陀螺的转动惯性，可以制作陀螺仪，用于远航时的方向定位。

力矩

改变物体的转动状态需要力，但仅仅有力的作用是不够的。推推房间的门试一试，如果推力作用在门轴上，即使推力再大，也推不开门，也就是说，门的转动状态不会改变。挪一下推力的作用点，使推力距离门轴有一定的距离，门就可以转动了。这说明，要想改变物体的转动状态，不但要有力，力的作用线与轴还要有一定的距离，我们把转轴到力的作用线的垂直距离叫做**力臂**。准确地找到力臂，首先要确定转动轴 O 点的位置，接着要画出力的作用线(或延长线)，最后，从转动轴 O 点向力的作用线(或延长线)做垂线 L，垂线 L 就是力臂。力与力臂的乘积就叫做**力矩**，如果用字母 M 表示力矩，就有

$$M = F \cdot L$$

力矩是矢量，通常规定使物体逆时针转动的力矩为正，使物体顺时针转动的力矩为负。在国际单位制中，力矩的单位是牛·米，用符号来 N·m 表示。

有固定转轴物体的转动平衡条件

 探究力矩平衡条件

活动准备：力矩盘、钩码。

活动过程：
1. 如图2-9-1所示，选择 A，B，C 3个位置悬挂钩码，使圆盘在力 F_1，F_2，F_3 3个力的作用下达到平衡。
2. 测量力臂 L_1，L_2，L_3，计算力矩 M_1，M_2，M_3。
3. 计算使圆盘顺时针转动的总的力矩。
思考：转动平衡的条件是什么？
结论：_____。

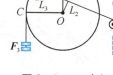
图2-9-1 力矩盘

实验表明，有固定转轴物体的平衡条件是物体受到的力矩之和等于0。即

$$M_合 = 0$$

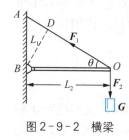
图2-9-2 横梁

【例题】 图2-9-2中的 BO 是一根长 1 m 的轻质横梁，一端安装在轴 B 上，另一端用倾斜角为 30° 的绳子 OA 拉着。如果在横梁上距 B 点 80 cm 处挂一个 $G=50$ N 的重物，绳子 OA 对横梁的拉力有多大？

已知：$F_2 = G = 50$ N，$L_2 = 1$ m，$L_1 = BD$
求：F_1

解：
$$L_1 = BD = L_2 \sin 30° = 1 \times 0.5 = 0.5 \text{(m)}$$
$$M_1 = F_1 \cdot L_1 = 0.5 F_1$$
$$M_2 = -F_2 \cdot L_2 = -50 \cdot 1 = -50 \text{(N} \cdot \text{m)}$$

因为 $M_合 = 0$，所以

$$M_1 + M_2 = 0, \quad 0.5 F_1 - 50 = 0, \quad F_1 = 100 \text{ N}$$

答：绳子对横梁的拉力为 100 N。

杠杆的平衡可以看成是有固定转轴物体的平衡。杠杆的五个要素是动力、动力臂、阻力、阻力臂、支点。初中我们学过杠杆的平衡条件是：

$$动力 \times 动力臂 = 阻力 \times 阻力臂$$
$$F_1 \cdot L_1 = F_2 \cdot L_2$$

【例题】 两个小朋友甲、乙玩跷跷板，已知甲的体重是 30 kg，离支点 180 cm，乙的体重是 20 kg，乙坐在离支点多远时，两人能达到平衡？

已知：$L_1 = 180$ cm，$F_1 = 300$ N，$F_2 = 200$ N
求：L_2
解：因为 $F_1 \cdot L_1 = F_2 \cdot L_2$
所以 300 N · 180 cm = 200 N × L_2
$L_2 = 270$ cm

答：乙坐在离支点 270 cm 的位置时，两人能达到平衡。

平衡的种类

物体的平衡状态，是指物体保持静止或匀速直线运动的状态。平动物体的平衡条件是合力为零，有固定转轴物体的平衡条件是合力矩为零。然而，处于平衡状态下的物体，有的是稳定的，有的是不稳定的。例如，小球在凹面、凸面和平面上都可以达到平衡状态，但这 3 种平衡状态的情况是不同的。在凹面上的小球，如果遇到微小外力的干扰离开平衡位置后，还会自动返回原处去，叫做**稳定平衡**；在凸面上的小球，如果遇到微小外力的干扰离开平衡位置后，不会自动返回原处去，叫做**不稳定平衡**；在平面上的小球，如果遇到微小外力的干扰离开平衡位置后，在新的位置处仍然保持平衡，叫做**随遇平衡**，如图2-9-3所示。

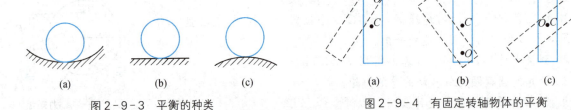

| (a) | (b) | (c) | | (a) | (b) | (c) |

图 2-9-3 平衡的种类　　　　　　　　图 2-9-4 有固定转轴物体的平衡

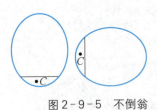

图 2-9-5 不倒翁

有固定转轴是物体的平衡,也有这3种情况。如图 2-9-4 所示,O 是转轴,C 是物体的重心。在图(a)中,重心在转轴的下方,用外力拉动物体,让其偏离原来的平衡位置,物体的重心升高了,重心对于转轴的力矩使物体又回到原来的位置,这种平衡是稳定平衡。在图(b)中,重心在转轴的上方,是不稳定平衡。在图(c)中,转轴通过重心,是随遇平衡。不倒翁的秘密在于(图 2-9-5),不倒翁的重心 C 很低,受到外力时不倒翁的重心 C 升高,重力力矩的作用使物体回到原来的平衡状态。所以,无论你怎样推不倒翁,不倒翁始终能自动回到原来的位置。

稳度

竖放的砖和平放的砖哪个更稳定?即使是稳定状态的物体,其稳定程度也不尽相同。我们把物体的稳定程度叫做**稳度**。稳度的大小与物体的重心高低和支持面大小有关。重心是物体质量集中的地方,均匀物体的重心在几何中心。支持面是指物体各部分所围成的面积。重心低,支持面大的物体稳度大,反之则稳度小。站在行驶车厢里的人,为了增大稳度,往往把两腿叉开,这样两脚所围成的面积就增加了,支持面增加了(同时重心也降低了),稳度增大了。一块砖平放时重心低,支持面积大,所以稳度就大。增大物体的稳度有重要的实际意义,为了增大物体的稳度,既可以增大底面积,也可以降低重心的高度,还可以同时增大底面积和降低重心高度。精密的天平一定安置在一个底面积较大,又较重的底座上;照相机的三脚架,高压线的铁塔都有一个很大的支持面;越野汽车和山区的拖拉机轮间宽度都较大,都是为了增大物体的稳度。我们日常生活中的建筑物、工厂的机器设备、车辆等运输工具、家中的家具等,放置时都要考虑稳度的大小,研究物体的稳度在生产和生活中有重要意义。

 说一说

不倒翁的平衡是稳定平衡。不倒翁的重心在转轴的下方,当外力让不倒翁转动时,不倒翁的重心升高,重力力矩使不倒翁回到原来的平衡状态。所以,无论怎么推不倒翁,它都会自动回来。

巩固练习

1. 转动惯性是_____。
2. 杠杆的平衡条件是_____,若作用在杠杆上的动力为 100 N,动力臂与阻力臂之比为 5∶1,则杠杆平衡时所受阻力为_____。
3. 下列工具或仪器中属于省力杠杆的是(　　)。
   A. 扫帚　　　　　　B. 天平　　　　　　C. 拿钢笔写字　　　　D. 铡刀
4. 杠杆的左右两端分别挂有 20 N 和 30 N 的重物,杠杆在水平位置平衡,若使两端都减少 5 N,则(　　)。
   A. 左端下沉　　　　B. 右端下沉　　　　C. 仍保持平衡　　　　D. 以上说法都不对
5. 请用杠杆平衡的知识来解释"秤砣虽小压千斤"这句话。
6. 物体的平衡种类中不包括(　　)。
   A. 稳定平衡　　　　B. 随遇平衡　　　　C. 不稳定平衡　　　　D. 不随遇平衡
7. 影响稳度大小的因素不包括(　　)。
   A. 重心高低　　　　B. 支面大小　　　　C. 重量轻重　　　　　D. 密度大小

制作欹器

活动准备　木块底座、筷子、细铁丝、可乐瓶、螺帽（配重）。

活动过程

1. 做支架。将细铁丝弯折成为倒W形，固定在木块底座上。
2. 做主体。剪掉矿泉水瓶上部四分子一，将筷子从矿泉水瓶中间位置两侧的孔洞插入，用橡皮泥堵住孔洞缝隙，放到刚才制作的支架上，然后按情况调整，用螺帽做配重。这样，一个欹器就做好了（图2-9-6）。
3. 玩法：往欹器里放水，看到一定程度是否能够自动翻转，把水倒出。

原理解释　没加水的时候，底下重上面轻。当欹器里的水倒满了后，底下轻上面重，这样力矩不平衡，因而翻倒。

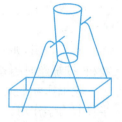

图2-9-6　欹器

制作不倒翁

图2-9-7　不倒翁

活动准备　乒乓球、白色硬纸、橡皮泥、彩笔、胶水、剪刀。

活动过程

1. 把乒乓球用剪刀去掉一半，将橡皮泥捏成团填在半个乒乓球内的最底部，抹平。
2. 把白色硬纸剪成一扇形，扇形的弧长应稍大于乒乓球的圆周长，并将扇形两边对接做成一圆锥形。
3. 将纸圆锥与乒乓球黏接起来，用彩笔在乒乓球上画出头像，白色的锥形帽子也可用孩子熟悉的图案或花纹进行装饰。这样一个可爱的不倒翁就制成了。

原理解释　橡皮泥捏成团填在半个乒乓球内的最底部，使得玩具的重心下降。当倾斜不倒翁时，不倒翁的重心就会升高，松开手后，不倒翁还会回到原来的状态，这样的平衡是稳定平衡。

第十节　轮轴与简单机械

　古埃及的胡夫金字塔塔高137米，建造中使用了234万立方米的石块。古埃及人是怎样把沉重的石块搬到一百多米高的地方呢？

轮轴

由一个轴和一个大轮固定在一起，并能绕共同的轴线转动的简单机械叫**轮轴**，如图2-10-1所示，中间靠近转动轴线的半径较小的是**轴**，离轴线较远的半径较大的是**轮**。从剖面来看，轮轴由两个环组成，两个环是同心圆，外环叫轮，内环叫轴，圆心就是轴线 O。汽车的方向盘是轮轴，螺丝刀也是轮轴。日常生活中常见的轮轴有绞盘、扳手、手摇卷扬机、自来水龙头的扭柄等。轮轴有什么作用呢？

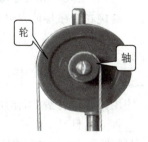

图2-10-1　轮轴

　　　　　　探究轮轴的作用

活动准备：螺丝刀、带棉线的钩码。

活动过程:

1. 手握住螺丝刀的木柄(即轮),把钩码棉线缠在螺丝刀的轴上,感受用力的大小。
2. 手握住螺丝刀的金属部分(即轴),把钩码棉线缠在螺丝刀的轮上,感受用力的大小。

结论:＿＿＿＿＿＿＿＿＿＿＿＿＿＿＿＿＿＿＿＿＿＿＿＿＿＿＿＿＿＿＿＿＿＿＿＿＿＿＿。

实验表明,如果将动力作用在轮上就会省力,保持轴的大小不变,轮越大越省力。例如,螺丝刀的木柄越粗,拧螺丝时越省力,螺丝刀的木柄越细,拧螺丝时越费力。

轮轴实际上是一个可以连续旋转的杠杆。轮轴从形式上看是圆盘,但从实质上看,只有它们的直径或半径起力学作用。用 R 表示轮半径,也就是动力臂;r 表示轴半径,也就是阻力臂;O 表示线轴,就是支点。当动力作用于轮时,$R>r$,$F_1<F_2$,轮轴是省力费距离杠杆。例如自行车脚踏与轮盘(大齿轮)是省力轮轴;当动力作用于轴上时,$R<r$,$F_1>F_2$,轮轴为费力省距离杠杆,例如,自行车后轮与轮上的飞盘(小齿轮)、吊扇的扇叶和轴都是费力轮轴的应用。

简单机械

凡能够改变力的大小和方向的简单装置,统称**简单机械**。利用机械既可减轻体力劳动,又能提高工作效率。例如,杠杆、滑轮、轮轴、齿轮、斜面、螺旋、劈。前4种是杠杆的变形,称为杠杆类简单机械;后3种是斜面的变形,称为斜面类简单机械。

杠杆类简单机械是杠杆和杠杆的变形。利用杠杆,可以实现省力或者省距离的目的。滑轮是杠杆的变形,定滑轮实质上是一个等臂杠杆,可以改变力的方向,不会改变力的大小;动滑轮实质上是一个动力臂二倍于阻力臂的杠杆,可以改变力的大小,不改变力的方向。将几个动滑轮和定滑轮搭配合并而成滑轮组,既可以改变力的大小,又能改变力的方向。齿轮是能互相啮合的有齿的机械零件,大齿轮和小齿轮相互啮合转动时,大齿轮的圈数小于小齿轮的圈数。利用齿轮可以改变转动的速度,机械手表里面应用了许多齿轮。

斜面类简单机械是斜面和斜面的变形。斜面可用于克服垂直提升重物之困难。如果从山下直通山顶需要很大的力,不容易爬上去,而沿着弯弯曲曲的盘山公路行走就可以用较小的力爬上山顶。使用斜面看起来是费了距离,但是省了力。螺旋是斜面的变形,在A4纸上剪一个直角三角形,将较短的直角边贴在铅笔上,然后将三角形紧紧裹在铅笔杆上,可以看出,铅笔杆是出现了螺旋形状。劈的截面也是一个三角形,例如斧头,其三角形的底称作劈背,其他两边叫劈刃。劈背越薄,劈面越长,就越省力;劈背越厚,劈面越短,就越费力。劈的用途很多,可用来做切削工具,如刀、斧、刨、凿、铲等;可用它紧固物体,如鞋楦榫头,斧柄等加楔子使之涨紧;还可用来起重,如修房时换柱起梁等。

科学家研究表明:古埃及人是利用斜面技术将沉重的石块搬到一百多米的高处。一种理论认为,古埃及人在金字塔的外面修建了长达1 500米的斜面来运送重物,而最新的研究认为,斜面是修建在金字塔的内部,且螺旋形上升。

巩固练习

1. 使用轮轴时,把动力作用在轮上,轮轴相当于一个＿＿＿＿杠杆;把动力作用在轴上,轮轴相当于一个＿＿＿＿杠杆。
2. 凡能够改变力的大小和方向的简单装置,统称＿＿＿＿。
3. 杠杆、滑轮、轮轴、齿轮是＿＿＿＿的变形,所以称为杠杆类简单机械,斜面、螺旋、劈是＿＿＿＿的变形,故称为斜面类简单机械。
4. 使用斜面的好处是费了＿＿＿＿,但是省了＿＿＿＿。

科海拾贝　辘轳

辘轳是古代汲水用的工具,广泛应用于农业灌溉。在井上固定木架,中间穿过一根横轴,轴上安装绞轮并缠绕绳索,绳索一端拴住水桶垂于井下盛水,一端为固定手摇柄。取水时,转动绞轮上手柄,将水提上来。辘轳是利用轮轴原理做功的机械,最早见于汉代。辘轳出现后,深井取水问题得以解决,逐渐成为使用最为普遍的提水机械。

实训活动　旋转花瓣

活动准备　泡沫塑料、剪刀、马克笔、绳子、小圆棍、矿泉水瓶。

活动过程

1. 用泡沫塑料剪出一朵自制花瓣,涂上颜色(图2-10-2)。
2. 将矿泉水瓶盖和矿泉水瓶侧壁上各开一个小孔。
3. 将小圆棍的顶端安装上自制花瓣,中间固定上绳子一端,将小圆棍从矿泉水瓶口插进矿泉水瓶内,将绳子从矿泉水瓶侧壁掏出来。
4. 先将小圆棍转动十几圈,将绳子缠在小圆棍上,再拉动绳子,自制花瓣就迅速旋转了。

图2-10-2　旋转花瓣

原理解释　拉绳子,绳子带动小圆棍转动,小圆棍带动自制花瓣转动。

幼儿活动　彩虹蛇

活动准备　吸管、细铁丝、剪刀、铅笔。

活动过程

1. 制作螺旋。将细铁丝在铅笔上面螺旋缠绕成,取下后成为弹簧形螺旋。
2. 将吸管剪成小段。将剪好的吸管套在螺旋上(图2-10-3)。
3. 两手捏住螺旋的两端,倾斜螺旋,吸管段就从螺旋的上端跑到了下端,像一条蛇一样。

图2-10-3　彩虹蛇

原理解释　吸管受重力、摩擦力以及细铁丝的压力作用,所以做螺旋形向下运动。

第三章 声光世界

幼儿是通过感官来感知、体验世界的。襁褓中的婴儿听到母亲的呼唤声就会四处找寻,阳光下的孩子们会踩着影子嬉戏打闹。夕阳的晚霞是如此之瑰丽,雨后的彩虹又是那样的绚烂,锅碗瓢勺声使我们加快回家的脚步,交响乐曲又是那么震撼心灵。声与光的世界是大自然最美丽的宝藏。本章我们将引领大家进入声光的世界,并掌握振动风轮、音笛吸管、呼啸的气球、咆哮的老虎、简易花筒、照相机、日晷、消失的树叶、鲲鹏展翅等幼儿玩教具的制作方法。

第一节 机械振动 单摆

每个人在幼儿时期几乎都荡过秋千,摆荡的秋千可以看成是机械振动。怎样描述秋千摆荡的快慢呢?

机械振动

钢琴节拍器的指针能左右振动,婴儿的摇篮可以来回摇动,鸟儿飞离枝头时树枝会颤动,担物行走时扁担会振动,浮标在水面会上下浮动,这些运动都有共同的特点:第一,物体的运动是往复的,是周期性的;第二,物体的运动都围绕着一个中心点,这个中心点就是物体静止时的位置,称为**平衡位置**。我们把这种物体在平衡位置附近所做的往复运动叫做**机械振动**。机械振动中最简单的是简谐振动,例如音叉叉股的振动和弹簧振子的振动。

弹簧振子

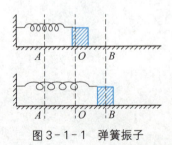

图 3-1-1 弹簧振子

弹簧振子是由弹簧、振子 m 和光滑横杆组成(图 3-1-1)。振子在振动过程中只受到弹簧的弹力的作用。弹簧振子完成一次完全的振动叫做一次**全振动**,例如振子经历 $A—O—B—O—A$ 或者 $O—B—O—A—O$ 都是完成一次全振动。振子离开平衡位置的最大位移 OA 叫做**振幅** A,一次全振动的路程包含四个振幅。振子在一个全振动过程中所经历的时间叫做**周期** T,单位是秒。振子在一秒内完成全振动的次数叫做**频率** f,单位是赫兹(Hz)。$1\text{ Hz}=1$ 次/秒,周期和频率互为倒数,即 $fT=1$。

单摆

与音叉和弹簧振子的振动不同,儿童游乐场的秋千、建筑工地的摆锤、摆钟的摆,它们振动时,虽然质点也在平衡位置附近往复运动,是机械振动,但它们都有一个长长的摆线。物理学上把这一类运动进一步理想化,建立了理想单摆的模型(图3-1-2)。理想**单摆**是由悬点C、摆线L和摆球m组成的装置,其中,摆线是长度远大于摆球直径r的刚性细线。

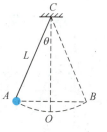

图3-1-2 单摆

用外力向左边拉摆球,使摆球离开平衡位置O,到达A点,从静止释放摆球,摆球将在重力的作用下经过O,到达右边的B,接着由B经过O,再回到A,这样,摆球完成了一次完全的振动,这个过程叫做**全振动**。摆球在一次全振动中离开平衡位置最远的位置是A和B,我们把振动过程中物体离开平衡位置的最大位移叫做**振幅**A,单位是m。振幅的大小和单摆的摆角θ有关,θ越大,振幅越大。当$\theta < 5°$时,单摆的运动可以看做是简谐振动。单摆在一个全振动过程中所经历的时间叫做**周期**T,单位是秒。单摆在一秒内完成全振动的次数叫做**频率**f,单位是赫兹,符号是Hz,1 Hz=1次/秒,周期和频率互为倒数。

单摆的周期

   探究单摆周期T的影响因素

活动准备:单摆组($L_甲 = L_乙 \neq L_丙$,$m_甲 = m_乙 \neq m_丙$)、秒表、磁铁。

活动过程:

1. 研究T与A的关系(L,g,m不变):将甲、乙拉到不同高度(A不同),同时释放,观察它们是否同步摆动。

思考:T与A有什么关系?

2. 研究T与m的关系(L,g,A不变):将甲、丙(m不同)拉开,同时释放,观察它们是否同步摆动。

思考:T与m有什么关系?

3. 研究T与g的关系(L,A,m不变):在靠近甲的下方放上磁铁以增加引力(g不同),将甲、乙拉开,同时释放,观察它们是否同步摆动。

思考:T与g有什么关系?

4. 研究T与L的关系(g,A,m不变):研究单摆甲,改变甲的摆长,让摆长分别为原来摆长的1/4和1/9,记录10次全振动的时间,求出周期。

思考:T与L有什么关系?

摆长L/m	L	$1/4 \cdot L$	$1/9 \cdot L$
10次振动时间t/s			
周期T/s			
T^2/s^2			
T^2/L/(s^2/m)			

结论:_____。

实验表明:单摆的振动周期与单摆的振幅和摆球的质量无关,与单摆的摆长有关:摆长越长,周期越大,单摆的振动就越慢;摆长越短,周期越小,单摆的振动就越快。单摆的周期还与当地的重力加速度有关,重力加速度越大的地方,周期越小,振动越快。实际上,在物理学发展史上,伽利略、惠更斯等物理学家对单摆的振动作过很多研究,最后由惠更斯给出了周期公式:

$$T = 2\pi \sqrt{\frac{L}{g}}$$

其中,$\pi = 3.14$,是一个常数,重力加速度$g = 10$ m/s^2。惠更斯利用摆的等时性发明了带摆的计时器,就是今天摆钟的前身。由于摆的周期可以通过改变摆长来调节,所以用起来很方便。

单摆图像

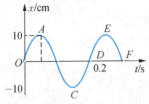

图3-1-3 单摆的振动图像

理想单摆的振动图像是一条正弦曲线,如图3-1-3所示,水平方向的坐标代表了时间的变化,叫做时间轴 t,竖直方向的坐标代表了单摆在不同时刻的位移,叫做位移轴 x,位移最大的那个数值代表单摆的振幅 A,单摆振动图像描述了单摆振动时摆球的位移随时间的变化规律。图中单摆的振幅是 10 cm,周期为 0.2 s。

可以用周期或频率来描述秋千运动的快慢,周期大的秋千摆荡得慢。

 巩固练习

1. 单摆离开平衡位置的最大距离叫做_____,物体完成一次全振动所需的时间叫做_____,单摆在单位时间内完成全振动的次数叫做_____。周期和频率都是表示振动_____的物理量,周期越_____,频率越大,振动得越_____。

2. 单摆的振动周期是 2 s,如果(1)摆长缩短为原来的 1/4,单摆的周期为_____s,(2)摆球质量减为原来的 1/4,单摆的周期为_____s,(3)振幅减为原来的 1/4,单摆的周期为_____s。

3. 周期为 2 s 的单摆叫做秒摆,秒摆的摆长是_____。

4. 下面情况下,单摆的周期会增大的是(　　)。
   A. 增大摆球质量 　　　　　　　　B. 缩短摆长
   C. 减小振幅 　　　　　　　　　　D. 将单摆由山下移至山顶

5. 甲、乙两个单摆的摆长之比是 1∶4,质量之比是 1∶2,那么在甲摆振动 6 次的时间里,乙摆动了(　　)。
   A. 1 次　　　　B. 2 次　　　　C. 3 次　　　　D. 4 次

科海拾贝　傅科摆

北京天文馆大厅里有一个傅科摆,它是一个巨大的单摆。在地面上画出一条线,让傅科摆摆球沿这条线摆动,过一会儿,就会发现摆球偏离了这条线。摆球没有受到外力,它的运动路线不会改变,但与地面上的线不重合了,说明地面移动了。傅科摆可以使人们直接观测到地球的转动,用实验支持了日心说理论。

实训活动　振动风轮

活动准备　竹筷、彩笔、卡纸纸条、美工刀、工字钉。

活动过程

1. 先用小刀在竹筷 1 上半部分切出六到八个左右的凹形槽。
2. 制作"纸条风轮"。将卡纸纸条上涂抹斜线充当花纹,用一颗工字钉将卡纸纸条中点钉在竹筷 1 顶端,不要扎太紧。
3. 用竹筷 2 刮动凹槽,"纸条风轮"就会转动(图3-1-4)。

原理解释　振动能量传递到"纸条风轮","纸条风轮"的中心并不完全在筷子顶端的中点,就会产生力矩,力矩作用下,"纸条风轮"就会转动。

图3-1-4 振动风轮

幼儿活动　荡秋千

活动准备　大型秋千、儿童摇篮或摇椅。

活动过程

1. 检查设备的安全性。
2. 让幼儿荡秋千或者坐在摇篮摇椅中自由玩耍。

3. 另外一个小朋友推动秋千,边推边喊"一次、二次",感受运动节奏。

原理解释 荡秋千可以看成是机械振动,因为它符合两个条件:往复运动和有平衡位置。推秋千就是让秋千做受迫振动,推力与秋千自己的固有周期应该相等才能够越推越高。

第二节 机械波和声波

北京时间 2008 年 5 月 12 日 14 时 28 分 04.1 秒,中国汶川发生 8 级大地震。你知道地震袭来时,楼房是先上下振动,还是先左右晃动?

机械波

水中的波浪是凸凹相间的。与前面我们所研究的其他运动不同,参与波运动的质点有无数多个,所以,波是一种特别的运动。

在绳子中任何一个位置绑上一个红布条,手执绳子的一端上下振动形成绳波,观察绳波在绳子中的传递,红布条只是上下振动,并没有随波前进。绳波是怎样形成的呢?把绳分成许多小部分,每一小部分都看成一个质点,相邻两个质点间,有弹力的相互作用。第一个质点在外力作用下振动后,就会带动第二个质点振动,只是第二个质点的振动比前者落后。这样,前一个质点的振动带动后一个质点的振动,依次带动下去,振动也就从发生的区域向远处传播,从而形成了绳波。绳子上的红布条上下振动的现象说明在机械波的传播过程中,介质中的每个质点都只是在自己的平衡位置附近做上下的振动,质点本身不会沿着波的传播方向移动。我们把最先振动的那一点叫做**振源**或**波源**,能够传递振动的物质叫做**介质**,机械振动在介质中的传播就叫做**机械波**。

根据波的传播方向与质点振动方向的关系,可以把机械波分为两类:波的传播方向与质点振动方向相互垂直的机械波叫做**横波**,如图 3-2-1 所示,例如绳波。波的传播方向与质点振动方向平行的机械波叫做**纵波**,如图 3-2-2 所示,例如声波。地震波既有横波,又有纵波,水波既不是横波也不是纵波。我们把波在某一时刻的状态拍照下来,就可以得到**波的图像**,如图 3-2-1 所示。x 轴上的各点表示各个质点平衡时的位置,用 x 坐标可以表示各个质点到波源的距离;用 y 坐标表示质点离开它自己平衡位置的位移,凸起的部分叫做**波峰**,凹陷的地方叫做**波谷**。两个相邻波谷或者波峰间的距离叫做**波长**,用字母 λ 来表示,单位是米(m)。通过波的图像可以看出,在振源振动的一个周期 T 内,波向前传递一个波长,于是,有波速公式

$$v = \frac{\lambda}{T}, 或 v = f \cdot \lambda$$

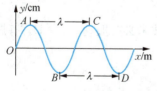

图 3-2-1 横波的波长

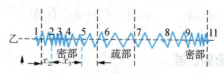

图 3-2-2 纵波

在机械波传播的过程中,介质里本来相对静止的质点,随着机械波的传播而发生机械振动,因此机械波的实质是运动形式的传播,由于静止的质点变得振动了,表明这些质点获得了能量,这个能量是从波源通过前面的质点依次传来的,所以,机械波传播的实质又是能量的传播。例如,地震波引起房屋倒塌,声波清灰器可以清除灰尘。

声波

声波是一种常见的纵波,例如振动的音叉,它的叉股向一侧振动时,压缩临近的空气,使得这部分空气变密;向另一侧振动时,这部分空气又变疏,这种疏密相间的状态向外传播,就形成了空气中的声波。声波

传入人耳,使鼓膜振动,就引起了声音的感觉。

声波是由于振动而产生的,一切发声的物体都在振动:人说话时声带在振动;口琴发声时,口琴中的簧片在振动;敲锣时,锣面在振动;打雷时,急剧膨胀的空气在振动;笛子发声时,笛子中的空气柱在振动。振动必须传递到耳朵里才能引起听觉,固体、液体、气体都可以传播声音,但是真空不可以传声。在幼儿园,可以制作"土电话"感知固体的传声,将耳朵贴紧充满水的气球,感知液体传声。并不是所有振动都能引起人的听觉,只有频率在 20 Hz～20 kHz 之间的振动能引起我们的听觉。频率低于 20 Hz 的声音叫做次声波,如地震、核爆炸产生的声波。频率高于 20 kHz 的叫做超声波,例如蟋蟀、蚯蚓、老鼠和鲸鱼等动物,是用超声波进行通信联系的。超声波有许多有用,如声纳、超声碎石等。

声波的传播速度(声速)

物质	速度/(m/s)	与空气中声速的比较
空气	340	1.0 倍
水	1 500	4.4 倍
木材(松树)	3 300	9.7 倍
铁、玻璃	5 000	14.7 倍

地震波中既有纵波(P 波)又有横波(S 波)。纵波的振动方向和传播方向一致;横波的振动方向与波的传播方向垂直。纵波传播速度快,可以通过固体、气体、液体传播;横波传播速度比较慢,只能通过固体传播,在水中是不能传递横波的。由于纵波传播快,所以地震袭来时,先感觉到上下振动,然后才是左右摇晃的,通常相差七八秒。纵波的破坏性不强,横波传来时,楼房左右晃动,引起墙倒屋塌。

巩固练习

1. 我们把机械振动在介质中的传播叫做_____。波的实质是_____。
2. 根据波的传播方向与质点振动方向的关系,可以把机械波分为两类,分别是_____和_____。绳波是_____波,声波是_____波,地震波是_____。
3. 一列频率是 270 Hz 的声波在空气中传播,它的波长_____。
4. 古代人们趴在地面上可以探听远方的敌人的脚步声,原因是_____。
5. 横波的图象中凸起的部分叫做_____,凹陷的地方叫做_____。两个相邻波谷或者波峰间的距离叫做_____。
6. 关于机械波,下列说法准确的是( )。
   A. 有波必有振动　　B. 有振动必有波　　C. 有波未必有振动　　D. 有振动未必有波

 吸管口笛

活动准备　吸管、剪刀。
活动过程
1. 把吸管的一端剪成一个尖角,作为簧片(图 3-2-3)。
2. 将尖角那端含入嘴里,用力吹气,就能听到声音了。
3. 在吸管的不同位置开一个小洞,用手指堵住小洞,再吹,就能听到不同的声音。

原理解释　空气振动可以引起吸管发声。吸管是一个共鸣箱,开洞的位置不同,造成吸管的空气柱长度不同,因而共鸣的频率不同,就可以发出不同的声音。

图 3-2-3　吸管口笛

呼啸的气球

活动准备 气球、充气筒、螺母。

活动过程
1. 将螺母放进气球里面,将气球充满气,扎紧气球口。
2. 用力旋转气球,听听发出的声音。
3. 用大小不同的螺母再试试,听听发出的声音。

原理解释 高速旋转挂着的螺母与气球和空气摩擦会发出声音。声音的音色、音调、音量都与螺母的大小形状有关,所以用不同的螺母,会听见不同的声音。

第三节 有趣的声音

 大雪过后,万籁俱寂,原本嘈杂的马路却显得格外寂静,这是为什么?

反射和吸收

将钢球投掷到墙上,钢球的能量会被墙吸收一部分,剩余的能量会被墙壁反弹回来。声音遇到墙壁这样的障碍物以后,也能够被反弹和吸收,我们把遇到障碍物后反射回来而再次被听到的声音,叫做**回声**。把耳朵放在暖水瓶口会听到嗡嗡的声音,夏天下雨时雷声的轰鸣,都是声音的反射现象。

声音遇到障碍物会被多次反射,当声源发声停止后,声音仍然经反射多次而得以延续,我们把这种现象叫做**混响**。混响可以使室内的声音增加,同时会降低语言清晰度。对于音乐演奏的空间,如音乐厅、剧场等,需要混响效果使乐曲更加舒缓而愉悦。对于语言使用的空间,如电影院、教室、礼堂、录音室等需要减少混响使讲话更加清晰。不同使用要求的房间需要不同的混响效果,描述混响效果的指标是**混响时间**,它是从声源停止发声到声音完全消失所经历的时间,单位是秒。最佳混响时间不应过长,但也不可太短,一般要求是 0.1 s。要缩短混响时间,可以选用**吸音材料**,比如石膏板、地毯等柔软的材料;要延长混响时间,可以选用**不吸音材料**,比如钢板、玻璃等坚硬的材料。北京音乐厅里如果坐满了观众,混响时间会比较短,如果只有很少的观众,混响时间比较长,为了得到最佳的混响时间,音乐厅往往用反射板来调节混响时间。

干涉和衍射

矮墙后面的人会听到矮墙前面人说话的声音,说明声音可以绕到矮墙后面继续传播;用课本堵住嘴巴,声音能被别人听见,说明声音可以绕过课本;小河中如果有一支细小的枯枝,水流会绕过枯枝继续向前流,说明水波会绕过枯枝。声音和水都是机械波,具有与实物粒子不同的特殊性质,叫做波的特性。波能够绕到障碍物后面或钻过狭缝继续传播的现象叫做波的**衍射**。波发生衍射的条件是障碍物尺寸小于或等于波长,例如说话的声音遇到高大的城墙时就不易发生衍射。"隔墙有耳"、"只闻其声,不见其人"就是声音的衍射现象。

将两个小石子同时投入池塘中,形成了两列波,当两列波相遇时会发生叠加,以后仍按原来的方式独立地传播。如果我们让同一个音叉的两个叉股在水槽中振动,会引起两列频率相同的水波,它们相遇时发生叠加。在叠加区域,水波中有的质点的振幅得以相加,向上或向下振幅更大,呈现出更亮或更暗的图样,有的质点的振幅得以相减,振幅为零,水面不振动,出现平静的区域,呈现出放射线的图样。频率相同的两列波相遇时,发生叠加,空间某些区域的振动加强,某些区域的振动减弱,并且振动加强和振动减弱的区域互相间隔,这种现象叫波的**干涉**,形成的稳定图样叫做波的干涉图样。

共振与共鸣

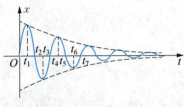

图 3-3-1 阻尼振动

荡秋千时,如果不持续推秋千,秋千在阻力作用下会逐渐停下来,像这种因为受到阻力而能量逐渐减少的振动叫**阻尼振动**(图3-3-1);如果在不受任何阻力的理想状态下,秋千会一直振动下去,这种因为没有阻力的振动叫**无阻尼振动**,无阻尼振动在现实中几乎不存在。如果我们想获得一个无阻尼振动,就需要给振动补充能量,例如,外力不断推动秋千,补充能量,秋千就可以持续振动。这种在外界周期性外力的作用下的振动叫**受迫振动**。反之,没有外界补充能量的振动会因为阻力而逐渐停止振动,这种振动叫**自由振动**,例如阻尼振动。

维持受迫振动的周期性外力叫做**驱动力**。驱动力的周期必须与振动物体的周期一致,振动的能量才会得以补充,例如推动秋千时,推力必须间隔一定的时间。如果推力的周期与秋千的周期不相等,秋千振动的振幅反而会受阻而减少。如果推力的周期与秋千的周期相等,秋千振动的振幅会越来越大。这种当驱动力的周期与物体振动的固有周期相等时,振动的振幅会越来越大,振动的能量会越来越大的现象,叫做**共振**。

当我们歌唱的时候,声带首先振动,声带的振动驱动身体的多个器官如口腔、胸腔的空气发生共振,获得较大的音量,这种声音的共振叫**共鸣**。每个乐器都有用于共鸣的充满空气的箱体,叫共鸣箱,如钢琴、吉他、手风琴、口琴等,其主要目的是用来扩大音量。

多普勒效应

当火车向你驶来时,你听到的汽笛声越来越尖锐,音调变得越来越高。为什么声源靠近观察者时,音调会变高呢?

我们首先要理解两个不同的概念:波本身的频率和观察者接收到的频率。如图3-3-2所示,有一列波速为 $v = 100$ m/s,波源的频率 $f = 100$ Hz 的声波,通过计算得到波的周期 $T = 0.01$ s,波长 $\lambda = 1$ m。当波源相对于介质静止,观察者相对于介质静止时,在时间 $t = 1$ s 里有100个波传到观察者所在的 M 处,观察者接收

图 3-3-2 多普勒效应

到的频率与波源的频率相等,音调不变。当观察者相对于介质静止,波源以速度 $v_源 = 10$ m/s 相对于介质运动,对观察者来说感觉到的波速为 110 m,他在 1 s 内接收到的完全波数为110个,所以观察者感受到的频率是 $f' = 110$ Hz,比波源的频率 $f = 100$ Hz 要高,因而音调变高。反之,当波源驶离我们时,我们会感到声音变得越来越低。这种由于波源和观察者之间有相对运动,使观察者感到频率发生变化的现象,叫做**多普勒效应**。夏天的夜晚,我们凭听觉能感受到蚊子正在靠近我们,是因为我们听到蚊子的声音变得越来越尖。

双耳效应

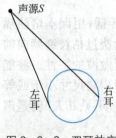

图 3-3-3 双耳效应

大家知道,凭听觉可以判断声源的方向,可是要准确地判断声源的方向,用两只耳朵比一只耳朵准确。人的头好像一个球体,两耳分别位于球体的两侧。如果声源不是在头的正前方或正后方,则从声源到两只耳朵的距离是不相等的,如图3-3-3所示,因此两只耳朵对声源传出的声音有些不同的感受。首先是两耳朵感到声音的响度有些区别,左耳听到的声音比右耳听到的要响一些;其次是两耳听到同一声音的时间有些差异,由于左耳离声源比右耳近,声音传来时,左耳先听到,右耳后听到。这两种差异成为辨别声源方向的重要基础,这种差异越大,判断声源方向越准确。人耳对声源方位判断的准确度可达±2°左右。这种效应叫做**双耳效应**。

蒙眼捉迷藏

活动准备:纱巾、音叉。

活动过程：

1. 用纱巾将学生甲的眼睛蒙上。
2. 在学生甲的头部左侧敲音叉，让甲猜音叉的位置；在头部右侧敲音叉，猜音叉的位置。
3. 选4个学生围成一圈，甲站在中间。任意一个学生喊"我在这里"，甲循声去捉人。

乐音和噪声

一般地，好听的声音叫做乐音，难听的声音叫噪声。但更加客观地讲，我们把振动图像是周期性的有规律的声音叫**乐音**，把振动图像是无周期性无规则声音叫**噪声**。乐音可以用响度、音调和音色来描述。物理学中把人耳能感觉到的声音的强弱称为**响度**。响度是一个主观量，它不但与声音本身的强弱有关，还与人的听觉是否灵敏等因素有关。为了更加客观地描述声音，我们把声源本身发出声音的强弱叫做声强。当我们用力敲鼓时，鼓面的振幅很大，鼓声非常震耳，当我们弹琴的时候，用大的力气拨琴弦的时候，琴弦振动幅度就变大，琴声也很大。事实说明，声强与声源的振动幅度有关，振动幅度越大，声强越大。**音调**是人们所感知到的声音的高低。小提琴中，细的弦音调高，最粗的弦音调低，因此，声音的振动频率大，音调高；振动频率小，音调低。

音色指声音的品质和特色，是声音的感觉特性。我们知道，声音是由振动产生的，如果声源的振动是简谐振动，这样产生的声音就叫做**纯音**，纯音的声波图像是一个正弦图像，音叉振动发出的声音就是纯音。如果振动不是简谐振动而是一个比较复杂的振动，产生的声音就叫做**复音**，复音的声波图像是有规则的、周期性的，但不是一个正弦图像，通常我们听到的乐音都是复音。一个复音是由多个频率不同的纯音组成的，复音中频率最低的那个纯音叫做**基音**，它的频率决定了这个声音的音调。基音的频率就可以叫做这个复音的频率。例如，频率为 100 Hz 的钢琴声由 16 个纯音组成，其中频率最低的 100 Hz 的纯音叫做基音，其余的 15 个纯音都叫做泛音，这个钢琴音的音调就是 100 Hz。可见，音色是由泛音的频率、多少、强度来决定的。不同乐器发出的声音音色是不同的，音色是由发声体本身决定的，不同的发声体由于材料、结构不同，发出的音色也就不同，这样我们就可以通过音色的不同去分辨不同的发声体。例如，金属的声音比较明亮，木材的声音比较低沉，小鸟的声音比较尖细，大象的声音比较厚重。音乐的音色可以分为人声音色和器乐音色。人声音色分高、中、低音，并有男女之分，男生的声带普遍比女生的声带厚实，所以只有花腔女高音；器乐音色中主要分弦乐器和管乐器，各种打击乐器的音色也各不相同。

在物理学上，用声强级来客观描述声音的强弱，它的单位是分贝，符号是 dB。声强级是 0 dB 的声音，人耳刚刚能听到它；90 dB 以上的声音会使人的听力受损。噪声污染已经成为当今社会的一大公害，对人们的心理和生理都会造成伤害，它损害人的听力、心血管系统、神经系统，影响休息和睡眠，甚至危及生命。要减少噪音，我们从声源、传播和接收这三个方面入手，采用多种方法达到防止噪声产生、阻断噪声传播和防止噪声进入人耳的目的。例如，采取禁鸣高音喇叭、将噪音超标的工厂迁往工业园区是从声源截断噪声，堵住耳朵、戴上耳塞是从接收端减弱噪声。

大雪过后，万籁俱寂，从物理学上来看，雪疏松多孔，声波遇到雪不容易反射回来。

 巩固练习

1. 声音的特性是_____和_____。立体声是利用了人的_____。
2. 在炮弹由远处飞来，从头顶呼啸而过的整个过程中，我们所听到的音调是先越来越_____，再越来越_____。
3. 复音是由多个频率不同的_____组成的，其中频率最低的那个纯音决定了这个声音的音调，我们称之为_____，而其余的纯音决定了声音的音色，我们称之为_____。
4. "震耳欲聋"是指声音的_____大；"脆如银铃"是指声音的_____高；"悦耳动听"是指声音的_____好。
5. 人们以分贝为单位表示声音的强弱，符号是_____，人们能够听到的最微弱的声音是_____分贝，

_____分贝以上的声音会使人的听力受损。

6. 夏天里在一次闪电过后,(1)有时雷声轰鸣不绝;(2)"闻其声而不见其人";(3)围绕振动的音叉转一圈会听到忽强忽弱的声音;(4)当正在鸣笛的火车向着我们急驶而来时,我们听到汽笛声的音调变高。这些物理现象分别属于波的(　　)。

　　A. 反射、衍射、干涉、多普勒效应　　　　B. 折射、衍射、多普勒效应、干涉
　　C. 反射、折射、干涉、多普勒效应　　　　D. 衍射、折射、干涉、多普勒效应

7. 下列哪些实例中应用共振的是(　　),防止共振的是(　　)。

　　A. 跳水运动员从跳板后端走向前端的过程中　　B. 轮船在风浪中行驶时
　　C. 跳水运动员做起跳动作的"颠板"过程　　　D. 制作小提琴的音箱时

8. 牛叫的声音和蚊子叫的声音相比较,下列结论哪个正确(　　)。

　　A. 牛叫的声音音调高,响度大　　　　B. 牛叫的声音音调低,响度小
　　C. 牛叫的声音音调高,响度小　　　　D. 牛叫的声音音调低,响度大

  潜艇的"耳目"——声呐

潜艇长时间在水下潜航,依靠声呐探测敌情,声呐被称为潜艇的"耳目"。声呐是利用水中声波对水下目标进行探测、定位和通信的电子设备,声波的频率大多在10~30 kHz之间,声波在水中传播时,如果遇到潜艇、水雷、鱼群等目标,就会被反射回来,被声呐接收,根据声信号往返时间可以确定目标的位置。声波碰到的目标如果是运动的,回声的音调就会有所变化:如果回声的音调变高,说明目标正向声呐靠拢;如果回声的音调变低,说明目标正远离声呐。

实训活动 制作"吉他"

活动准备　长方形的鞋盒、皮筋、铅笔。

活动过程

1. 把几根皮筋按顺序在鞋盒上面绷紧,皮筋的间隔是1厘米。
2. 在橡皮筋上弹拨几下,听一听发出的声音。
3. 把两只铅笔插在橡皮筋下面,再次在橡皮筋上弹拨几下,听一听发出的声音(图3-3-4)。

图3-3-4　吉他　　原理解释　声音是由振动发出的,皮筋振动引起了声音。鞋盒起到音箱的作用,用来增加音量。

幼儿活动 咆哮的老虎

活动准备　空酸奶杯1个、锥子、细线、火柴。

活动过程

1. 在一个空酸奶杯底穿一个小孔,把一段线穿进去,在里面用半根火柴横着把它固定住。
2. 把空酸奶杯外表面包装成大老虎形象,用食指和中指捏住细线从头到尾拉动细线,你就会听到酸奶杯即大老虎发出的唱歌的声音了。

原理解释　振动产生声音,振源是细线,酸奶杯是共鸣箱。

第四节　光源与影子

夏天的阳光透过密集树叶的缝隙落在柏油马路上形成了亮斑。这亮斑是什么形状的?

光源

我们能看到外部世界丰富多彩的景象,是因为从物体射来的光进入了我们的眼睛,引起了视觉。大部分的物体本身不发光,只能反射光;少数物体,像太阳、电灯、萤火虫等,自身能够发光。这些自身能发光的物体叫做**光源**。光源的种类有很多:依据来源来分,光源可以分为**天然光源**和**人造光源**;像太阳、萤火虫这样的光源是天然光源,像电灯、蜡烛这样的光源是人造光源;依据冷热来分,光源可以分为冷光源(如萤火虫),热光源(如白炽灯);依据面积来分,光源可以分为点光源和面光源等,当光源本身的大小与被它照到的物体间的距离相比可以忽略不计时,光源可以看作是点光源,如来自太空中的太阳可以看做点光源。

照度(E_v)是描述光的明暗程度的物理量,指单位面积所接受的可见光的能量。照度的单位是勒克斯 Lx。夏季在阳光直接照射下,光照强度可达 6 万~10 万 Lx,明亮的室内为 100~550 Lx,夜间满月下为 0.2 Lx,白炽灯每瓦大约可发出 12.56 Lx 的光。我们写作业时,必须考虑光的方向和强弱。光的方向应该来自于我们的左前方,光的强弱应该适度。

光速是描述光传播速度的快慢的物理量。光在空气中的速度近似等于真空中的光速,光在其他介质中的速度都小于 c。打雷下雨时,你是先听见雷声还是先看见闪电呢? 通常我们先看见闪电,再听到雷声。这个现象告诉我们光速比声速大。

$$真空中的光速\ c = 3.0 \times 10^8\ \text{m/s}$$

光年是表示距离的物理量,指光在一年中传播的距离:

$$1\ 光年 = 3.0 \times 10^8\ \text{m/s} \times 365 \times 24 \times 3\ 600\ \text{s}$$

光的直线传播

光可以在透明物质里传播,能够传光的物质叫做传光的**介质**。阳光灿烂的天气里在教室扫地,阳光照在空中的尘埃微粒上,可以清楚地看到光通过的路线是直的。因此,在研究光的传播时,可以用一条线来表示一束光,在线上画一个箭头代表光的传播方向。这种代表光束的传播路径和方向的直线叫**光线**。利用光线来研究光的传播规律所画出的图像叫做**光路图**。

大约二千四五百年前我国杰出的科学家墨翟(图 3-4-1)作了世界上第一个小孔成像的实验,证明光是沿直线传播的,用光的直线传播理论圆满解释了小孔所成的像是缩小倒立的实像。影子这一现象也支持了光的直线传播理论。

图 3-4-1 墨翟

影子

如图 3-4-2 所示,点光源照到不透明的物体上时,物体向光的表面被照明,在背光面的后方形成一个光线照不到的黑暗区域,叫做物体的**影子**。这个区域的范围,我们可以利用光的直线传播原理来确定。

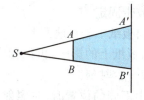

图 3-4-2 光的直线传播

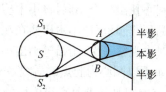

图 3-4-3 本影和半影

如图 3-4-3 所示,面光源照到不透明的物体上时(图 3-4-3),会有两种影子形成:本影和半影。完全不会受到光的照射的范围是**本影**,本影周围还有一个能受到光源发出的一部分光照射的区域叫做**半影**。

光源的发光面积越大,本影越小。人们根据本影和半影原理制成了手术用的无影灯,它将发光强度很大的灯在灯盘上排列成圆形,合成一个大面积的光源。这样,就能从不同角度把光线照射到手术台上,既保证手术视野有足够的亮度,又不会产生明显的本影。

对于太阳来说,树叶的缝隙相当于一个小孔,太阳相当于光源,地面相当于屏,光源通过小孔成像,在屏幕上显示的应该是光源的形状。亮斑是太阳在地面上的像,太阳是圆形的所以亮斑也是圆形的。

 巩固练习

1. 自然界中有些物体自身能够发光,称为_____,光源本身的大小与被照到的物体间的距离相比可以忽略不计时,光源可以看作是_____,由于离我们比较遥远,所以太阳光可以看做是_____。
2. 中午两手平托着上面挖有正方形小孔的圆形黑纸片遮挡地面,则看到地面上有( )。
   A. 圆形影子里有正方形光斑　　　　B. 正方形影子里有一圆形光斑
   C. 圆形影子里有长方形光斑　　　　D. 圆形影子里有一圆形光斑
3. 画出太阳下树的影子。

科海拾贝　日晷

2008年,北京奥运会开幕式上,一道耀眼的焰火,激活古老的日晷。日晷是利用太阳投射的影子来测定时刻的装置,被人类沿用达几千年之久。世界上最早的日晷诞生于六千年前的巴比伦之大王国。中国最早文献记载是《隋书·天文志》中提到的袁充于隋开皇十四年公元574年发明的短影平仪即地平日晷。

实训活动　小孔照相机

活动准备　易拉罐、塑料薄膜、胶圈。

活动过程

1. 将易拉罐带拉环的一端,沿内圈用剪刀剪去,将塑料薄膜盖上,用胶圈固定。
2. 在易拉罐的底面的中心钻一个小孔,小孔照相机就做好了。
3. 将易拉罐的小孔对准对面大楼的窗户,视线从塑料薄膜看过去,可观察到塑料薄膜有窗户的缩小倒立实像,如图3-4-4所示。

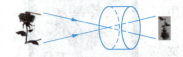
图3-4-4　小孔照相机

原理解释　塑料薄膜相当于光屏,大楼的光线沿直线传播,通过小孔,在光屏上形成大楼的像。

幼儿活动　制作日晷

活动准备　白板纸、铅笔、尺子、圆规、小木棒、剪刀、胶带。

活动过程

1. 用圆规在白板纸上画一个半径8 cm的圆,用剪刀剪下来。
2. 在白板纸的圆心扎出一个小洞,将小木棒插入圆心,用胶带固定。
3. 带着你的作品到花园里,把小木棒插在泥土里,让圆形白板纸平躺在地面上。
4. 每隔一个小时去观察一次,用铅笔画出小木棒投射在白板纸上的影子,再把相应的时刻写在旁边。经过一天的记录,记录下以圆心为起点的射线,每一条射线对应一个时刻。

原理解释　由于太阳光是沿着直线传播的,太阳在天空中不同的位置时,它照射牙签留下的影子的位置是不同的,所以,影子的位置与太阳的位置是一一对应的,太阳在高空时是中午,太阳刚出来时是早晨。日晷是利用光的直线传播原理来推算时间的。

第五节 光的反射

小猴看到井里有个月亮,大声喊叫:"不得了啦!月亮掉到井里去了!"老猴将自己倒挂在树上,小猴们一个挨一个倒挂成一排,由最小的猴子将手伸到井水中去捞月亮,可怎么也捞不到。这时,老猴突然说:"不用捞了,不用捞了,月亮还在天上呢!"由于众猴不了解井中月亮的真相,以假当真,所以空忙一气,又愚蠢又可笑。那么,你了解井中月亮的真相吗?

光的反射

光线在均匀介质中会沿着直线传播,遇到光线不能穿过的物体时,就会发生反射。为了研究的方便,我们把射到物体上的光线叫做**入射光线**,从物体表面反射过来的光线叫做**反射光线**,物体和空气接触的那个表面叫做**界面**,入射光与界面的交点叫做**入射点**O,经过入射点的界面的垂线叫做**法线**,入射光与法线的夹角叫做**入射角**i,反射光与法线的夹角叫做**反射角**r,如图3-5-1所示。

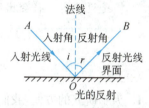

图3-5-1 光的反射

探究光的反射规律

活动准备:平面镜、激光笔、两块白板纸组成的光屏、量角器、铅笔、直尺、白纸。

活动过程:

1. 使激光笔紧贴平整的光屏,发出的入射光AO射到平面镜上,得到反射光线BO,观察反射光和入射光是否都在光屏上;再将有反射光线的半个光屏任意折个角度,观察光屏上是否还有反射光线。

   思考:反射光和入射光的空间位置关系有什么特点?

2. 将半圆形的量角器作为光屏,垂直置于平面镜上,改变入射光线的方向,记录入射角i,观察反射光线的方向怎样改变,记录反射角r。

3. 让光沿着BO入射,观察反射光线是否沿着OA的方向。

结论:_____。

次数	1	2	3
入射角 $i/(°)$			
反射角 $r/(°)$			

实验表明,反射光线与入射光线、法线在同一平面内;反射光线与入射光线分居法线两侧;反射角等于入射角。这就是光的**反射定律**。当把BO当作入射光线时,反射光线的方向一定沿着OA,因此,光路是可逆的。

当平行光投射到物体的光滑表面,如镜面或平静的水面,其反射光束仍然是平行的,这种反射叫做**镜面反射**。发生镜面反射的物体,只有在特定方向有反射光束,其他方向没有反射光束,迎着反射光看物体时,感觉物体非常刺眼,这就是我们常说的"反光";而在其他方位看物体,由于没有反射光进入人眼,所以看不见物体;实际上,一般物体的表面往往都比较粗糙(如木头),平行光经反射后,反射光不再平行,而是射向各个方向,这种反射叫做**漫反射**。发生漫反射的物体各个方向都有反射光,没有光线特别集中的区域。漫反射发生时,我们会感到物体比较暗,没有镜面反射那么刺眼,是因为反射光射向了各个方向,所以,发生漫反射时,在各个方向都能看清物体。镜面反射和漫反射都遵守光的反射定律。

平面镜成像

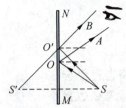

图3-5-2 平面镜成像

做出光源 S 经过平面镜成像的光路图：首先，画出从 S 发出的第一条入射光线 SO，入射点是 O，从 O 点垂直于界面 MN 画出法线，接着画出反射光线 OA，使得反射角等于入射角。画第二条入射光线 SO'，入射点是 O'，从 O' 点垂直于界面 MN 画出法线，接着画出反射光线 $O'B$，使得反射角等于入射角。进入人眼的两条光线 OA 和 $O'B$ 的反向延长线相交于点 S'，S' 就是光源 S 的虚像。从平面几何知识可以知道，像 S' 与光源 S 关于平面镜对称，如图3-5-2所示。

故事"猴子捞月亮"包含着平面镜成像原理。井水的水面相当于一个平面镜，天上的月亮是一个真实的物体，根据平面镜成像原理，井水中将会出现一个与月亮关于井水水面对称的虚像，也就是说井水中将会出现一个与月亮一模一样的像，难怪猴子把月亮的像误认为是月亮本身了。

巩固练习

1. 为了研究的方便，我们把射到物体上的光线叫做_____，从物体表面反射过来的光线叫做_____，物体和空气接触的那个表面叫做_____，入射光与界面的交点叫做_____，经过入射点的界面的垂线叫做_____，入射光与法线的夹角叫做_____，反射光与法线的夹角叫做_____。

2. 平面镜成像的特点是_____。

3. 某同学甲身高1.6 m，平面镜高2 m，该同学的像高_____，甲距离平面镜1 m时，像与镜面距离_____，像和该同学距离是_____。

4. 我们能从四面八方看到一个桌子，是由于桌子表面对入射光线产生了（　　）。
   A. 镜面反射　　　　B. 漫反射　　　　C. 折射　　　　D. 吸收

科海拾贝　光污染

光污染是指过量的光辐射对人类生活和生产环境造成不良影响。光污染是继废气、废水、废渣和噪声等污染之后的一种新的环境污染源，主要包括白亮污染、眩光污染、人工白昼污染和激光污染等。光污染正在威胁着人们的健康却不被人们所重视。据科学测定：一般白粉墙的光反射系数为69%～80%，镜面玻璃的光反射系数为82%～88%，特别光滑的粉墙和洁白的书簿纸张的光反射系数高达90%，比草地、森林或毛面装饰物面高10倍左右，这个数值大大超过了人体所能承受的生理适应范围，构成了现代新的污染源。

实训活动　制作万花筒

活动准备　平面镜3块、透明硬塑料片两片、硬纸板、硬纸条、彩色碎玻璃、透明塑料薄膜、胶带。

活动过程

1. 做主体：将3块平面镜正面朝内，长边对接在一起，用胶带固定，使之成为三棱柱。将厚纸板卷成一个圆筒，使三棱柱刚好能够放进去。在筒的两端，各有一块有三角形孔的圆形纸板把三棱柱套住，并固定在圆筒内。

2. 做彩圈：将两块硬的塑料圆片和一个2 mm厚的胶圈做成一个圆形盒子，盒子中装一些彩色碎玻璃。将盒子固定在主体的底端。万花筒就做好了。

原理解释　万花筒中互成夹角的平面镜能把光线多次反射，形成很多个虚像。

幼儿活动　看看声音

活动准备　罐头盒、气球、双面胶、碎镜片。

活动过程

1. 将罐头盒的两头都剪掉,取一块气球皮并把它紧紧绷在罐头盒的一头。
2. 将碎镜片黏在气球皮上,调整碎镜片使它能够将太阳光反射到白墙上形成光斑。
3. 对着罐头盒的另一头大声喊叫,你的声音不同,光斑的位置就不同,可以利用光斑"看到"自己的声音了。

原理解释 大声喊叫时,声音的振动会影响碎镜片的位置,从而影响光斑的位置。

第六节 光 的 折 射

把筷子插入水杯里,筷子为什么好像变弯了呢?

光的折射

观察光的折射现象

活动准备:玻璃砖、激光笔、量角器、暗室。
活动过程:

1. 让激光笔发出的光以不同的入射角从空气中斜射入玻璃砖中,观察光束在空气中和在玻璃中的径迹,将入射光线和折射光线画在白纸上,如图3-6-1所示。
2. 用量角器测量折射角,填表。

思考:折射角和入射角哪个大?

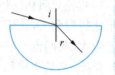

图3-6-1 折射

物理量	1	2	3	4
入射角 $i/(°)$	0	30	60	90
折射角 $r/(°)$				

结论:_____。

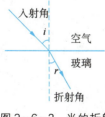

图3-6-2 光的折射

实验表明:当光线从空气斜射入玻璃时,除了有一部分光线在界面上发生反射,回到空气中之外,还有一部分光线射入水中,并改变了原来的传播方向。我们把光从一种均匀介质射到另一种均匀介质时,传播方向在界面处发生偏折的现象,叫做**光的折射**。其中,折射光线与法线的夹角叫**折射角**,用 r 表示,如图3-6-2所示。

荷兰科学家斯涅耳首先发现了光的折射现象遵循的规律——折射定律:(1)折射光线、入射光线和法线都在一个平面内。(2)折射光线和入射光线分居在法线的两侧。(3)入射角的正弦跟折射角的正弦成正比,对于给定的两种介质是一个常数,即

$$\frac{\sin i}{\sin r} = 常数$$

折射率

光线从真空射入某种介质时,介质对于光线的偏折作用是不同的。空气对于真空中传来的光线几乎

不偏折,玻璃对于真空中传来的光线偏折作用比空气大。为了描述介质对于光线的偏折能力的强弱,引入了折射率的概念。

当光线从真空中斜射入某种介质时,入射角的正弦跟折射角的正弦之比为一常数,叫做介质的**折射率**,用 n 表示,即

$$n = \frac{\sin i}{\sin r}$$

折射率与介质的材料有关,是一个反映介质光学性质的物理量。对于同一种介质,折射率 n 是相同的;对于不同的介质,折射率 n 是不同的。有时候可以通过测量介质的折射率来辨别宝石的真伪。

表 3-6-1 介质的折射率

介质	空气	水	水晶	玻璃	金刚石
折射率	1.000 3	1.33	1.54	1.5—1.9	2.42

光在介质中的传播速度小于真空中的传播速度。理论研究证明:介质的折射率还与光的传播速度有关,等于光在真空中的速度 c 跟光在这种介质中的速度之比,即

$$n = \frac{c}{v}$$

由于光在真空中的速度 c 总是大于光在介质中的速度,从折射率公式可以看出,任何介质的折射率大于1,空气的折射率可以粗略认为是1。

两种介质相比较,折射率大的叫**光密介质**,折射率小的叫**光疏介质**。当光线从空气射入水中时,入射角比折射角大,我们又可以把空气叫做光疏介质,水叫做光密介质。当光线从水射入玻璃时,入射角比折射角大,我们也可以把水叫做光疏介质,玻璃叫做光密介质。可见,水对于空气是光密介质,对于玻璃是光疏介质,光疏介质和光密介质是相对的。

【例题】 光在某介质中的传播速度是 2.122×10^8 m/s,当光线以 30°入射角,由该介质射入空气时,折射角为多少?

已知: $v = 2.122 \times 10^8$ m/s, $c = 3 \times 10^8$ m/s, $r = 30°$

求: i

解:由介质的折射率与光速的关系有

$$n = \frac{c}{v} \tag{1}$$

又根据介质折射率的定义式有

$$n = \frac{\sin i}{\sin r} \tag{2}$$

由(1)、(2)两式解得

$$\sin i = \frac{c}{v} \sin r = \frac{3.0 \times 10^8}{2.122 \times 10^8} \times \frac{1}{2} = 0.707$$

所以 $i = 45°$

答:在空气中的折射角是 45°。

筷子在水里变弯是光的折射现象。人眼看到的水里的筷子其实不是筷子真实的位置,而是筷子的虚像,虚像的位置比实际的位置高。人眼将空气中的那一半筷子和水中的另一半筷子连在一起看,所以,水中的筷子好像变弯了。

巩固练习

1. 当光线从空气斜射入玻璃时,折射光线向＿＿＿＿＿方向偏折,折射角＿＿＿＿＿入射角。空气与玻璃相比较,空气的折射率大于玻璃的折射率,所以,空气是＿＿＿＿＿介质,玻璃是＿＿＿＿＿介质。
2. 已知金刚石的折射率是2.42,则光在金刚石里的传播速度是＿＿＿＿＿。
3. 人眼看到筷子在水里会变＿＿＿＿＿,这是光的＿＿＿＿＿现象。
4. 池塘里鱼离水面的实际高度是"实深",人眼看到的高度是"视深"。鱼的"视深"小于"实深",是因为发生了光的(　　)。
   A. 镜面反射　　　　　　B. 漫反射　　　　　　C. 折射　　　　　　D. 全反射

 镜子的历史

古人说"以铜为镜,可以正衣冠"。我国大约在4千年前的夏朝,就有了铜镜。在战国时代,铜镜盛行,制作精美,但是都是贵族妇女才能使用。近代发展了玻璃制成的平面镜,民间才普遍使用了。人们还利用水镜来美化环境。建于宋代的桂林花桥就是利用平静的水面造成的倒像,使花桥显得更加美丽。

人造彩虹

活动准备　　水盆、平面镜、食用油、喷雾器。

活动过程

1. 水盆彩虹:在水盆放在墙边,装水,把镜子斜放进水盆,然后对准太阳转动水盆,使太阳射到镜子上,调整镜子的角度,"彩虹"就会出现在墙壁上。
2. 油膜彩虹:在一盘水上放一些油,在阳光照射下,也会有产生彩虹效应。
3. 喷雾彩虹:在晴朗的日子里,背对太阳的方向,用喷雾器喷水,能形成"彩虹"。

原理解释　　彩虹的出现是因为太阳光在两种不同介质的界面处(空气和水)发生了折射和全反射,太阳光中不同颜色的光折射的程度不同,就会出现彩虹。

鸭子转身

活动准备　　有水的矿泉水瓶,画有5只小黄鸭的黄鸭卡纸1张。

活动过程

1. 将黄鸭卡纸放在矿泉水瓶子的后面。
2. 向左拉动黄鸭卡纸,可以看到,黄鸭向右边转身了。

原理解释　　黄鸭卡纸经过矿泉水的折射,折射后的像与原来的方向相反。

 ## 第七节　光的全反射

 在讲桌上放上一枚硬币,硬币上放上空空的烧杯,往烧杯里倒入水,随着水面的升高,硬币不见了,为什么呢?

全反射

当光线从空气射入玻璃中时,一部分光反射,另一部分光产生折射,折射光线向法线偏折,折射角总是小于入射角;当光线从玻璃射入空气中时,一部分光反射,另一部分光也会产生折射现象,折射光线远离法线,折射角大于入射角。

探究光线的全反射条件

活动准备：激光笔、半圆柱玻璃砖、量角器、暗室。

活动过程：

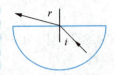

图3-7-1 全反射

1. 用激光笔从玻璃砖的圆弧边照射玻璃砖，以玻璃砖的直径边为界面，观察光从玻璃射入空气时，入射光和折射光光线的强弱，如图3-7-1所示。

2. 不断改变入射角，观察折射角变化与入射角变化的关系，按照下面表格要求进行实验，记录数据。

思考：折射角有可能是90°吗？

结论：_____。

	1	2	3
折射角/(°)	小	大	90
入射角/(°)			

实验表明：如果光从半圆柱玻璃砖射向空气，也就是光线从光密介质射向光疏介质时，折射角总是大于入射角，当入射角不断增大时，折射角也不断增大，当入射角增大到某一角度时，折射角达到90°，入射光线在界面上被全部反射回到原来的介质中，这种现象叫做光的**全反射**。全反射中，折射角等于90°时的入射角叫做**临界角**，用字母C来表示。当全反射发生时，入射角是C，折射角是90°，根据光路的可逆性和折射定律，有

$$n = \frac{\sin i}{\sin r} = \frac{\sin 90°}{\sin C}$$

由此，临界角的计算公式是：$\sin C = \frac{1}{n}$

光发生全反射的条件是：(1)光从光密介质进入光疏介质；(2)入射角≥临界角。

【例题】 光线从某种玻璃射向空气，若这种玻璃的折射率为2，求这种玻璃的临界角。

已知：$n = 2$

求：C

解：因为 $\sin C = \frac{1}{n} = \frac{1}{2}$

所以 $C = 30°$

答：这种玻璃的临界角是30°。

全反射现象

玻璃中的气泡看起来特别明亮，是因为光线从玻璃射向气泡时，会发生全反射现象；夏天在高速路上看见远方路面像是有水，看起来亮晶晶的，原因是夏天光线强，上层空气的密度大，下层空气的密度小，光线到达上下空气的界面时会发生全反射，当我们看远处时，眼睛与地面之间的视角变得非常的小，远方接近地面的空气薄层就能像平面镜一样反光。在海边夏季无风的天气里，如果天气情况满足水蒸气密度从上而下连续变疏(变密)的条件，实际物体的光线就会在大气中连续偏折直至发生全反射，人们沿着这个光线的反向延长线看去，就会看到这个物体在空中形成的虚像，这个虚像就是海市蜃楼中的上现蜃景(下现蜃景)。几种物质的临界角见表3-7-1。

表3-7-1 几种物质的临界角

介质	金刚石	玻璃	甘油	酒精	水
临界角/(°)	24.4	30—42	42.9	47.3	48.6

光导纤维是用能传导光的玻璃丝作为内芯，内芯的折射率大于外套的折射率。入射光线从光导纤维的端面上进入光导纤维内芯，经内芯与外套的界面发生多次全反射后，从光导纤维的另一端面射出，不会

从外套散逸,故光能损耗极小。光导纤维可以传递文字和图像,例如,胃镜中的软管是光导纤维,利用光的全反射可以将胃里面的图像清晰地传送出去。

> 当人们从侧面观察时,来自硬币的光线从水(光密介质)射入空气(光疏介质)的分界面时,入射角有可能大于临界角,因此,这部分光线发生全反射,不能够进入人眼。所以,人眼处于特定位置时,就会看不到硬币。

巩固练习

1. 光线从光密介质射向光疏介质时,折射角总是_____入射角,当入射角不断增大时,折射角也不断_____,当入射角增大到某一角度时,折射角达到_____,入射光线在界面上被全部反射回到原来的介质中,这种现象叫做光的_____。

2. 我们把折射角等于90°时的入射角叫做_____,用字母C来表示,公式是_____。

科海拾贝 光纤通信

光纤是光导纤维的简称。光纤通信是以光波作为信息载体,以光纤作为传输媒介的一种通信方式。与传统的电通讯不同,光纤通信的优点是容量大、速度快。一根光纤的潜在带宽可达20 THz,只需一秒钟左右,即可将人类古今中外全部文字资料传送完毕。

实训活动 自制光导纤维

活动准备 水杯、塑料软管、激光笔、胶带、滴管。

活动过程
1. 将塑料软管一端用胶带封死,然后用滴管把它注满水。注意软管的水里不能有气泡。
2. 用激光照射软管的一端,可以看到贴着透明胶带的另外一端,有激光射了出来。
3. 任意弯曲塑料软管,激光同样能够随着软管而弯曲。

原理解释 光线从水射向空气,是从光密介质到光疏介质,这时光线要发生全反射。由于不断地发生全反射,光线就会沿着胶管的方向传播。

幼儿活动 消失的树叶

活动准备 带有密封条的塑料袋,马克笔、卡纸、水杯。

活动过程
1. 做"大树"。在塑料袋外面画树干,在卡纸上画树叶,把卡纸装进塑料袋中密封。在空气中,看起来是一棵完整的"大树"(图3-7-2)。
2. 将"大树"缓慢放入有水的水杯里,仔细观察,发现树叶逐渐消失,树干还在。

原理解释 在水中,树叶在塑料袋内部,因为全反射而看不见了。树干在塑料袋表面,没有全反射,只有折射,所以能够看见。

图3-7-2 消失的树叶

第八节 透 镜

> 某报纸刊登了一篇题目为"鱼缸可引发火灾,请远离窗帘摆放"的报道。你觉得鱼缸能引发火灾么?为什么?

透镜

人眼的观察能力是有限的,不能看见太小的物体或太远的物体,为了弥补人的视觉的局限性,人们研制了各种光学仪器。组成光学仪器最基本的单元是透镜。透镜是两个侧面都磨成球面或一面是平面,一面是球面的透明体。中央厚、边缘薄的透镜叫做凸透镜;中央薄、边缘厚的透镜叫做凹透镜。透镜的每个球面都有自己的球心 C_1,C_2,通过球心的直线叫做透镜的主光轴,简称**主轴**,通常把厚度比球面半径小得多的透镜叫做薄透镜,用 L 表示,薄透镜的两个顶点可以认为是重合的,叫做光心 O,凡是通过光心 O 的光线都不改变原来的传播方向。

  探究透镜对光线的作用

活动准备:光源及光具座、凸透镜、凹透镜、光屏、暗室。

活动过程:
1. 将光源、透镜和光屏安装在光具座上(第一次实验用凸透镜,第二次用凹透镜)。
2. 让光源发出的平行光从凸透镜的左侧垂直透镜射入,观察出射光线是会聚还是发散。
3. 让光源发出的平行光从凹透镜的左侧垂直透镜射入,观察出射光线是会聚还是发散。

结论:_____。

实验表明:凸透镜对光线有会聚作用,凹透镜对光线有发散作用。平行光经凸透镜折射后会聚于一点,这一点称为凸透镜的**焦点**,用字母 F 来表示,该点为实际光线的会聚点,称为**实焦点**,焦点 F 与透镜中心 O 的距离称为**焦距**,用字母 f 表示。根据光路的可逆性,凸透镜的左边也有一个实焦点,如图 3-8-1 所示。平行光经凹透镜折射后则发散,其反向延长线会聚于一点,这一点称为凹透镜的**焦点**,用字母 F 来表示,该点不是实际光线的会聚点,称为**虚焦点**,虚焦点 F 与透镜中心 O 的距离称为**焦距**,用字母 f 表示,如图 3-8-2 所示。根据光路的可逆性,凹透镜的右边也有一个虚焦点。

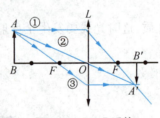
图 3-8-1 凸透镜

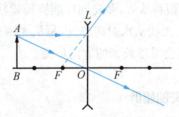
图 3-8-2 凹透镜

凸透镜成像的作图法

在凸透镜成像的光路图中,我们用到 3 条特殊光线:(1)平行于主轴的入射光线,经过凸透镜后通过焦点;(2)通过光心的光线,经过凸透镜后方向不变;(3)通过焦点的光线,经过凸透镜后平行于主轴。由于这 3 条光线折射后的光路是已知的,应用任意两条,都可以确定一个发光点的像。对于线状物体,在作图时,只要做出物体上下两个端点的像,就可以得出整个物体的像。我们把光源与光心的距离叫做**物距** u,把像与光心的距离叫做**像距** v,焦距为 f。

  用光路图研究凸透镜的成像规律

用 3 条特殊光线分别做出物距不同时,物体 AB 经过凸透镜后的像。填写表格。

物距	像距	虚、实	倒、正	大、小
$u > 2f$				
$u = 2f$				
$f < u < 2f$				
$u = f$				
$u < f$				

透镜成像公式

运用平面几何的关系，根据相似三角形的关系，可以得出透镜的成像公式：

$$\frac{1}{f} = \frac{1}{u} + \frac{1}{v}$$

【例题】 凸透镜的焦距为 10 cm，把物体放在离透镜 30 cm 处时，所成像的像距是多少？

已知：$f = 10$ cm，$u = 30$ cm

求：v

解：根据 $\frac{1}{f} = \frac{1}{u} + \frac{1}{v}$ 可得

$$\frac{1}{10} = \frac{1}{30} + \frac{1}{v}$$

$$v = 15 \text{ cm}$$

答：所成像的像距是 15 cm。

光学仪器

放大镜是最简单的光学仪器，其实它就是一个凸透镜。通常使用放大镜时，物体离放大镜很近，物距小于焦距，成正立、放大的虚像，像和物体在凸透镜的同侧；照相机的镜头相当于凸透镜，底片相当于光屏，通常照相时，物体与照相机距离比较远，相当于物距大于二倍的焦距，成倒立缩小的实像，如果想拍近景，应该使物距变小，也就是说把镜头往前伸；投影仪的镜头也可以看做是一个凸透镜，屏幕相当于光屏，通常在使用时，物距在一倍焦距和二倍焦距之间，成倒立放大的实像。利用凸透镜和凹透镜的成像规律，进行不同的组合，可以得到更多用途的光学仪器。例如，显微镜是两个凸透镜的组合，望远镜是凸透镜和凹透镜的组合。

眼睛的晶状体和角膜的共同作用相当于凸透镜，把来自于物体的光会聚到视网膜上，成倒立缩小的实像。这个凸透镜可以自己改变焦距，当物距不同时，通过眼睛肌肉的调整，总能够在视网膜上成最清晰的像。近视眼是眼睛的焦距变短，折射光线不能会聚在视网膜上面，不能成清晰的像，为此，必须让光线发散，所以，矫正近视眼的眼镜是凹透镜。反之，矫正远视眼的眼镜是凸透镜。

正如报纸的标题所说，鱼缸会引发火灾。鱼缸相当于一个凸透镜，凸透镜对光线有聚焦作用。将鱼缸摆放在窗边，阳光透过球形鱼缸照射到窗帘上，聚光点温度直线上升，窗帘不到 5 s 被点燃。所以，请不要把金鱼缸放在阳台窗台上，也不要在鱼缸旁放置易燃杂物。

巩固练习

1. 透镜是利用光的_____规律制成的，透镜有两类：一类是中间比边缘厚的透镜叫做_____，如_____镜片；另一类是中间比边缘薄的透镜叫做_____，如_____镜片。

2. 光心大致在透镜中心处,通过光心和球面球心的直线叫做透镜的_____。
3. 凸透镜对光有_____作用,凹透镜对光有_____作用。
4. 透镜成像的公式是_____。
5. 位于凸透镜前面 20 cm 的物体经凸透镜后所成像的位置离物体 40 cm 远,求该凸透镜的焦距,并画出光路图。
6. 利用 3 条特殊光线,做出物距不同时 5 种情况下凸透镜成像的光路图。

 眼镜的度数

近视眼眼镜是一个凹透镜,眼镜的度数越高,说明该透镜对光线的偏折程度越大。透镜焦距 f 的长短是标志折光本领大小的物理量,焦距越短,折光本领越大。因此,我们可以把透镜焦距的倒数叫做焦度 Φ,$\Phi = 1/f$,眼镜的度数是焦度的 100 倍,即度数 $= 100\Phi$。例如,500 度的近视眼镜,焦度是 5,焦距是 0.2 m。

 制作模拟照相机

活动准备 圆纸筒两个(直径大小相近,长约 15 cm)、凸透镜、蜡纸、双面胶。

活动过程

1. 在直径较大的纸筒前面,用双面胶将凸透镜黏在纸筒上作为底面。
2. 在直径较小的纸筒前面,用双面胶将蜡纸黏在纸筒上作为底面,作为屏幕。
3. 把较小的圆筒套入较大的圆筒内,凸透镜和屏幕都在最外侧。模拟照相机就做成了。
4. 把模拟照相机对准某个人或物体,拉动纸筒改变透镜和屏幕之间的距离,就能使物体在屏幕上形成一个清晰倒立的像。

原理解释 当物距很远,大于二倍焦距时,所成的像是倒立缩小的实像。

 制作放大镜

活动准备 甘油、玻璃板(宽 2 cm)、蜡烛(火柴)、卸掉顶端螺丝的钢笔帽、白纸。

活动过程

1. 制作蜡模:将钢笔帽倒立于玻璃板上,沿笔帽周围在玻璃板上滴一圈蜡烛油(4 mm 高),待凝固后取下笔帽,制成蜡模。
2. 加甘油:缓缓地向蜡模中滴加甘油至最凸,玻璃板上就出现了一个小小的凸透镜。
3. 在白纸上画一个红箭头,通过蜡模来观察红箭头,就会看到红箭头被放大的像。

原理解释 凸起的甘油像凸透镜一样,对物体有放大作用。

第九节 有趣的光现象

人们常用"五光十色"来形容霓虹灯下的繁华。光到底有几种颜色呢?

色散现象

色散实验

活动准备:三棱镜、阳光充足的白天、白墙。

活动过程：
让太阳光射向三棱镜,用白墙接收从三棱镜射出的光(图3-9-1)。
1. 白光通过棱镜后,一共分解出了几种颜色的光?
2. 各种颜色的光偏折程度一样吗?哪种颜色的光在最上面?哪种颜色的光在最下面?
3. 各种颜色的光的排列顺序是怎样的?
结论：_____。

图3-9-1 色散实验

棱镜是一种横截面为三角形或梯形的透明体,可以使光线向底边偏折,从而改变光的传播方向。太阳、日光灯发出的光没有特定的颜色,叫做**白光**。白色的光通过棱镜后可以分解为七种颜色的光,红光排列在最上面,紫光排列在最下面。各种颜色的光由上到下的排列顺序是：红、橙、黄、绿、蓝、靛、紫。这种将白光通过棱镜分解成七种有色光的实验叫做牛顿色散实验。白光是由多种颜色的光复合而成的光,叫做**复色光**,红、橙、黄、绿、蓝、靛、紫这七种颜色的光不可以再被分解,是单一颜色的光,叫做**单色光**。复色光分解为单色光的现象叫做**色散**。这七种颜色的光互相连接,形成了一条彩色的亮带,我们称之为**光谱**。

把红、绿、蓝三种单色光按强度不同的比例混合在一起,可以使人产生成千上万种颜色的视觉,因此将红、绿、蓝称为光的**三原色**。彩色电视就是利用了光的三原色原理。彩色电视的荧光屏上有很多微小的格子,分别涂有能发出红、绿、蓝色光的物质,当三束电子流分别打到这三种物质上时,就发出红、绿、蓝色的光,这三束电子流的强弱分别影响着这三种色光的强弱,由此混合出绚丽多彩的各种色彩。

视象暂留

图3-9-2 视觉暂留

1829年,比利时著名物理学家约瑟夫·普拉多发现：当一个物体在人的眼前消失后,该物体的形象还会在人的视网膜上滞留一段时间,这一现象,被称之为**视象暂留**。视觉是靠眼睛的晶状体成像,感光细胞感光,并且将光信号转换为神经电流,传回大脑而引起的。感光细胞的感光是靠一些感光色素,感光色素的形成是需要一定时间的,这就形成了实际物体已经消失,但物体的像却还在眼睛里停留的现象。通常视觉暂留的时间是0.1秒左右。1828年,法国人保罗发明了留影盘。盘的一个面画了一只鸟,另一面画了一个空笼子。当圆盘旋转时,鸟在笼子里出现了。这证明了当眼睛看到一系列图像时,它在看下一个图像时仍然保留着上一个图像(图3-9-2)。

 动画电影

活动准备：大牙膏盒、手电筒、胶片(8 cm×100 cm)、暗室。
活动过程：
1. 把大牙膏盒的两端剪掉,将手电筒打开,把它塞进牙膏盒的2/3处。
2. 在胶片上画卡通小人抬右臂的动画：将右臂从下垂到抬起分成10个动作按顺序画出来。
3. 在手电筒前面牙膏盒的两个侧面切开两个狭缝,把胶片的开头部分塞进狭缝,在白墙上可以看到卡通小人的投影。
4. 快速拉动胶片,白墙上的卡通小人抬胳膊的投影看起来好像连续动作一样。

太阳光是白光,它实际上是由七种颜色的单色光组成的复色光。这七种颜色的单色光分别是：红、橙、黄、绿、蓝、靛、紫。其中利用红、绿、蓝三种色光按比例混合可以使人产生成千上万种颜色的视觉。因此,"五光十色"只是一种笼统的说法而已。

巩固练习

1. 棱镜对光线有_____作用,并且偏向棱镜的_____。
2. 色散现象是怎样产生的?复色光包含有哪几种单色光?光的三原色是哪几种?
3. 当一个物体在人的眼前消失后,该物体的形象还会在人的视网膜上滞留一段时间的现象被称之为_____。对于视觉正常的人,视觉暂留的时间是_____秒左右。
4. 鸟在笼中利用的物理原理是_____。

科海拾贝 儿童爱看卡通片秘密

心理学家利用磁共振成像分别对成人和儿童的大脑进行了研究发现,成人在看由真人表演的电影时,大脑内侧的前额叶自动参与到电影的故事情节中,对卡通动画表现的虚拟场景和人物角色却无动于衷,大脑内侧的前额叶不会被激活;儿童观看卡通片中的虚拟人造角色时,其大脑内侧的前额叶则可以被自动激活。因此,儿童比成人更爱看卡通片。

实训活动 视觉暂留转盘

活动准备 小电机、电池、电池座、导线、开关、厚泡沫塑料、黑水笔笔芯、硬纸板、画笔。

活动过程

1. 连接电路:在厚泡沫塑料的底部开槽,将电池座、导线、小电机依次串联,埋在槽里,将小电机的转动轴从泡沫塑料的上表面露出来,将开关安装在泡沫塑料的上表面,并与电路串联,用透明胶牢牢封住底部。
2. 做视觉暂留转盘:剪两片硬纸板,一个画上金鱼,一个画上鱼缸,将两片硬纸板粘牢,黑水笔笔芯夹在纸板之间。
3. 将转盘中的笔芯安装在小电动机的转动轴上,固定牢固。
4. 按下开关,转盘就会连续转动,看起来就像鱼在鱼缸里一样。

原理解释 小电机可以连续不停地转动,转速也比较大,这样由于人的视觉暂留现象,鱼和鱼缸合二为一,看起来好像鱼在缸中一样。由于是电机带动下的连续转动,所以比手动的要省力好玩。这类制作可以有很多图案,如蝴蝶和草地。另外,如果将颜色转盘安装在电机的转动轴上,也可以看到颜色的合成效果。

幼儿活动 鲲鹏展翅

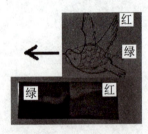

图3-9-3 鲲鹏展翅

活动准备 红色绿色胶片、红色绿色马克笔、硬纸板、剪刀、双面胶。

活动过程

1. 制作胶片框。将硬纸板中间剪出一个长方形的开口,将红绿色胶片用透明胶粘贴在上面。
2. 制作鲲鹏图。鱼(鲲)和鸟(鹏)是叠放在同一个位置画的。用绿色画鱼,用红色在同一位置画鸟(图3-9-3)。
3. 拉动。将鲲鹏图放在胶片框下,向左缓慢拉动它。在红胶片处,只能看见绿色鱼(鲲),在绿胶片处,只能看见红色鸟(鹏)。快速拉动,鱼(鲲)迅速变成鸟(鹏),鲲鹏展翅喽!

原理解释 红色胶片吸收红光,只能够让绿光透过,所以红胶片处只能看见绿色鱼(鲲),而绿胶片处只能看见红色鸟(鹏)了。

第四章

电 磁 世 界

电给生活带来光明,如陪伴夜归人的温暖灯光;电给生活带来便利,如电灯电话、电动车;电给人们带来快乐,如大型电动玩具和幼儿的电动小鸭……从生活世界到电动玩具,处处都离不开电。像电现象一样,磁现象也与人类有着密切的联系。利用磁场进行电能和机械能的相互转变,人们制造出发电机、电动机;地球的磁场不仅为我们导航、找矿,还能帮助我们测定岩层的年龄,传递大陆漂移的信息。

第一节 感应起电

我们经常发现裙子、裤子会紧紧贴近身体,衣服变得不太好看了,为什么呢?怎么办?

摩擦起电

电荷有正电荷和负电荷两种。电荷之间的相互作用规律是同种电荷相互排斥,异种电荷相互吸引。使物体带上电荷的方法有三种:摩擦起电、感应起电、传导起电。

利用摩擦使物体带电的方法叫**摩擦起电**。用毛皮摩擦橡胶棒,橡胶棒带负电;用丝绸摩擦玻璃棒,玻璃棒带正电。处于带电状态的物体称为**带电体**,电荷静止在物体上的现象叫做**静电现象**。我们可以用塑料笔杆摩擦头皮或衣服,塑料笔杆就会带电,带电体的性质是能够吸引轻小物体,带电的塑料笔杆会吸引碎纸屑、头发、乒乓球、细水流等。

物质的原子是由带正电的原子核和带负电的电子组成的。通常情况下,原子核的正电荷数量与核外电子的负电荷数量一样多,所以整个原子对外表现为电中性(图4-1-1)。

不同物质的原子核束缚电子的强弱不同。在摩擦起电的过程中,束缚电子弱的物质会失去电子,失去的电子将转移到另一个物体上,于是失去电子的物体带正电,得到电子的物体带负电。在用丝绸摩擦玻璃棒时,玻璃棒上的电子跑到丝绸上去了,玻璃棒因缺少电子而带正电,丝绸因有多余的电子而带负电。可见,摩擦起电的实质是:**电子从一个物体转移到另一个物体**。

图4-1-1 摩擦起电的实质

感应起电

图 4-1-2 感应起电

感应起电

活动准备：带绝缘支架的金属导体（两个，A 和 B）、带电体 C。

活动过程：

1. 使金属导体 A 和 B 相互接触，起初不带电，贴在下面的金属箔是闭合的，如图 4-1-2 所示。
2. 把带正电荷的物体 C 移近导体 A，金属箔有什么变化？
3. 如果把 A，B 分开，然后移去 C，金属箔又有什么变化？你能解释看到的现象吗？

结论：＿＿＿＿＿＿＿＿＿＿＿＿＿＿＿＿＿＿＿＿＿＿＿＿＿＿＿＿＿。

把电荷移近不带电的导体，可以使导体带电的现象，叫做感应起电。感应起电使导体中的正负电荷分开，使电荷从导体的一部分移到另一部分。

传导起电

传导起电是通过与带电体的直接接触而使电子从一个带电体转移到另一个不带电的物体上的起电方法。不同材料传导电荷的能力不同：金属材料传导电荷的能力大于非金属材料，杂质水的导电能力大于纯净水；干燥的木头的导电能力小于潮湿的木头。普通电笔等外面包裹的绝缘层，其耐压值小于 500 伏，只能用于低压电路。

电荷守恒

摩擦起电、感应起电和传导起电，大量事实表明：**电荷既不能被创造，也不能被消灭，它们只能从一个物体转移到另一个物体，或者从物体的一部分转移到另一部分**。这个结论叫做**电荷守恒定律**，它和能量守恒定律一样，是自然界基本规律之一。

电荷的多少叫做**电荷量**，用 Q（或 q）表示。国际单位制中，电荷量的单位是**库仑**，简称**库**，用符号 C 表示。库仑是一个很大的单位，通常一把梳子与衣服摩擦后所带的电荷量不到百万分之一库仑，但是闪电之前在巨大云层中积累的电荷，可以达到数百万库仑。

到目前为止，科学实验发现的最小的电荷量是电子所带的电荷量。质子、正电子带有跟电子等量的异种电荷。这个最小的电荷量用 e 表示，

$$e = 1.6 \times 10^{-19} \text{ C}$$

实验表明，所有带电体的电荷量或者等于 e，或者是 e 的整数倍。因此，电荷量 e 叫做**元电荷**。

电场

俗话说"眼见为实"，但不尽然。有些物质，直接用肉眼看不见，却能够通过它对于处在其中的物体的作用来间接地感受它的存在。例如，重力是通过重力场来起作用的，地球周围存在的一种物质叫重力场，重力场能对处于场中的物体有重力的作用；磁铁周围存在着磁场，磁场能对处于磁场中的物体有磁力的作用。

听话的易拉罐

活动准备：塑料笔杆、易拉罐。

活动过程：

1. 摩擦塑料笔杆，使之带电。
2. 用塑料笔杆靠近但不接触易拉罐，移动塑料笔杆，乒乓球是否跟着移动（图 4-1-3）？为什么呢？

图 4-1-3 听话的易拉罐

经过长期的科学研究,人们认识到,电荷的周围存在着一种叫做**电场**的物质,电荷之间是通过电场发生相互作用的。只要有电荷存在,电荷的周围就有电场。电场的基本性质是对放入其中的电荷有力的作用。

场的概念的建立,是人类对客观世界认识的一个重要进展。虽然我们看不到电场和磁场,但它们也是客观存在的物质。我们接触过的场有重力场、磁场和电场。

> 裙子、裤子在我们走路的时候会发生摩擦从而带上静电,静电会将裙子、裤子吸附在身体上,变得不太好看了。为解决这一问题,应该消除摩擦起电,如喷点水使得裙子、裤子变得潮湿一些,或者使去除静电的洗涤剂。

科海拾贝

我们的祖先早在1 900多年前就发现了摩擦起电现象。我国学者王充在《论衡》一书中记述了"顿牟掇芥"。顿牟指玳瑁的甲壳,"掇芥"的意思是吸引芥子之类的轻小物体。古希腊人也发现了琥珀等物体经摩擦后能吸引草屑等轻小物体的静电现象。英国学者吉尔伯特崇尚实验研究方法,发现许多物体都有跟琥珀一样的性质,并把这类物体叫做"琥珀体",在拉丁文中写做 electrica,也就是今天拉丁语系文字中"electricity"这个词的来源。

巩固练习

1. 以下现象中,不属于摩擦带电的是( )。
   A. 将跟毛皮摩擦过的塑料棒靠近碎纸屑,纸屑被吸起
   B. 缝衣针沿着磁铁摩擦几次,缝衣针就能吸起铁屑
   C. 干燥的毛刷刷毛料衣服时,毛刷上吸附了细微脏物
   D. 天气干燥时,脱化纤内衣会听到轻微的噼啪声
2. 电荷之间的相互作用规律是:同种电荷_____,异种电荷_____。毛皮摩擦过的橡胶棒,橡胶棒带_____电,毛皮带_____电,摩擦起电的实质是_____。
3. 解词:电荷守恒定律。

实训活动 听话的吸管

活动准备 矿泉水瓶、粗吸管。

活动过程

1. 将吸管2放在矿泉水瓶的瓶盖上,使其保持平衡。
2. 用衣服摩擦吸管1几次。
3. 将吸管1靠近吸管2的一端(图4-1-4),吸管2会被吸管1牵引,随着吸管1转圆圈。

原理解释 摩擦起电,吸管1与衣服摩擦而带电。静电吸引轻小物体,带电的吸管1吸引吸管2转动。

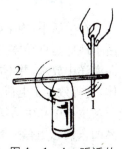

图4-1-4 听话的吸管

 听话的乒乓球

活动准备 乒乓球、粗塑料吸管。

活动过程

1. 把塑料棒在衣服上面摩擦几下,就会产生静电。
2. 把带静电的塑料棒靠近乒乓球,发现乒乓球会被吸管吸过来。

原理解释 摩擦起电,塑料吸管与衣服摩擦后带电,带电的吸管能够吸引质量非常小的乒乓球。

第二节 尖端放电

冬季回家开门,拿着钥匙插入铁门的瞬间,感觉被电了一下。为什么?

火花放电

带电物体所携带的静电荷释放的现象叫做**放电现象**,包括火花放电、尖端放电、接地放电。

高压带电体与导体靠得很近时,强大的电场会使它们之间的空气瞬间电离而成为导体,电荷通过电离的空气形成电流。由于电流特别大,产生大量的热,使空气发声发光,产生电火花,这种放电现象叫做**火花放电**。

火花放电在生活中常会遇到。在干燥的天气里脱毛衣和化纤衣服时,由于摩擦,身体会积累大量静电荷,这时如果手指靠近金属物品,会看到火花、听到噼啪声。这就是火花放电。在一些工厂或实验室里,存在大量易燃气体,工作人员要穿一种特制的鞋,这种鞋的导电性能很好,能够将电荷导入大地,避免电荷在人体上的积累,以免产生火花放电,引起火灾。

图4-2-1 易拉罐

易拉罐火花

活动准备:易拉罐、可弯曲吸管、保鲜膜、胶带。
活动过程:
1. 在易拉罐顶端用胶带黏住吸管的短边,长边作为把手,以免直接接触到易拉罐。
2. 在易拉罐上包一圈保鲜膜,然后拿起吸管让易拉罐悬空,揭掉保鲜膜。
3. 这时,用一根手指接近易拉罐,易拉罐和手指之间就会迸出火花,还有一点点触电麻麻的感觉。你能解释其中的原因吗?

接地放电

在生活中,为了防止电荷在导体上过量聚集,常常用导线把带电体与大地连接起来,进行**接地放电**。由于地球是良导体,它特别大,能够接受大量电荷而不明显地改变带电的性质,这就如同从海洋中抽水或向海洋中放水,并不能明显改变海平面的高度一样。(如果导体带正电,实际上是自由电子从大地流向导体,这等效于正电荷从导体流向大地。)

生产中和生活实际中往往要避免电荷的积累,这时接地是一项有效措施。油罐车等运输易燃易爆物品的车辆总是有一条铁链拖在地面,可以把静电荷引入大地,避免放电时产生的火花引起爆炸。飞机轮胎用导电橡胶制成,也是为了在着陆时使机身积累的电荷流入大地。

尖端放电

通常情况下空气是不导电的,但是如果电场特别强,空气分子中的正负电荷受到方向相反的强电场力,有可能被"撕"开,这个现象叫做空气的电离。由于电离后的空气中有了可以自由移动的电荷,空气就可以导电了。空气电离后产生的负电荷就是电子,失去电子的原子带正电,叫做正离子。

由于同种电荷相互排斥,导体上的静电荷总是分布在表面上,而且一般来说分布是不均匀的,导体尖端的电荷特别密集,所以尖端附近空气中的电场特别强,使得空气中残存的少量离子加速运动。这些高速运动的离子撞击空气分子,使更多的分子电离。这时空气成为导体,于是产生了**尖端放电现象**。

尖端放电

活动准备：避雷针演示实验装置、高压直流电源。

活动过程：如图4-2-2所示是模拟避雷针作用的装置。上端金属板接高压电源的正极，下端金属板接负极。金属板中有两个等高的金属柱，一个为尖头，一个为圆头。逐渐升高电源电压，观察哪个金属柱先放电。

图4-2-2 尖端放电

尖端放电在技术上有重要意义。高压输电导线和高压设备的金属元件，表面要很光滑，为的是避免因尖端放电而损失电能或造成事故。在下雨闪电的天气里，不要躲避在大树下面，也不要在旷野地打伞，在家里不要收看电视、接打手机，以避免尖端放电现象。

雷电和避雷

闪电是一种大气放电现象。在强对流天气条件下，大气中云层之间由于摩擦产生大量电荷，这些电荷积聚到一定程度时就会发生剧烈的相互作用，产生耀眼的闪光和巨响，这就是闪电和雷鸣。闪电的放电电流可以达到几十万安培，会使建筑物遭受严重损坏，这就是雷击。

为了避免雷击，人们通常在建筑物顶端安装避雷针。避雷针是根据尖端放电的原理制成的针状金属物，用粗导线与埋在地下的金属板相连，以保持与大地的良好接触。当带电云层靠近建筑物时，同种电荷相互排斥，流入大地，建筑物上留下了异号电荷。当电荷积累到一定程度时，会发生强烈放电现象，可能产生雷击。如果建筑物上安装了避雷针，在避雷针上产生的感应电荷会通过针尖放出，逐渐中和云中的电荷，保护建筑物，使其免遭雷击。

雷电对人类的生活也有积极的意义。闪电产生的高温使空气中的氮和氧化合成氮氧化物，随雨水降至地面形成硝酸盐，这些硝酸盐是天然的氮肥。闪电过程中产生的臭氧，能保护地球上的生命免受过量紫外线伤害。

干燥的冬天，身穿毛衣和化纤衣服，长时间走路之后，由于摩擦，身体上会积累静电荷，这时如果手指靠近金属物品，例如金属制成的手推车，会感到手上电击的疼痛感，这就是火花放电。由于火花放电，正负电荷中和，所以再次用手去摸手推车时，就不会再出现放电现象，又觉得一切正常。

 巩固练习

1. 在燃气灶上常常安装电子火花器，用电池接通电子线路产生高电压，通过高压放电的电火花来点燃气体。点火器的放电电极做成了针状。为什么放电电极做成针状而不是圆头状？与此相反，验电器的金属杆上端却做成金属球而不做成针尖状，为什么？

2. 专门用来运输柴油、汽油的油罐车，尾部都装有一条拖在地上的铁链，对它的作用下列说法正确的是（　　）。
   A. 让铁链与路面摩擦产生静电，使油罐车积累一定的静电荷
   B. 让铁链发出声音，以引起其他车辆的注意
   C. 由于罐体与油摩擦产生了静电，罐体上的静电被铁链导入大地，从而避免了火花放电
   D. 以上都不正确

3. 小明在加油站看到一条醒目的标语："严禁用塑料桶装运汽油！"请你说出这种规定的道理。

科海拾贝 捕捉闪电的富兰克林

1752年6月的一天，狂风漫卷，阴云密布。一场暴风雨就要来临了。富兰克林和他的儿子威廉一道带着上面装有一个金属杆的风筝来到一个空旷地带。富兰克林高举风筝，他的儿子则拉着风筝线飞跑，风筝很快就被放上高空。当一道闪电从风筝上掠过时，富兰克林的手上立即掠过一种恐怖的麻木感。他抑制

不住内心的激动,大声呼喊:"我被电击了!我被电击了!"富兰克林捕捉天上的雷电,并证明了雷电与实验室产生的静电是同一种东西。同年夏天,富兰克林即着手研制避雷装置并顺利完成。富兰克林把这种避雷装置称为避雷针。这根针,不知拯救了多少生命,使多少房屋免遭焚毁和破坏。富兰克林的这一重大贡献将永载史册。

实训活动　关于雷击调查报告

自己查找资料,列举古今中外由于雷击而造成人身伤亡和其他损失的典型事例,分析产生的原因,总结防雷的几条原则,写成调查报告。

幼儿活动　雷电的安全防护

活动准备　相关视频、挂图。

活动过程

1. 向幼儿讲解雷电的危害。
2. 讲解哪些地方容易遭到雷击。
3. 介绍预防雷电的方法:(1)在室内注意关闭门窗,人员应远离门窗、水管、煤气管等金属物体;关闭家用电器,拔掉电源插头,防止雷电从电源线入侵等。(2)在室外,要及时躲避,不要在空旷的野外停留;在空旷的野外无处躲避时,应尽量寻找低洼之处(如土坑)藏身,或者立即下蹲,降低身体高度;远离孤立的大树、高塔、电线杆、广告牌;立即停止室外游泳、划船、钓鱼等水上活动;在户外不要使用手机。

第三节　电流和电源

1979 年 9 月的一天,在英国伦敦的一条小巷的一家钟表铺里,挂出了一个新颖别致的电钟,没有电池,不用交流电和直流电,只是把两根导线与一只柠檬接在一起。难道柠檬能发电吗? 5 个月过去了,小电钟依然在那儿不紧不慢地走动,但柠檬已变得又干又瘪,这究竟是怎么回事呢?

电流

电荷的定向移动形成**电流**。要形成电流,必须有能够自由移动的电荷——**自由电荷**。在金属导体中,自由电荷就是自由电子;在电解液中,自由电荷就是正、负离子。

把导体的两端分别接到电源的两极上,导体两端就有了电压,这时导体中就有了电场。导体中的自由电荷在电场的作用下发生定向移动,形成电流。

导体中的电流可以是正电荷的定向移动,也可以是负电荷的定向移动。习惯上规定**正电荷定向移动的方向为电流的方向**。在金属导线中,能够移动的是自由电子,电子带负电,所以金属中电流的方向与电子定向移动的实际方向相反。在电源外部的电路中,电流从电源的正极流向负极。

不同电场中,电流的强弱不同。如果在一定时间内通过导体横截面的电荷比较多,那么电流就比较强。物理学中用通过导线横截面的电荷量 Q 与所用时间 t 的比值来描述电流 I 的强弱,即

$$I = \frac{Q}{t}$$

在国际单位制中,电流的单位是**安培**,简称**安**,符号是 A。电流的常用单位还有**毫安**(mA)和**微安**(μA),$1\text{ mA} = 10^{-3}\text{ A}$,$1\ \mu\text{A} = 10^{-6}\text{ A}$。

方向不随时间变化的电流叫做**直流**,方向和电流强度都不随时间变化的电流叫做**恒定电流**。

导体

在自然界中,按照电荷在导体中是否容易传导而把物体大致分为 3 类:电荷能从出现的部分迅速转移到

或传导到其他部分的物体,叫做**导体**。如金属、石墨、电解液、人体、大地、已电离的气体等都是导体。电荷几乎只能停留在出现的部分的物体,叫做**绝缘体**,如玻璃、橡胶、丝绸、陶瓷、未电离的气体、干燥的木柴等,都是绝缘体。有些物体转移或传导电荷的能力介于导体和绝缘体之间,这些物体叫做**半导体**,如硅、硒、锗等。

电源和电动势

电源的种类比较多,干电池、蓄电池、发电机等都是电源。电源把其他形式的能转化为电能,提供给用电器使用。各种化学电池把化学能转化为电能,发电机把机械能转化为电能,太阳电池把太阳能转化为电能。电池是生活中最常见的电源之一。它有两个极,两极间有一定的电压。不同的电池,两极间的电压不同。干电池的电动势约为 1.5 V,可充电的镍氢电池电动势约为 1.2 V。

不接用电器时,常用干电池两极间电压大约 1.5 V,铅蓄电池两极间电压大约是 2 V。电源的这种特性,物理学中用**电动势**来描述,电源的电动势等于电源没有接入电路时两极间的电压。电动势的符号是 E,单位与电压单位相同,也是**伏特**。

内电阻

  测外电路电压

活动准备:电压表、干电池、电阻、电键、导线若干。

活动过程:

1. 把电压表直接并到干电池两端,测出一节干电池两端电压。
2. 把电阻连入电路,把电压表再次并到电池的两端,如图 4-3-1 所示开关闭合,测出电源两极间的电压,电压表示数还是 1.5 V 吗?

结论:_____。

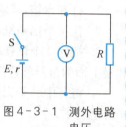

图 4-3-1 测外电路电压

开关闭合后,测出电源两极间电压比电动势要小一些。原来在电源内部,金属电解液等导电物质也是有电阻的,电流在电源内部流动时也会受到阻碍,因此内电路上也有电压降,电源的电动势减去内电路上的电压降后才是我们测量的两极间的电压。

电源内部的电阻叫做**内电阻**,简称**内阻**。对于同样种类的电源,内阻越大,流过一定电流时电源内部的电压降就越大,所以外电路的电压就越小。手电筒中的电池用久了亮度会降低,原因之一就是电池使用过程中内阻会不断增加。

电动势和内阻都是表征电源性质的重要参数。

电池的串联

串联电池组的电动势等于各个电池的电动势之和。手电筒、收音机、电动玩具所需的电压往往高于单个电池的电动势,这时要用到串联电池组。

> 其实,这只柠檬起了电池作用。这家店主为了招揽顾客想出的绝妙注意,他在连接柠檬的导线的末端分别接了一块锌片和一块铜片,把铜片和锌片分别插入柠檬中,就组成了一个柠檬电池。然后,由这个柠檬电池来带动小电钟运转,这就成了别具一格的电钟。

巩固练习

1. 习惯上规定,_____定向移动的方向为电流方向。在金属导体中,自由电子定向移动的方向与导体中电流的方向_____(填"相同"或"相反")。

2. 电源是_____的装置。电源两极间电压叫做_____。电源的电动势等于电源_____时两极间的电压。

3. 一个半导体收音机需要 6 V 电源,应该用_____节干电池_____联起来给它供电。
4. 有一个电源,不接用电器时测得两极间电压是 9 V,接上用电器后测得两极间电压是 8.5 V,电源的电动势是_____,接上用电器后电源的内电阻是_____。

实训活动 自制空气电池

活动准备　食盐水、铝箔纸做的蛋糕底杯(4 个)、活性炭、小灯泡。

甲　　　　　　乙　　　　　　丙

图 4-3-2　空气电池

活动过程

1. 打开冰箱,从除臭剂的袋子里拿出一些活性炭。
2. 找 4 个铝箔纸做的蛋糕杯底,往其中 3 个杯底倒一些活性炭,盖住底面即可,然后加一小勺食盐水。
3. 把这 3 个蛋糕杯底摞起来,再将第 4 个空杯底放到最上面。用铝箔纸搓成两条导线,分别与最上面和最下面的蛋糕杯连接。可以用食盐瓶等重物压住,帮助固定。
4. 将其中一条铝箔导线缠在小灯泡螺纹接口的腹部,另一条连接接口底部,并用力压下食盐瓶,这时小灯泡亮了。

原理解释　铝箔蛋糕杯底中铝溶于食盐水,释放出电子;活性炭中有许多微小的洞,其中的空气所含的氧气可以接受电子。因此,这些电子形成电流,使得小灯泡发亮。由于这种电池靠的是活性炭中的空气接受电子以产生电能,所以称为"空气电池"。活性炭为正极,铝箔蛋糕杯为负极。

幼儿活动 电动玩具动起来

活动准备　各种电动玩具。

活动过程

1. 幼儿介绍自己的电动玩具,教师提出问题:电动玩具为什么会动?
2. 幼儿讨论,教师让幼儿把电池拿掉,看看玩具还会不会动?帮助幼儿了解电池在电动玩具中的作用。
3. 教师出示电池装反了电动玩具,提出问题:他们为什么安装上了电池还不能动呢?
4. 教师帮助幼儿了解电池有两个极:正极和负极,以及电池正确的安装方法,并示范安装电池。
5. 幼儿尝试将自己电动玩具中电池拆下来,并进行安装。
6. 幼儿交换玩具,继续游戏。

原理解释　电池能把化学能转化为电能,安装正确后能使电动玩具跑起来。

第四节　电　路

　　医院的值班室里电铃在响,护士抬头一看,是 2 号灯在亮,于是护士马上做出反应,2 号病人在呼叫,赶紧向 2 号病床走去。你知道医院的病房呼叫电路是如何设计的吗?如果只有一张病床,灯和电铃应该如何连接?如果有两张或多张病床,灯和电铃应如何连接?开关应如何连接到电路中?

电路及其连接

电路就是用导线把电源、用电器、开关等元件连接起来组成的电流路径。

闭合电路中的开关,就有电流通过用电器,接通的电路叫做**通路**。断开开关,电路中就没有电流了,断开的电路叫做**开路**。有时,由于错误的操作或故障,使导线不通过用电器直接跟电源两极连接,这样状态的电路,叫做**短路**。短路时,用电器不能正常工作,而且会烧坏电源,甚至引起火灾。因此,一定要避免短路。

用电路符号表示电路元件实物连接的图,叫做**电路图**。

 怎样使两个小灯泡亮起来

活动准备:两个带灯座的小灯泡、电池、开关、导线若干。

活动过程:

1. 试着将它们连起来,使两个小灯泡能同时发光。
2. 与同学们交流,看看一共有几种不同的连接方式。

结论:_____。

用电器的连接方式有两种最基本的方式。如图4-4-1上方所示,把用电器逐个顺次连接起来的方式,叫做**串联**;如图4-4-1下方所示,把用电器并列地连接起来的方式,叫做**并联**。

图4-4-1 怎样使两个小灯泡亮起来

串联电路和并联电路的电流

串联电路中各处的电流相等。在图4-4-2中,相同的时间内通过0,1,2,3各点的电流相等,即

$$I_0 = I_1 = I_2 = I_3。$$

并联电路中的总电流等于各电流之和。在图4-4-3中,在相同时间内流过干路中的电流等于进入各支路1,2,3各点的电流之和,即

$$I_0 = I_1 + I_2 + I_3$$

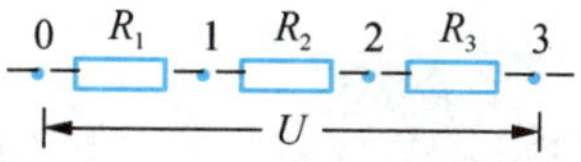

图4-4-2 串联电路

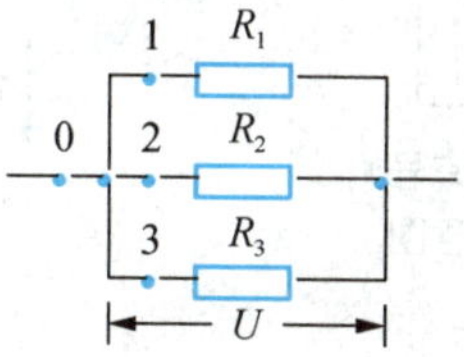

图4-4-3 并联电路

串联电路和并联电路的电压

串联电路电路两端总电压等于各部分电压之和。如果分别以U_1,U_2,U_3代表图4-4-2中3个电阻两端的电压,则

$$U = U_1 + U_2 + U_3$$

并联电路的总电压与各支路电压相等,在图4-4-3中,有

$$U = U_1 = U_2 = U_3$$

串联电路和并联电路的电阻

两个电阻串联起来接到电路里，作为一个整体，它相当于一个电阻。

图 4-4-2 中由于 R_1，R_2，R_3 是串联的，它们两端的总电压 U 等于各电阻上的电压之和，即

$$U = U_1 + U_2 + U_3$$

流过各电阻的电流 I 是一样的，上式两旁同除以电流 I，于是得到

$$\frac{U}{I} = \frac{U_1}{I} + \frac{U_2}{I} + \frac{U_3}{I}$$

由欧姆定律，可得

$$R = R_1 + R_2 + R_3$$

不难证明，如果多个电阻串联，那么

$$R = R_1 + R_2 + \cdots$$

即**串联电路的总电阻等于各部分电阻之和**。

两个电阻并联起来接到电路里，作为一个整体，它相当于一个电阻。

由于 R_1，R_2，R_3 是并联的，流过它们的总电流等于两个电阻上的电流之和，即

$$I = I_1 + I_2 + I_3$$

两个电阻上的电压 U 是相同的。把上式两端同除以 U，得

$$\frac{I}{U} = \frac{I_1}{U} + \frac{I_2}{U} + \frac{I_3}{U}$$

由欧姆定律，得

$$\frac{1}{R} = \frac{1}{R_1} + \frac{1}{R_2} + \frac{1}{R_3}$$

不难证明，如果多个电阻并联，那么

$$\frac{1}{R} = \frac{1}{R_1} + \frac{1}{R_2} + \cdots$$

即**并联电路总电阻的倒数等于各支路电阻的倒数之和**。

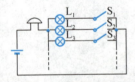

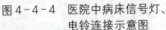

图 4-4-4 医院中病床信号灯、电铃连接示意图

如有一张病床，灯应与电铃串联。如果有多张病床，如图 4-4-4 所示，病房中各个信号灯应该并联，并联后各信号灯应与电铃串联，各开关应串联到每个支路中。

巩固练习

1. 如果每个小彩灯的额定电压是 10 V，要把 _____ 个小彩灯 _____ 连起来才能接到 220 V 的电源上。
2. 现在需要一个 10 Ω 和一个 90 Ω 的电阻，但是手中只有一些 30 Ω 的电阻，应该怎样连接才能满足需要？
3. 串联电路的基本特征是，电路中各处的电流都 _____，电路两端电压等于各个电阻两端电压的 _____。串联之后的总电阻等于各分电阻 _____。
4. 并联电路的基本特征是，电路中各支路两端的电压都 _____，电路中总电流等于各支路电流的 _____。并联之后的总电阻与各分电阻之间的关系是 _____。

实训活动　制作明暗灯

活动准备　两节干电池、铅笔芯(石墨)、小灯泡、导线若干、电键、小刀。

活动过程

1. 用小刀小心地将铅笔从中间劈开,一分为二,使铅笔芯露出来。
2. 用导线将干电池、电键、灯泡、铅笔连成如图4-4-5所示电路。
3. 开关闭合,改变导线连在铅笔上的位置,观察小灯泡的明暗是否发生变化?

原理解释　通过改变铅笔芯的长度改变电路中的电阻,从而改变电路中的电流。

图4-4-5　明暗灯

幼儿活动　电动娃娃动起来

活动准备　各种电动玩具(有的装有电池,有的没有电池)、电池。

活动过程

1. 教师展示自己的电动玩具,然后让小朋友们玩各种电动玩具。
2. 小朋友们发现有的电动玩具动不了了。老师让幼儿互相帮助,看能否发现动不了的秘密。
3. 教师示范,打开小鸭的电池盒,讲解怎样安装电池。
4. 幼儿交流分享,学会安装电池。
5. 电动玩具全部动起来了!

原理解释　全电路里必须有电源,没有电源,电路就是断路,没有电流,电动玩具无法动起来。

第五节　磁场与电磁场

渭南是卫星测控基地,大量设备产生强磁场。据报道,许多信鸽飞到渭南有的地方就不走了,像迷路一样在那里打转转。你知道这是为什么吗?

磁场

生活中处处都有磁现象,如银行卡、公交卡、饭卡上的磁条,手机的电磁波,近至我们的身体,远至各个星系,小至原子,大至地球、天体,都有或强或弱的磁性。在现代生活和生产中,磁的应用十分重要,磁录音、磁录像曾经在生活中广泛应用,电话、电视、计算机都离不开磁。凡是用到电的地方,几乎都有磁相伴。

能吸引铁、钴、镍等物质的性质称为**磁性**。具有磁性的物体叫做**磁体**,如条形磁铁、U形磁铁等。磁体中磁性最强的部分叫做**磁极**,分别是S极和N极。同名磁极互相排斥、异名磁极互相吸引。

磁体周围的空间存在一种特殊的物质叫做**磁场**,磁场对放入其中的铁、钴、镍等物体具有力的作用。磁场具有穿透性,能够隔着物体吸引铁、钴、镍。

　　　　　　　隔水取硬币

活动准备:硬币、装有水的大烧杯、磁铁。

活动过程:

1. 将硬币投入装有水的大烧杯,你能不接触水,想办法把硬币打捞上来吗?
2. 拿着磁铁紧贴烧杯有硬币的地方,磁铁吸引硬币,慢慢向上移动磁铁,硬币随之就会走出水面。
3. 用手拿起硬币。这样,手就不会湿了。

我们可以用**磁感线**来描述磁场方向。所谓磁感线,就是磁场中画出的一些有方向的曲线,在这些曲线

图 4-5-1 磁感线

上,任何一点的切线方向表示该点的磁场方向,曲线分布的疏密程度表示磁场的强弱(图 4-5-1)。在同一磁场中,磁感线越密的地方表示磁场越强,磁感线越稀疏,表示磁场越弱。

地球也是一个磁场。**地磁场**的南极在地理北极附近,地磁场的北极在地理南极附近。因此利用小磁针可以测得地理方向。地球的地理两极与地磁两极并不重合,因此磁针并非准确地指南或指北,而是有一个偏角,这就是地磁偏角,简称**磁偏角**。

磁感应强度

不同的磁场强弱不同,我们用**磁感应强度**这个物理量表示磁场的强弱,用字母 B 表示。磁感应强度的单位是**特斯拉**,简称**特**,符号是 T。

同一磁体中磁性强弱不同。我们把同一磁体中磁性最强的部分称为**磁极**,条形磁铁的两极磁性最强,磁感应强度大,中间部分磁性最弱,磁感应强度小。因此,条形磁铁的两端分别叫做 N 极和 S 极。我们分别用条形磁铁的中间部分和两端吸引曲别针,发现磁铁中间部分吸起来曲别针极少,两极部分则很多。磁感应强度是个**矢量**,它不仅有大小,而且有方向。上面所说的"磁场的方向"实际就是磁感应强度的方向。

不同磁体中磁性强弱也不同。地磁场的磁感应强度只有 $0.3×10^{-4}$～$0.7×10^{-4}$ T,是很弱的磁场。永磁体磁极附近的磁感应强度为 10^{-3}～1 T。在电动机和变压铁芯中,磁感应强度可达 0.8～1.4 T。人体心脏工作时产生的磁场约为 10^{-10} T。天然磁体的磁感应强度较弱,为了获得较强的磁场,我们利用电磁铁,通过改变电流,来控制磁场的强弱。

如果在磁场中的某个区域,磁场的大小和方向处处相同,这个区域的磁场就叫做**匀强磁场**。

磁化与退磁

缝衣针、螺丝刀等钢铁物质,沿同一方向在磁铁摩擦后会显示出磁性,这种现象叫做**磁化**。将原来有磁性的物体进行摔打或加热,磁性就会消失,这种现象叫做**退磁**。

为什么像缝衣针这样的物质磁化后能有很强的磁性呢?

原来,铁磁性物质的结构与其他物质有所不同,它们本身就是由很多已经磁化的小区域组成的,这些磁化的小区域叫做"**磁畴**"(图 4-5-2)。磁化前,各个磁畴的磁化方向不同,杂乱无章地混在一起,各个磁畴的作用在宏观上互相抵消,物体对外不显磁性。磁化过程中,由于外磁场的影响,磁畴的磁化方向有规律地排列起来,使得磁场大大增强。

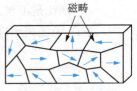

图 4-5-2 磁畴

电磁铁

科学家奥斯特发现,电流周围存在磁场,特别地,将通电导线螺旋缠绕到大铁钉上,大铁钉就有了磁性,有了 N 极和 S 极,能够吸引曲别针和小磁针,这种电流周围存在磁场的现象叫做**电流的磁效应**。通电螺线管中磁场的方向遵循**安培定则**:用右手握住通电螺线管,使四指弯曲与电流方向一致,那么大拇指所指的那一端是通电螺线管的 N 极的方向。在通电螺线管外部,磁感线从 N 极出来回到 S 极;在通电螺线管内部,磁感线从 S 极出发回到 N 极,从而使磁感线构成一条闭合的曲线(图 4-5-3)。

图 4-5-3 安培定则

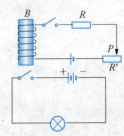

图 4-5-4 电磁铁

改变通电螺线管电流的大小和方向可以改变磁场的强弱和磁场的方向。通电螺线管通电时有磁场、断电时磁场消失,利用这一现象,可以实现自动控制和远程控制(图 4-5-4)。

 鸽子能利用地磁场"导航"。渭南是卫星测控基地,有大量设备能够产生强磁场。影响了地磁场,鸽子就会迷路。

巩固练习

1. 物体具有吸引铁、钴、镍等物质的属性叫做_____;具有磁性的物体叫做磁体;磁体上磁性最强的部分叫做_____;磁体有两个磁极:南极和北极。同名磁极相互_____,异名磁极相互_____。
2. 1954年,我国地质探矿队伍发现,在山东某地一面积约4万平方千米地区的地磁场十分异常。据此,勘探队伍推测该地区地下可能蕴藏着(　　)。
   A. 铜矿　　　　　　B. 铁矿　　　　　　C. 煤矿　　　　　　D. 石油
3. 铁制品与磁铁接触后就会显示出磁性,这种现象叫做_____。原来有磁性的物体,经过高温、剧烈震动等作用就会失去磁性,这种现象叫做_____。

科海拾贝 司南

中国的四大发明是造纸术、指南针、火药、活字印刷术。其中,宋代毕昇发明活字印刷术,东汉蔡伦发明造纸术。司南是指南针的一种,是我国古代辨别方向用的一种仪器。据《古矿录》记载最早出现于战国时期的磁山一带。用天然磁铁矿石琢成一个勺形的东西,放在一个光滑的盘上,盘上刻着方位,利用磁铁指南的作用,可以辨别方向,是现在所用的指南针的始祖。

实训活动 磁力风轮

活动准备　直尺、硬币、圆片形磁铁、水笔、卡纸、马克笔、双面胶、剪刀。

活动过程

1. 用卡纸制作纸风轮,但四个角不往中点固定。
2. 将硬币和磁铁分别放置在直尺顶端的上下侧,使之互相吸引。
3. 将水笔笔尖竖直放在磁铁下面,纸风车放在水笔尾端,它们会互相吸引。吹动纸风轮,纸风轮会旋转(图4-5-5)。

原理解释　磁铁能够穿透直尺吸引硬币,磁铁能够将磁场传递给纸风轮,吸引纸风轮。

图4-5-5　磁力风轮

幼儿活动 磁吸甜甜圈

活动准备　磁铁、甜甜圈(铁制)、水盆。

活动过程

1. 将甜甜圈放进水盆里。
2. 用磁铁去靠近甜甜圈,发现甜甜圈会被磁铁吸引(图4-5-6)。
3. 拿着磁铁沿水盆边缘移动,发现甜甜圈很听话,也会跟着磁铁走哦。

原理解释　磁铁周围有磁场,甜甜圈处在磁场中,能够被磁铁吸引。

图4-5-6　磁吸甜甜圈

第六节　安　培　力

 想必同学们都玩过电动玩具汽车吧?拆开后你会发现,里面装有一个小电动机。接通电源,电动机立刻转动起来,并带动车轮旋转。你知道电动机为什么能够转动吗?

安培力

既然通电导线能产生磁场,它本身也相当于一个磁体,磁体与磁体之间有相互作用,那么通电导线在磁场中是否也受到力的作用呢?

> **做一做** 　　　　观察通电导线在磁场中的作用
>
>
>
> 图4-6-1 实验装置
>
> 活动准备:蹄形磁铁、直导线、学生电源、电键、导线。
> 活动过程:
> 1. 按照图4-6-1所示连接电路。
> 2. 电键闭合,给直导线通电,观察直导线是否由静止变为运动?

导线通过电流时会摆动起来,说明它受到了力的作用,磁场对通电导线的作用力称为**安培力**。把一段通电导线放在磁场中,当导线方向与磁场方向垂直时,它所受到的安培力最大;当导线方向与磁场方向一致时,导线不受安培力;当导线方向与磁场方向斜交时,所受安培力介于最大值和零之间。

安培力大小

安培力的大小可能跟哪些因素有关呢?

> 　　　　探究安培力大小影响因素
>
> 活动准备:蹄形磁铁、直导线、电源、电键、滑动变阻器、导线。
> 活动过程:
> 1. 改变电流大小的(图4-6-2),观察直导线受安培力后倾角的变化,从而判断安培力大小的变化。
> 2. 改变磁感应强度,断安培力大小的变化。
> 3. 改变磁场中通电导线长度,判断安培力大小的变化。
>
>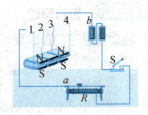
>
> 图4-6-2 探究安培力大小影响因素

实验表明,电流 I 越大、通电导线 L 越长、磁铁的磁感应强度 B 越大,导线受到的安培力就越大。更精确的实验表明,当通电导线和磁场方向垂直时,导线所受到的安培力 F 的大小,跟导线的长度 L、电流 I、磁感应强度 B 的强弱成正比,即

$$F = BIL$$

在国际单位之中,力 F 的单位是牛顿,简称牛,符号是 N;磁感应强度 B 的单位是特斯拉,简称特,符号是 T;导线长度 L 的单位是米,符号为 m。

安培力的方向

> 　　　　探究安培力方向的影响因素
>
> 活动准备:磁铁、直导线、电源、电键、滑动变阻器、导线。
> 活动过程:
> 1. 在图4-6-2实验中,如果调换磁铁两极的位置而使磁场方向改变,观察直导线摆动方向是否发生变化。
> 2. 持磁场方向不变,改变电流方向,导线的摆动方向是否改变?

实验发现安培力的方向跟电流方向和磁场方向有关。安培力的方向既跟磁感应强度的方向垂直，又跟电流方向垂直；如图4-6-3所示，3个方向之间的关系可以用**左手定则**来判定：**伸开左手，使拇指跟四指垂直，并且都跟手掌在同一个平面内，让磁感线垂直传入手心，并使四指指向电流的方向，那么拇指所指的方向，就是通电导线所受安培力的方向。**

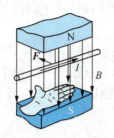
图4-6-3 左手定则

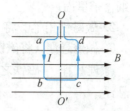
图4-6-4 通电线圈在磁场中的运动

如图4-6-4所示，在磁场中，通电线圈受到安培力的作用，发生扭转。如果给线圈以方向合适的电流，就可以使线圈转动起来。我们使用的电动机就是利用安培力来工作的。

电动玩具中都有小电动机，小电动机中有磁体和线圈，通电后磁场对通电线圈产生力的作用。直流电动机中还有电刷和整流子，可以将电流持续地提供给线圈，并适时地改变流入线圈的电流方向，它们能使转子朝一个方向持续地旋转。

 巩固练习

1. 在磁感应强度为0.5 T的匀强磁场中，有一条与磁场方向垂直的通电直导线，电流为2 A。导线上30 cm的一段所受的安培力有多大？

2. 匀强磁场中有一段长为0.2 m的直导线，它与磁场方向垂直，当通过3 A的电流时，受到$60×10^{-2}$ N的安培力，则磁场的磁感应强度是_____T；当导线长度缩短一半时，磁场的磁感强度是_____T；直导线受到的安培力是_____N。

3. 图4-6-5所示，一根放在磁场里的通电导线，导线与磁场方向垂直。图中分别标出了电流、磁感应强度和安培力这3个量中两个的方向，试标出第三个量的方向。用"·"表示磁感线垂直于纸面向外，"×"表示磁感线垂直于纸面向里；"⊙"表示电流方向垂直于纸面向外，"⊗"表示电流垂直于纸面向里。

图4-6-5 分别标出电流、安培力或磁感应强度的方向

实训活动 **磁悬浮列车**

活动准备 电池、圆片形强磁铁、裸铜线、马克笔。

活动过程

1. 制作"轨道"。将裸铜线螺旋形缠绕在马克笔上然后取下来，成为裸铜线弹簧。将轨道做得长一些，效果更好。
2. 制作"列车"。将圆片形强磁铁吸在电池两端。
3. 将列车放在轨道里面，列车就会在轨道里迅速前进（图4-6-6）。

原理解释 磁悬浮列车就是利用了磁铁同极相斥，异极相吸的原理。

图4-6-6 磁悬浮列车

磁悬浮铅笔

活动准备　铅笔、泡沫塑料、圆环形磁铁6个、纸盒。

活动过程

1. 做磁铁底座。将磁铁镶嵌在泡沫塑料里面,露出三分之一,把泡沫塑料放在纸盒子里面。
2. 做磁铁铅笔。将2个圆环形磁铁套在铅笔上,分布在铅笔的两端。
3. 做磁悬浮。将磁铁铅笔放入纸盒,它就悬浮在底座的上面了(图4-6-7)。

原理解释　磁铁之间有磁场,通过磁场,互相排斥,斥力与重力平衡,形成了磁悬浮。

图4-6-7　磁悬浮铅笔

第五章

能 量 与 守 恒

能量和守恒是幼儿科学中的核心概念。人类活动与能量关系密切,例如古人钻木取火消耗了机械能、电动玩具中电池提供了电能、汽车需要汽油释放化学能、植物的生长依赖太阳能;不同形式的能量之间可以相互转化,例如"跳蹦蹦床"时弹性势能和动能是相互转化的,"钻木取火"中机械能转化为内能;科学研究发现,能量在转化过程中是守恒的。本章我们将研究机械能、内能和能量的转化与守恒定律。

第一节 动能 势能 机械能

"麦克斯韦摆"又叫竖直面内的滚摆,滚摆为什么会上下往复滚动呢?

功

物体在力的作用下,在力的方向发生了位移,我们就说这个力做了功。起重机提起货物,货物在力的方向上发生了一段位移,拉力就对货物做了功。列车在机车的牵引力作用下发生一段位移,牵引力做了功。可见,**力和物体在力的方向上发生的位移,是做功的两个不可缺少的要素。**

如果力的方向与物体运动方向一致,功等于力的大小与位移大小的乘积。用 s 表示在力的方向上发生的位移,则有

$$W = Fs$$

功是标量,在国际单位之中,功的单位是焦耳,简称焦,符号是 J,$1\,\text{J} = 1\,\text{N} \times 1\,\text{m} = 1\,\text{N} \cdot \text{m}$。特别地,当 $\alpha = \dfrac{\pi}{2}$ 时,表示力的方向跟位移方向垂直,力 F 不做功,即 $W = 0$(图 5-1-1)。

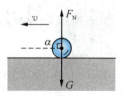

图 5-1-1 功

动能

我们把物体由于运动而具有的能量叫做**动能** E_k。物体的动能越大,可以对外做的功就越多。呼啸的海浪有时会冲坏海堤、推倒房子;弹出去的玻璃球能把静止的球弹得远远的……这些现象说明运动的物体具有动能。

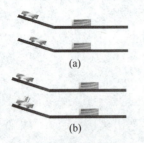

图5-1-2 探究动能大小与哪些因素有关

 探究动能的大小与哪些因素有关

活动准备：斜面、小车、木块、砝码。

活动过程：

1. 如图5-1-2(a)所示，让小车分别从不同的高度由静止开始下滑。小车运动到水平面时，两次的速度大小相同吗？木块被撞后移动的距离相同吗？

2. 改变小车的质量，让它们从同一高度由静止滑下，如图5-1-2(b)所示。质量不同的两个小车撞击木块的距离相同吗？

结论：_____。

实验表明：物体动能的大小与物体的速度和质量有关，物体的速度越大，质量越大，它具有的动能就越大。动能 E_k 与质量 m 和速度 v 之间的定量关系为

$$E_k = \frac{1}{2}mv^2$$

动能也是标量，它的单位与功的单位相同，在国际单位制中都是焦耳。

如图5-1-3所示，假设有质量为 m 的物体，在力 F 的作用下，在光滑的水平面上滑动，已知物体的初速度为 v_1，沿着力 F 的方向发生一段位移后，速度增大到 v_2。用 E_{k1} 表示初动能 $\frac{1}{2}mv_1^2$，用 E_{k2} 表示末动能 $\frac{1}{2}mv_2^2$。则力在这一过程中**对物体做的功等于物体在这个过程中动能的变化**，这个结论叫做**动能定理**，用公式表示为

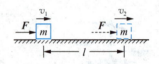

图5-1-3 研究功和动能变化的关系

$$W = E_{k2} - E_{k1}$$

如果有多个力对物体做功，动能定理中的 W 即为合力做的功，它等于各个力做功的代数和。

重力势能

物体由于被举高而具有的能叫做重力势能 E_p。打夯机能够先举高重物再下落夯实地基、从高楼掉落的花盆能够砸伤行人……这些现象说明被举高的物体具有重力势能。

图5-1-4 重力势能

通过如图5-1-4的实验，让小凳子在沙子的正上方由静止自由下落，将小凳子打入沙中，分别改变高度、改变木块重量，发现小凳子被打入沙子的深度不同。

实验表明：物体重力势能的大小与其质量和高度有关，质量越大，高度越高，物体所具有的重力势能就越大。

物体的重力势能等于它所受到的重力与所处高度的乘积。重力势能 E_p 与质量 m、高度 h 的具体关系为

$$E_p = mgh$$

重力势能是标量，在国际单位制中重力势能的单位是焦耳，简称焦，符号为J。

设一个质量为 m 的物体，从高度为 h_1 的位置，竖直向下运动到高度是 h_2 的位置，在这个过程中重力做的功是

$$W_G = Fs = mg\Delta h = mgh_1 - mgh_2$$

因此，重力做功与重力势能的关系可以写为

$$W_G = E_{p1} - E_{p2}$$

其中，$E_{p1} = mgh_1$ 表示物体在初始位置的势能，$E_{p2} = mgh_2$ 表示物体在末位置的势能。

当物体由高处运动到低处时,重力势能减少。由于重力方向与运动方向一致,所以重力做正功。也就是 $W_G > 0, E_{p1} > E_{p2}$。重力势能减少的量等于重力做的功。

当物体由低处运动到高处时,重力势能增加。由于重力方向与运动方向相反,所以重力做负功(或者说物体克服重力做功),也就是 $W_G < 0, E_{p1} < E_{p2}$。重力势能增加的数量等于物体克服重力所做的功。

物体运动时,重力对它做的功只跟它的起点和终点的位置有关,而跟物体的路径无关,功的大小都是

$$W_G = mg\Delta h = mgh_1 - mgh_2,$$

式中 Δh 表示两个位置的高度差。

重力势能具有相对性。物体的高度 h 总是相对于某一水平面来说的,实际上是把这个水平面的高度取做 0。因此物体的重力势能也是相对于某一水平面来说的,这个水平面叫做参考平面。在参考平面,物体的重力势能取做 0。选择哪个水平面做参考平面,可视研究问题的方便而定。通常选择地面为参考平面。

弹性势能

物体由于发生弹性形变而具有的能叫做**弹性势能**。拉紧的弓箭能够射击,被压缩的起跑器能够助跑……这些现象说明发生弹性形变的物体具有弹性势能。

卡片为什么会跳起来

活动准备:硬质卡片、橡皮筋、剪刀。

活动过程:

1. 如图 5-1-5 所示,将一张卡片(约 9 cm×5.5 cm)对折,在开口一边剪两刀,然后将橡皮筋套在开口边,就做成了一个会跳的卡片。

2. 将卡片反过来,用手把它压平在桌面上,使橡皮筋伸长。

3. 迅速松开手,会出现什么现象?想一想,这说明了什么道理?

图 5-1-5 会跳的卡片

上述现象表明:发生弹性形变的橡皮筋能对卡片做功,因此它具有弹性势能。**在一定限度内,形变越大,形变物体的弹性势能就越大。**

机械能

在物理学中,我们把动能和势能统称为**机械能** E。

$$E = E_k + E_p = \frac{1}{2}mv^2 + mgh$$

机械能是标量,单位是焦耳,简称焦,记为 J。

一个物体可以同时具有动能和势能,例如起重机起吊中的重物,跳水过程中的运动员,空中飞行的小鸟。

"麦克斯韦摆"又叫竖直面内的滚摆,我们先让缠绕棉线让滚摆上升以获得势能,松手后,重力做功,重力势能转变成为动能,接着动能又转变成为重力势能,这样循环往复,直至机械能耗尽才停止上下滚动。

 巩固练习

1. 小明用 20 N 的力沿水平方向踢球,球受到的重力为 4 N,球在地面上滚动的距离是 50 m,小明踢球所做的功,下列说法正确的是(   )。

   A. 1 000 J   B. 200 J   C. 5 000 J   D. 不能确定

2. 幼儿园小朋友在滑梯顶部、底部和正在由顶部向底部滑行中,各具有什么能?

3. 质量为 2 kg 的物体,它以 3 m/s 的速度向前运动,它具有的动能是多少?
4. 质量为 10^3 kg 的气球上升 $5×10^3$ m 的高空,它的重力势能增加了多少?
5. 改变汽车的质量和速度,都可能使汽车的动能发生变化,下列几种情况,汽车的动能各是原来的几倍?
   (1)质量不变,速度增加到原来的 2 倍;(2)速度不变,质量增加到原来的 2 倍;
   (3)质量减半,速度增加到原来的 2 倍;(4)速度减半,质量增加到原来的 2 倍。

实训活动 多米诺冰糕棒

活动准备　冰糕棒多根。

图 5-1-6　多米诺冰糕棒

活动过程
1. 将冰糕棒按照图 5-1-6 的形式摆放。
2. 将其中任意一个连接点松开,则整个装置瞬间爆炸式弹起,整体结构被破坏。

原理解释　冰糕棒有弹性,连接点松开则弹性势能转变成动能。

幼儿活动 五角星飞镖杀

活动过程

1. 将冰糕棒按照者图 5-1-7 的形式摆放成五角星形状。
2. 将这个"五角星飞镖"向前扔,其中前方目标,则整个装置瞬间爆炸式弹起,整体结构被破坏。

图 5-1-7　五角星飞镖杀

原理解释　冰糕棒有弹性,连接点松开则弹性势能转变成动能。

第二节　机械能守恒定律

图 5-2-1　铁锁会打着鼻子吗?

如图 5-2-1 所示,用细线把锁吊在高处,把铁锁拉到鼻子尖前释放,保持头的位置不动,铁锁来回摆动时,会打着鼻子吗?会距离你的鼻子很远吗?这是为什么?

动能和势能的转化

如图 5-2-3 所示,假设小孩所荡的最高点为 A(或 C),B 点为最低点。则当小孩从 A 点向下荡时,他的速度越来越大,动能逐渐增大,势能逐渐减小;当小孩到达最低点 B 时,它的动能最大,势能最小。在此过程中,重力做正功,小孩的重力势能逐渐转化为动能。

此后当小孩越过 B 点向 C 运动时,随着小孩所荡高度的增加,他的速度越来越慢,当小孩到最高点 C 时,他的动能为零,势能最大。在此过程中重力做负功,动能逐渐转化为重力势能。

图 5-2-2　荡秋千

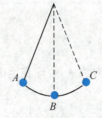

图 5-2-3　荡秋千中能量的转化

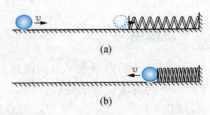

图 5-2-4　动能和势能的相互转化

动能和弹性势能之间也可以相互转化。如图5-2-4(a)所示,以一定速度运动的小球能使弹簧压缩,这时小球克服弹力做功,使动能转化成弹簧的弹性势能;小球静止后,被压缩的弹簧又将小球弹回,如图5-2-4(b)所示,这时弹力对小球做功,又使弹簧的弹性势能转化成小球的动能。

从上面的讨论我们看到,通过重力或弹力做功,机械能可以从一种形式转化成另一种形式。

机械能守恒定律

如图5-2-5所示,在滚摆的实验中,每次小球所摆的高度都比上次低一些,最后停下来。如果阻力比较小,那么每次降低高度会少一些。可以设想,如果完全没有阻力,每次滚摆上升的高度相同,重力势能和动能的相互转换中,机械能的总量应该保持不变。

我们讨论物体只受重力的情况,或者虽受其他力,但其他力并不做功,也就是说,我们所研究的情形里,只有重力做功。

在图5-2-6中,(假设曲面是绝对光滑的)物体在某一时刻处在位置A,这时它的动能是E_{k1},重力势能是E_{p1},总的机械能是$E_1 = E_{k1} + E_{p1}$。经过一段时间后,物体运动到另一位置B,这时它的动能是E_{k2},重力势能是E_{p2},总的机械能是$E_2 = E_{k2} + E_{p2}$。

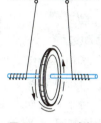
图5-2-5 滚摆

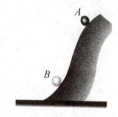
图5-2-6 物体沿光滑曲面滑下

以W表示这一过程中重力所做的功。从动能定理知道,重力对物体所做的功等于物体动能的增加,即

$$W = E_{k2} - E_{k1}$$

另一方面,从重力做功与重力势能的关系知道,重力对物体做的功等于物体重力势能的减少,即

$$W = E_{p1} - E_{p2}$$

从以上两式可得$E_{k2} - E_{k1} = E_{p1} - E_{p2}$,移项后,有

$$E_{k2} + E_{p2} = E_{p1} + E_{k1}$$

即$E_2 = E_1$。

可见,在只有重力做功的情况下,动能与重力势能可以相互转化,而总的机械能保持不变。同样可以证明,在只有弹力做功的情况下,动能和弹性势能可以相互转化,总的机械能保持不变。

由此我们得出的结论是:**在只有重力或弹力做功时,动能与势能可以相互转化,而总的机械能保持不变。这叫做机械能守恒定律**。它是力学中的一条重要定律,是普通的能量守恒定律的一种特殊情况。

应用机械能守恒定律解题之前,一定要分析物体的受力情况,在只有重力或弹力做功,摩擦力及其他力不做功或可以忽略不计时,才可以应用机械能守恒定律。实际上,物体在运动中往往有其他力做功,机械能跟其他能发生了相互转化,这时机械能就不守恒了。

假如没有空气阻力,则机械能守恒,动能和势能相互转化,铁锁会运动到相同高度,紧挨着鼻子。而实际情况是有空气阻力,会有一部分能量耗散到空气中,机械能总量逐渐减小,锁能达到的高度会逐渐降低,所以大可必备担心会碰到自己的鼻子。不信,那你来试试看吧。

巩固练习

1. 如图5-2-7所示,小孩在跳蹦蹦床,在这个过程中能量是怎样转化的?
2. 下列说法正确的是( )。
   A. 物体机械能守恒时,一定只受重力或弹力作用
   B. 物体处于平衡状态时机械能一定守恒
   C. 在重力势能和动能相互转化的过程中,若物体除受重力外,还受到其他力作用时,物体的机械能也可能守恒

图5-2-7 蹦蹦床

D. 以上都不对

3. 以 20 m/s 的速度从地面竖直向上抛出一个小球,小球落回原地时速度为(空气阻力忽略不计)( )。

  A. 大于 20 m/s   B. 小于 20 m/s   C. 20 m/s   D. 无法确定

4. 重锤的质量是 200 kg,把它提升到 20 m 的高处,然后让它自由落下(空气阻力忽略不计)。求:

  (1) 重锤在最高点的动能、重力势能和机械能;

  (2) 重锤落到地面时的动能、重力势能和速度。

实训活动　制作啄木鸟

图 5-2-8　啄木鸟

活动准备　粗铁丝、木底座、细弹簧(圆珠笔里的)、双面胶、剪成啄木鸟的吹塑纸。

活动过程

1. 将粗铁丝用力地垂直插入木底座。
2. 将细弹簧最下面拉直,把拉直部分粘在啄木鸟背后。
3. 将细弹簧插入粗铁丝,释放啄木鸟,啄木鸟会一蹦一蹦地下落。

原理解释　弹簧具有弹性势能,啄木鸟在铁丝最顶端,受到重力。啄木鸟下落是弹性势能和重力共同作用的结果。

幼儿活动　纽扣拉拉转

活动准备　纽扣、棉线。

活动过程

1. 将棉线两端分别从纽扣的两个眼中穿过,系扣,形成一个棉线圈。
2. 左右手的手指分别捏棉线圈的左右两端,让棉线圈中的纽扣抛起来并顺时针转 10 圈。再拉紧棉线圈,可以发现棉线圈自己倒转了(图 5-2-9)。

图 5-2-9　纽扣拉拉转

原理解释　顺时针转时积蓄了棉线的弹性势能,拉直棉线,弹性势能转变成动能,由于惯性,棉线将继续逆时针转动,直至速度为 0。

第三节　分子的运动　内能

您知道"钻木取火"的神话传说吗?如何从能量角度来解读它?

分子的大小

构成物质的基本单元有多种形式,原子、分子或离子。由于这些微粒做热运动时遵从相同的规律,所以在这里把它们统称为分子。分子是非常小的,不但用肉眼不能直接看到它们,就是在光学显微镜下也看不到。现在有了能放大上亿倍的扫描隧道显微镜,已经能用它观察到物质表面的分子。

如果把分子看成小球,那么,一般分子直径的数量级只有 10^{-10} m。例如,水分子的直径约为 4×10^{-10} m,氢分子的直径约为 2.3×10^{-10} m。物体中都含有大量的分子。草叶上的一滴小露珠,就有 10^{21} 个水分子。假如有一个小动物,每秒钟喝去 1 万个水分子,喝完这滴露珠,要用 30 亿年!

分子的热运动

将一束鲜花插入花瓶,整个屋内都能闻到花香。这是因为从鲜花中散发出的具有香味的物质分子跑到了周围空气中,进入了鼻子。像这样由于分子运动,某种物质逐渐进入另一种物质的现象,叫做**扩散**。

扩 散 现 象

活动准备：收集好的二氧化氮气体、广口瓶、玻璃板、烧杯、墨汁、清水。

活动过程：

1. 在一个充满红棕色的二氧化氮气体的广口瓶上倒扣一个空广口瓶(实际上是充满空气的)，如图5-3-1所示。
2. 抽掉瓶间的玻璃板，观察所看到的现象。
3. 向一杯清水里滴入几滴墨水，观察所看的现象。

通过这两个实验，你能得出什么样的结论？

结论：_____。

图5-3-1 二氧化氮的扩散

实验表明：气体和液体很容易发生扩散现象，实际上扩散现象不仅在气体和液体中发生，在相互接触的固体间也会发生，只是常温下固体的扩散进行得很慢，不特意观察很难察觉。高温时固体间的扩散就比较明显。在220℃的情况下，互相接触的铅和锌，由于分子间的扩散，经过12 h可以形成0.3 mm厚的中间层。制造半导体器件时，在真空、高温条件下，用分子扩散的方法可以往半导体材料中掺入一些其他元素来制造各种元件。

扩散现象说明物体中分子在永不停息地做无规则运动。由于这种无规则热运动的剧烈程度跟物体的温度有关，温度越高，分子运动越激烈，所以通常把分子的无规则运动叫做分子的**热运动**。能够生动反映分子热运动的事例，就是布朗运动。

1827年，英国植物学家布朗在研究植物授粉的过程中，无意间在显微镜下发现，悬浮在水中的花粉不停地做无规则的运动。布朗发现，不管什么颗粒，只要足够小，就会发生这种运动，而且颗粒越小，这种运动就越明显。这说明，这种运动不是生命现象。为了纪念布朗的这个发现，人们**把液体或气体中悬浮颗粒的无规则运动叫做布朗运动**。

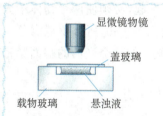

图5-3-2 观察布朗运动

 观察布朗运动

活动准备：显微镜、墨汁、清水。

活动过程：将墨汁稀释后在显微镜下进行观察，如图5-3-2所示，把你观察到的现象记录下来。

结论：_____。

可以看到悬浮在液体中的小碳粒在不停地做无规则运动，而且碳粒越小，这种运动越明显。如果在显微镜下追踪一个小碳粒的运动，每隔30 s记录一次碳粒的位置，然后用直线依次把这些位置连起来，就得到类似图5-3-3所示的碳粒位置的图像。可以看出，碳粒的运动是无规则的。实际上，就是在短短的30 s内，碳粒的运动也是极不规则的。

起初，人们认为布朗运动是由外界，如振动、液体的流动等引起的，但实验表明，在尽量排除外界影响的情况下，布朗运动依然存在，只要微粒足够小，在任何悬浊液中都能观察到布朗运动，而且可以连续观察许多天甚至几个月，这种运动也不会停下来。可见布朗运动的原因不在外界，而在内部。

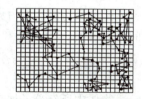

图5-3-3 做布朗运动的小颗粒的运动路线

图5-3-4 布朗运动是怎样产生的

液体(或气体)是由许许多多的分子组成的，分子不停地运动，不断撞击其中的小颗粒。如图5-3-4描绘的是一颗微粒受到分子撞击的情形。微粒足够小时，来自各个方向的液体的分子的撞击作用是不平衡的。在某一瞬间，微粒在某个方向上受到的撞击作用较强，致使微粒朝这个方向运动；在下一瞬间，微粒在另一方向受到的撞击作用较强，致使微粒又开始向其他方向运动。这样，就引起了微粒的布朗运动。

可见,液体(或气体)分子的永不停息的无规则运动是布朗运动产生的原因。做布朗运动的微粒不是单个分子,它是由成千上万个分子组成的。微粒的运动并不是单个分子的运动,微粒的布朗运动的无规则性,却反映了液体分子运动的无规则性。

分子动能

运动的物体具有动能,同样,运动的分子也具有动能,这种动能叫做**分子动能**。在热现象的研究中,我们关心的不是物体内单个分子的动能,而是大量分子动能的平均值,这个平均值叫做分子热运动的平均动能。

温度越高,分子的热运动就越激烈,分子的平均动能就越大。反之,温度越低,分子运动就越缓慢,分子的平均动能就越小。在一定温度下,物质分子热运动平均动能也是一定的。因此,**温度是物体分子热运动平均动能的标志。**

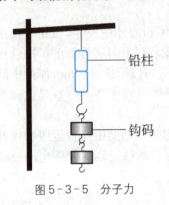

图5-3-5 分子力

如果将一段保险丝斜着切成两段,另一端弯成挂钩状。使两段粗保险丝的平滑表面紧密接触,然后把一端悬挂起来。在另一端挂一个物体(图5-3-5),观察到两段保险丝不会分开。表明:分子间有时表现为引力,有时表现为斥力。分子力究竟表现为引力还是表现为斥力,跟分子间的距离有关。研究表明分子间同时存在引力和斥力,实际表现出来的是两者的合力。当分子间距离等于某一数值 r_0 时,分子间引力和斥力相互平衡,分子间的作用力为 0,r_0 的数量级为 10^{-10} m。某分子与相邻分子间距离为 r_0 时,它所处的位置叫平衡位置。当分子间距离大于 r_0 时,分子力表现为引力,这就是物体被拉伸的情形,这种引力阻碍物体被拉伸。当分子间距离小于 r_0 时,分子力表现为斥力,这就是物体被压缩的情形,这种斥力阻碍物体被压缩。

分子间的这种作用力就像小弹簧连着似的,分子间距离减小时,表现为斥力,分子间距离增大时,表现为引力。当分子间距离很大时,分子引力就变得很小,当相距 10^{-9} m 以上时,分子间就没有作用了。

由于分子力只在 10^{-10} m 范围内起作用,要想使两个物体靠分子力结合在一起,必须使两个物体中大量分子十分接近平衡位置。被撕破的纸对在一起后,分子之间的距离远远大于 10^{-10} m,所以不能靠分子引力结合在一起。而在前面实验中,两段保险丝能够连接在一起成功的条件,就是使两个光洁的端面紧密接触。

通常气体中的分子,除相互碰撞外,距离都很大,可以认为气体分子间没有作用力。

分子势能

地面上的物体由于地球的吸引,它们之间有重力势能。分子之间也有相互作用,它们之间也有势能,这就是**分子势能**。重力势能的大小跟物体到地球的距离(物体的高度)有关;同样分子势能的大小跟分子间距离有关,分子间距离在宏观上表现为体积。物体体积发生变化时,分子势能也变化。

内能

物体中所有分子做热运动的动能与分子势能的总和叫做物体的**内能**。一切物体都是由不停地做无规则热运动并且相互作用着的分子组成的,因此任何物体都具有内能。物体的温度升高,分子的平均动能变大,物体的内能就变大。物体的体积变化时,分子势能发生变化,物体的内能也要变化。由此可见,物体的内能跟温度和体积都有关系。

物体内能的改变

将金属汤勺放入热锅中,片刻汤勺温度升高,内能增加,这是内能从热汤向汤勺传递的结果。我们把内能从一个物体向另一个物体的直接传递,叫做热传递。**热传递是改变内能的一种方式。**

物理学中,把物体在热传递过程中转移能量的多少叫做**热量**,用符号 Q 表示。热量的单位与能量的单位一样,也是焦耳。

探究做功能否改变物体的内能

活动准备:细铁丝、空气压缩引火仪、干燥棉絮。
活动过程:
  1. 将铁丝快速地弯折十余次,然后用手指触摸一下弯折处,有何感觉?铁丝的内能变化了吗?
  2. 如图5-3-6所示为空气压缩引火仪,玻璃桶底部放一小撮干燥的棉絮,用力将活塞迅速下压,你看到了什么?
  结论:_____。

图5-3-6 空气压缩引火仪

实验表明:做功也是改变物体内能的一种方式。

  在改变内能方面,做功和热传递是完全等效的。但是这两种方式却有着本质的区别。做功改变物体的内能,是其他形式的能和内能之间的相互转化。例如,摩擦生热是外力做功,机械能转化成了内能。热传递就不同了。温度不同的两个物体互相接触,逐渐使低温物体的温度升高,高温物体的温度降低,这个过程中高温物体的一部分能量转移到了低温物体。因此,热传递过程是内能转移的过程。

   "钻木取火"出自《关尹子·二柱》:"形之所自生者,如钻木得火。"传说在一万年前,生活在古昆仑山上的一个族群,族中智者一日看到有鸟啄燧木产生火苗,受此启发发明了钻木取火,这个族群也因此被称为燧人氏族。钻木取火是根据摩擦生热的原理产生的。木原料非常粗糙,在摩擦时,摩擦力较大会产生热量,加之木材本身就是易燃物,所以就会生出火来。

 巩固练习

1. 腌鸡蛋时,把鸡蛋放在盐水里,过些日子,鸡蛋就变咸了。怎样解释这种现象?
2. 下面说法正确的是( )。
  A. 做布朗运动的悬浮微粒就是分子
  B. 做布朗运动的微粒的运动就是分子的运动
  C. 悬浊液温度越高,布朗运动越显微弱
  D. 布朗运动反映了液体分子的运动
3. 手拉橡皮条,橡皮条伸长,松手后它又恢复原状。怎样用分子力来解释这种现象?
4. 温度和质量完全相同的一杯水,在高速飞行的飞机中和地面上,是否具有相同的内能?是否具有相同的机械能?为什么?
5. 指出下列现象是通过什么过程改变物体内能的:
  (1) 两块冰互相摩擦,冰化成水   (2) 阳光将冰晒化
  (3) 锯木头时锯条变热   (4) 用热水袋将手捂热

 纸杯走马灯

    活动准备 纸杯、棉线、蜡烛、火柴、剪刀、透明胶。
    活动过程
    1. 将纸杯1的侧面开出竖直方向的百叶窗,一共开出八扇即可。调整百叶窗的角度。
    2. 将纸杯2剪出一个4 cm的长方形口子,离纸杯底部1 cm处。
    3. 将两个纸杯杯口对接,用透明胶粘贴牢固。
    4. 将棉线粘贴在纸杯1的底部,用手拿起来棉线及纸杯。
    5. 将蜡烛点燃,通过纸杯2的开口粘在纸杯2的底部。发现纸杯会慢慢转动起来(图5-3-7)。

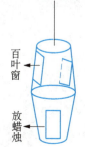
图5-3-7 走马灯

原理解释 热气上升,通过百叶窗,形成力矩,使得纸杯旋转。内能转化为纸杯旋转的动能。

 温度计

活动准备 白色小药瓶、吸管、红颜色的水。

图 5-3-8 温度计

活动过程
1. 将白色小药瓶灌入三分之二红颜色的水,盖上瓶盖。
2. 在瓶盖中间扎一个小孔,让吸管扎入瓶盖,进入水中。
3. 双手用力搓手,用搓热的手捂住小药瓶,观察红颜色水的水面的上升(图 5-3-8)。

原理解释 双手搓热,是利用做功来增加了手的内能。水受热以后,内能增加,体积膨胀,就会沿着吸管上升。

第四节　能量守恒定律

 掉在地上的皮球会弹起来,但是越弹越低;停止用力,秋千会越荡越低。为什么它们的高度会逐渐降低? 是否丢失了能量? 减少的机械能跑到哪里去了?

热力学第一定律

改变物体内能的方式有两种:做功和热传递。这两种方式在改变物体内能方面是等效的。由此可见,功、热量跟内能之间有着密切的联系。

一个物体,如果它不跟外界发生热交换,也就是它不从外界吸热,也不向外界放热,那么外界对它做多少功,它的内能就增加多少。设外界对物体所做的功为 W,内能的增加为 ΔU,那么

$$\Delta U = W$$

如果外界既没有对物体做功,物体也没有对外界做功,那么物体吸收了多少热量,它的内能就增加多少。设物体吸收的热量为 Q,内能的增加为 ΔU,那么

$$\Delta U = Q$$

一般情况下,物体跟外界同时通过做功和热传递发生能量交换,那么,外界对物体做的功 W 加上物体从外界吸收的热量 Q,应该等于物体内能的增加 ΔU,即

$$\Delta U = Q + W$$

也就是说,**物体的内能增量等于外界向它传递的热量与外界对它所做的功之和**。这个关系叫做**热力学第一定律**。

【**例题**】　一定质量的气体,从外界吸收热量 2.7×10^5 J,内能增加 4.3×10^5 J。是气体对外做功,还是外界对气体做功? 做了多少功? 请你通过这个例子总结 ΔU, Q, W 几个量取正、负值的意义。

已知: $Q = 2.7 \times 10^5$ J, $\Delta U = 4.3 \times 10^5$ J

求: W

解: 由热力学第一定律可知:

$$\begin{aligned} W &= \Delta U - Q \\ &= 4.3 \times 10^5 \text{ J} - 2.7 \times 10^5 \text{ J} \\ &= 1.6 \times 10^5 \text{ J} \end{aligned}$$

答: 由于 W 为正值,所以应该为外界对气体做功,做了 1.6×10^5 J 的功。

如果物体不从外界吸收热量,而是向外界放热,那么公式中的 Q 应用负值表示;同样,当物体对外界做功时,W 用负值表示。如果 ΔU 为负值,则表示物体的内能是减少的。

能量守恒定律

19世纪40年代前后,科学界已经形成了一种思想氛围,即用联系的观点去观察自然。尽管不同的运动可以用不同的物理量进行研究,各种运动之间表面上看好像毫无关系,但能量这一概念可以把不同的运动形式联系起来的。例如,钻木取火中,动力克服摩擦力做功,机械能转化为内能;水轮机带动发电机发电,机械能转化为电能;蜡烛燃烧,化学能转化为光能和内能……这样,能量把不同的运动联系了起来。

能量在转化过程中会损耗吗?从18世纪末到19世纪40年代,不同领域的科学家从不同角度进行了研究,都提出了能量守恒的思想。其中,俄国化学家盖斯于1836年发现,任何一个化学反应,不论是一步完成,还是几步完成,放出的总热量相同,即证明了能量在化学反应中是守恒的,被认为是能量守恒定律的先驱。英国物理学家在1878年精确地测定了热功当量值,为能量守恒奠定了实验基础,因此也被公认为发现人之一。人类对能量守恒的认识经历了一个由浅入深、由含糊到清晰的过程。因此说,能量守恒定律不是由某一个人通过某项研究得到的。不同国家、不同领域的十多个科学家都对这条定律做出了贡献。

导致能量守恒定律最后确立的两类重要事实是:确立了永动机的不可能性和发现了自然现象之间的相互联系与转化。

能量守恒定律可以表述为:**能量既不会凭空消灭,也不会凭空产生,它只会从一种形式转化为另一种形式,或者从一个物体转移到另一个物体,而在转化和转移的过程中,能量的总量保持不变。**

我们以荡秋千为例,秋千会越荡越低,机械能减少,是因为机械能用来做功了,以克服空气阻力和悬挂点的摩擦力。尽管机械能减少了,但总的能量是守恒的。因此,在有摩擦力做功时,机械能本身并不守恒,但整个系统总的能量还是守恒的。在有重力和弹力做功时,机械能本身是守恒的。机械能守恒定律是能量守恒定律的一种特殊形式。

能量守恒定律是19世纪自然科学的三大发现之一。能量守恒定律的意义在于它把原来人们认为不相干的各种现象——力学的、电学的、热学的、磁学的、光学的、化学的、生物的、地学的等——联系在一起,把表面上完全不同的各类运动统一在一个自然规律中。这样,它使不同领域的科学工作者有了一系列的共同语言。进一步地,能量守恒定律是人类认识自然的一次重大飞跃,是哲学和自然科学长期发展和进步的结果,是"统一"这种思想方法的又一次胜利。

永动机不可能制成

在科学研究的历史上,人们曾经设计了形形色色的永动机。所有永动机的设计者都费尽心思,希望永动机按照自己的意愿不消耗任何能量,不停地运转。虽然做了各种尝试,但永动机无一例外地归于失败。任何动力机械的作用都是把其他形式的能转化为机械能。永动机的思想违背了能量守恒定律,所以是不可能制成的。人类利用自然,必须遵循自然规律。

能量转移和转化的方向性

能量虽然是守恒的,但地球上可利用的能量却在不断地减少。这是因为能量的转移和转化具有方向性的。在能量转移和转化过程中,能够被利用的能量只会减少,不会增加的现象,叫做**能量的耗散**。例如,冬天我们利用火炉来取暖,火炉把热量传递给了房间里的空气,散发到周围空气中的能量就不能被再次利用了。因此,内能的转移方向是由高温物体传递到低温物体。城市的工业和交通急剧发展,消耗了大量的能源,同时使得城市环境过多地接受了耗散的能量,使城市环境的温度升高,出现大气变暖现象。

能量耗散表明,在能源的利用过程中,能量在数量上并未减少,但在可利用的品质上降低了,从便于利用的变成不便利用的了。这是能源危机更深层次的含义,也是"自然界的能量虽然守恒,但还是要节约能源"的根本原因。

汽车会跑起来是汽油的化学能转变成了动能,吊车吊起重物是消耗吊车的化学能转变成了重物的重力势能,电灯靠电能支持它发光,电动车充电是将电能转化为蓄电池的化学能。

科海拾贝

恩格斯把细胞学说、能量转化与守恒定律、达尔文的进化论并列为19世纪自然科学的三大发现。细胞学说阐明了各种生物具有共同的结构基础,为达尔文进化论中物种起源提供了重要证据;达尔文进化论开辟了生物学新时代;能量守恒定律是人们认识自然和利用自然的有力武器,从能量角度揭示世界的联系是普遍的,又是可以转化的。

巩固练习

1. 物体的内能增加了20 J,则(　　)。
   A. 一定是外界对物体做了20 J的功
   B. 一定是物体吸收了20 J的热量
   C. 可能是外界对物体做了20 J的功,也可能是物体吸收了20 J的热量
   D. 可能是物体吸收热量的同时外界对物体做了功,且热量和功共20 J

2. 自由摆动的秋千,摆动的幅度越来越小,下面说法哪个是正确的(　　)。
   A. 机械能守恒　　　　　　　　B. 能量在逐渐消失
   C. 机械能正在转化为内能　　　D. 以上都不正确

3. "因为自然界中总能量是守恒的,所以不用节约能源。"这个观点正确吗?请解释说明。

4. 为了节约能源,从个人角度讲,你能做些什么?从社会角度讲,你能提出什么建议?

实训活动　马格努斯滑翔机

活动准备　纸杯、皮筋、透明胶。

图 5-4-1 滑翔机

活动过程
1. 将两个纸杯的底部对准底部,用透明胶连接到一起,滑翔机主体完成。
2. 将5根皮筋头尾一次串联在一起,作为皮筋绳。
3. 将皮筋绳顺时针缠绕在滑翔机主体中间部分(图 5-4-1)。
4. 一手抓住滑翔机主体,一手拉紧皮筋,然后同时松手,滑翔机即能够向前飞出很远。

原理解释　马格努斯滑翔机向前飞行的能量是皮筋的弹性势能转变成动能。

幼儿活动　空气炮

活动准备　矿泉水瓶、气球、皮筋、剪刀、蜡烛。

活动过程
1. 把矿泉水瓶的底部剪掉(图 5-4-2)。
2. 用气球的一部分套在矿泉水瓶的底部,用皮筋固定。
3. 点燃蜡烛,瓶口对准蜡烛。
4. 用手往后面拉气球膜,然后松手,蜡烛就会熄灭。
5. 讨论:怎样用水桶做一个空气炮,将观众头顶的纸杯吹掉。

图 5-4-2 空气炮

原理解释　气球膜的弹性势能转变成为空气炮的空气能量,从而吹灭了蜡烛。

第二模块 生活化学

第六章

我们身边的化学

化学不只是实验室中的瓶瓶罐罐,也不只是在化工厂里各种复杂的反应和设备,其实它就在我们身边。每天有着各种各样的化学变化伴随着我们,为我们的生活增添色彩,就让我们一起走进身边的化学!

  第一节　常见的酸和碱

 当我们向紫甘蓝的菜汁中加入醋时,会发生什么样的变化呢?

生活中到处都有酸碱盐的身影。食物的消化,酸奶的发酵……这些都渗透着化学的奥秘。

生活中的酸和碱

　　　　　　　　　　　生活中的酸和碱

下列物品:菠萝、柠檬、苹果、番茄酱、橙汁、雪碧、可乐、酸奶、食醋、食盐水、洗洁精、洁厕灵、肥皂水、石灰水、胃舒平、保存时间过长的面包、酸菜。

猜一猜分一分:

1. 可能含有酸的物质有:_____。
2. 可能含有碱的物质有:_____。

菠萝、柠檬等水果中所含的柠檬酸,酸奶中所含的乳酸,属于有机酸。其中,柠檬酸是一种酸性较强的有机酸,主要用于食品、饮料等的酸味剂和调味剂;食用醋中含有 3%～6% 的醋酸,它是酸味及刺激性气味的来源,还是重要的有机化工原料。雪碧、可乐等饮料中含有的碳酸,以及硫酸、盐酸和硝酸属于无机酸。碳酸是二氧化碳溶于水而生成的弱酸,性质不稳定,易分解出二氧化碳气体。当我们喝碳酸饮料时,气压减小,二氧化碳从水中逸出,并从口腔排出,带走热量,因此人感到凉爽舒适。但是,碳酸饮料易腐蚀损坏牙齿,幼儿大量饮用碳酸饮料易发生蛀牙、骨折,故碳酸类饮料不宜长时间大量饮用。

氢氧化钠、氢氧化钙、氨水等都是我们熟悉的碱,它们有着广泛的用途。氢氧化钙(俗称熟石灰或消石灰)为白色固体,微溶于水,是一种强碱。但是,由于其溶解度比氢氧化钠小得多,所以其溶液的腐蚀性和碱性比氢氧化钠小。这些性质决定了氢氧化钙有广泛的应用,工业上可用于制漂白粉,农业上用它降低土壤酸性,改良土壤结构。农药波尔多液是用石灰乳和硫酸铜水溶液按一定比例配制成的,因 1885 年首先用于法国波尔多城而得此名。

做一做　　酸、碱与指示剂的作用

活动准备：石蕊试液、酚酞试液、稀盐酸、稀氢氧化钠溶液、蒸馏水、点滴板、滴管。

活动过程：

1. 把稀盐酸、稀氢氧化钠溶液、蒸馏水 3 个样品依次滴入点滴板的穴中，每个样品加两份成为两组。

2. 向第一组的 3 个样品中依次加入石蕊试液，观察溶液颜色的变化并做好记录。

现象：_____。

3. 向第二组的 3 个样品中依次加入酚酞试液，观察溶液颜色的变化并做好记录。

现象：_____。

结论：_____。

像石蕊、酚酞这样的物质，遇到酸性或碱性物质时能发生特定的颜色变化，化学上把这类物质叫做**酸碱指示剂**。酸碱指示剂一般都是结构复杂的有机弱酸或弱碱，其酸式结构和碱式结构不同，颜色也不同。当溶液的酸碱性发生变化时，指示剂的结构发生改变，从而引起颜色的变化。除石蕊和酚酞外，用来识别物质酸碱性的指示剂还有很多。自然界存在的很多植物的根、茎、叶和花，只要其汁含有色素，大多都可用来作指示剂，譬如月季花、石榴花、牵牛花、白菜叶、茄子皮、胡萝卜、紫薯等。

生活中的盐

化学中的**盐**是指组成里含有金属离子和酸根离子的一类化合物，如氯化钠、碳酸钠、硫酸铜等。可溶性盐的溶液或熔融的盐中有可自由游动的离子，有导电性，因此盐是电解质。也正是因为盐在水中可发生电离，所以在水溶液中盐和酸、盐和碱、盐和盐之间能够发生复分解反应。

生活中常见的盐除食盐外，还有纯碱、小苏打、石灰石、灰锰氧、明矾、味精等。

1. 食盐

食盐，如图 6-1-1 所示，是烹饪中最常用的调味品，也是人类生存最重要的物质之一，每人每天需 3～5 g。食盐的主要成分是氯化钠（NaCl），我们常食用的小包精制盐中，NaCl 含量一般在 90% 以上。部分地区所出品的低钠盐，是在食盐中加入氯化钾而降低氯化钠的含量，以降低高血压发生率。大部分缺碘地区的食盐都通过添加碘酸钾来预防碘缺乏病，这种添加了碘的食盐叫做碘盐，从 2000 年 10 月 1 日开始，我国规定缺碘地区食盐中碘含量添加量为 35 mg/kg。

图 6-1-1　天然食盐晶体

食盐是化学工业的重要原料，它可制成氯气、金属钠、纯碱、小苏打、烧碱和盐酸等，这些产品的用途极为广泛，它们应用到各行各业。在生活中，食盐除用于调味外，还可用来腌渍蔬菜、鱼肉、蛋类等，像大家喜爱的榨菜、咸鱼、咸鸭蛋等。

2. 纯碱和小苏打

纯碱即碳酸钠（Na_2CO_3），俗称苏打，易溶于水，水溶液有涩味和滑腻感，呈碱性。纯碱因其水溶液呈碱性而被叫做碱，但它在化学上属于盐类物质，即"纯碱不是碱"。小苏打即碳酸氢钠（$NaHCO_3$），是一种粉末状的白色晶体，其水溶液亦呈碱性。

做一做　　酸碱性的测定

活动准备：碳酸钠、碳酸氢钠、酚酞试液、蒸馏水、药匙、试管。

活动过程：

1. 取等量的碳酸钠、碳酸氢钠分别加入到两支试管中，各加入 5 mL 蒸馏水，振荡备用。

2. 向试管中加入3滴酚酞试液,振荡,观察现象。
现象及解释:_____。

由实验可知,纯碱和小苏打溶液均可使酚酞试液变红,呈碱性。

做一做　　纯碱和小苏打的性质

活动准备:稀盐酸、食醋、碳酸钠、碳酸氢钠、细线、彩色气球、试管、药匙、量筒。
活动过程:
1. 把等量的纯碱和小苏打分别加入到两个气球中,然后把气球套在盛有等量稀盐酸的两个试管上,用细线系好。使气球中的纯碱和小苏打同时落入试管中,观察现象。
现象:_____。
化学方程式:_____。
2. 用食醋代替稀盐酸重复以上步骤,观察现象。
现象:_____。

纯碱和小苏打都易与酸发生反应,释放出二氧化碳气体。

$$Na_2CO_3 + 2HCl = 2NaCl + H_2O + CO_2\uparrow$$
$$NaHCO_3 + HCl = NaCl + H_2O + CO_2\uparrow$$

从实验可知,当我们把纯碱或小苏打和醋混合在一起时,你会发现大量气泡生成。该反应所需物品安全、易得,且反应迅速、现象明显有趣,可以应用到幼儿科学活动中。

做一做　　纯碱和小苏打的热稳定性

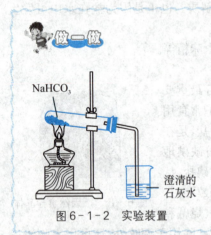

图6-1-2 实验装置

活动准备:碳酸钠、碳酸氢钠、澄清石灰水、试管、带导管的橡皮塞、烧杯、药匙、铁架台、酒精灯、火柴。
活动过程:
1. 试管中装入碳酸氢钠,如图6-1-2固定好装置。烧杯中加入澄清的石灰水。加热试管,观察现象。
现象:_____。
2. 用碳酸钠重复以上步骤,观察现象。
现象:_____。

碳酸钠受热没有变化,碳酸氢钠受热分解,有CO_2放出。说明碳酸氢钠受热易分解。利用这个反应可以鉴别碳酸钠和碳酸氢钠。

$$2NaHCO_3 \xrightarrow{\triangle} Na_2CO_3 + H_2O + CO_2\uparrow$$

纯碱在生活中可以用作碱面,用碱面来蒸馒头、熬小米粥、清洗水果表面残留的农药等;在工业生产上广泛用于化工、建材、纺织、冶金等领域。我国著名化工专家侯德榜发明了"侯氏制碱法"生产纯碱,他是我国制碱工业的先驱。碳酸氢钠在医疗上可用来治疗胃酸过多症。

3. 味精

味精又称味素,是采用微生物发酵的方法制成的一种现代调味料,主要成分为谷氨酸钠。谷氨酸钠是无色无味的晶体,易溶于水,其溶液具有鲜味。人体摄入谷氨酸钠后,分解成谷氨酸、酪氨酸。谷氨酸是一种人体所需要的天然氨基酸,主要存在于富含蛋白质的食物中,如蘑菇、海带、豆类、肉类、奶制品以及发酵产品或水解蛋白质产品,如酱油、豆腐乳等。谷氨酸被人体吸收后,参与组成人体组织所需的蛋白质。

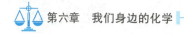

 感知味精的鲜味

活动准备:食盐、蔗糖、味精、凉开水、水杯、汤匙、量杯、天平。

活动过程:

1. 分别取 0.5 g 的食盐、蔗糖和味精于 3 个水杯中,然后依次加入 50 mL 凉开水,搅拌使它们溶解。品尝味道。

现象:_____。

2. 继续向 3 个水杯中加入凉开水 50 mL,搅拌使它们溶解。品尝味道。

现象:_____。

3. 继续向 3 个水杯中加入凉开水 100 mL,搅拌使它们溶解。品尝味道。

现象:_____。

结论:_____。

由实验可知,蔗糖稀释 200 倍,我们就不能感觉到甜味;食盐稀释 400 倍就感觉不到咸味,而此时味精的鲜味依然十分明显。科学实验证明,谷氨酸钠用水稀释 3 000 倍,仍能感觉到鲜味,因而才得名味精。

> 紫甘蓝汁会变成红色,是由于紫甘蓝细胞内花青素的作用。花青素为一种水溶性的植物色素,存在于液泡内的细胞液中,花青素的颜色因酸碱度不同而改变颜色,细胞液呈酸性则偏红,细胞液呈碱性则偏蓝。

 巩固练习

1. 选择下列物质的序号填空:①苛性钠固体;②熟石灰;③稀盐酸;④稀硫酸。
   (1)能用于配制农药波尔多液和改良酸性土壤的是_____;(2)胃里含有的能帮助消化的物质是_____;(3)铅蓄电池中含有的酸是_____;(4)具有吸水性,通常可用于某些气体的干燥剂的是_____。

2. 月季花适宜在酸性土壤中生长。几位同学在为校园里种植的月季花施肥前,对下列氮肥溶液的酸碱度进行了测定,结果如下:

化肥名称	碳酸氢铵	硫酸铵	氨水	尿素
溶液的 pH	8	6	11	7

那么,他们最好选用的肥料是_____。

3. 下面有关碳酸钠和碳酸氢钠说法不正确的是(　　)。
   A. Na_2CO_3 的稳定性比 $NaHCO_3$ 强
   B. 碳酸氢钠可以用作治疗胃酸过多的药物
   C. 碳酸钠溶液显碱性,所以碳酸钠是碱
   D. 碳酸钠和碳酸氢钠都可以和稀盐酸反应生成二氧化碳

4. 下列各种方法中,可以用于除去苏打中混有的少量小苏打的是(　　)。
   A. 水洗　　　　　　　　　　　　B. 加热
   C. 通入二氧化碳　　　　　　　　D. 加入盐酸

5. 下列做法可能导致中毒的是(　　)。
   A. 用亚硝酸钠作为盐调味
   B. 做馒头时加入适量的纯碱使馒头疏松多孔、口感舒适
   C. 检查肠胃疾病做钡餐透视时,服用硫酸钡

D．为使粽子叶碧绿鲜艳，用加有蓝矾的水溶液煮一煮

6． 上完体育课后，小强同学往一瓶矿泉水中加入一片"泡腾片"（其商标部分内容如图所示），立即产生大量气泡，片刻成为一瓶可口的饮料，根据酸碱盐的相关知识说明：泡腾片放入水中的发泡的原因是_____。

> ××泡腾片
> 主要配料：小苏打、柠檬酸、桔子香料、维生素等
> 保存方法：×××

科海拾贝　松花蛋中的化学

图6-1-2　松花蛋

　　松花皮蛋是一种碱性食品，是我国人民的传统食品。由于它风味独特、口感极好、保质期长，很受人们喜爱。将鲜蛋加工成松花皮蛋是一种比较复杂的化学过程。腌制时所需的材料有盐、茶以及碱性物质（如：生石灰、草木灰、碳酸钠、氢氧化钠等）。其中强碱（氢氧化钠、氢氧化钾）从蛋壳外渗透到蛋黄和蛋清中，与其中的蛋白质作用，致使蛋白质分解、凝固并放出少量的硫化氢气体。同时，渗入的碱进一步与蛋白质分解出的氨基酸发生中和反应，生成的盐的晶体以漂亮的外形凝结在蛋清中，像一朵一朵的"松花"。而硫化氢气体则与蛋黄和蛋清中的矿物质作用生成各种硫化物，于是蛋黄、蛋清的颜色发生变化，蛋黄呈墨绿色，蛋清呈特殊的茶绿色。食盐可使皮蛋收缩离壳，增加口感和防腐等。而茶叶中的单宁和芳香油，可使蛋白质凝固着色和增加皮蛋的风味。

实训活动　自制紫甘蓝指示剂

活动准备　紫甘蓝叶子、酒精、稀盐酸、白醋、稀氢氧化钠溶液、氨水、碳酸钠溶液、食盐溶液、水、研钵、点滴板、滴管、烧杯、纱布、滤纸、镊子、剪刀、玻璃棒。

活动过程
1．把紫甘蓝叶子剪成小片，放入研钵中捣烂。
2．向研钵中加入些酒精和水，浸泡一会儿，然后用纱布挤出汁液于两个烧杯中。
3．将滤纸放入一烧杯中用浸液浸透，然后晾干，裁成小的矩形纸条备用。自制的试纸就制作完成。
4．把另一烧杯中的紫色汁液分成六份于点滴板中，依次加入少量的稀盐酸、白醋、稀氢氧化钠溶液、氨水、碳酸钠溶液和食盐溶液，观察各穴中汁液的颜色变化并做好记录。

原理解释　紫甘蓝的紫色汁液中含有花青素，可作为酸碱指示剂使用，当其遇到酸碱性不同的物质时，呈现出了不同的颜色。

幼儿活动　瓶子吹气球

活动准备　饮料瓶、气球、小勺、纯碱、白醋。

活动过程
1．在饮料瓶中加入约1/3的白醋。
2．用小勺向气球中加入3勺纯碱。
3．把气球套在饮料瓶的瓶口，注意小心不要将纯碱倒入到瓶中。
4．将气球拎起来，把纯碱倒入到瓶中，观察现象。

原理解释　纯碱与白醋反应生成大量的气体。

第二节　海水中的卤素

我们饮用的自来水是用什么物质杀菌消毒的呢？

海洋是一个巨大的资源宝库,不仅孕育着无数生命,还蕴藏着丰富的矿产。元素周期表中列出的110多种元素,有80多种能在海水中找到。海水中氯化物的含量相当高,主要是氯化钠,其次是氯化镁、氯化钙和氯化钾。如果将海水中的盐类全部提取出来,铺在地球的陆地上,可以使陆地平均升高150 m。

海水中的氯

氯是海水中含量最高的非金属元素,我们常用海水中的含氯量来推求海水的总含盐量。海水晒得的食盐还可作为工业原料来制取氯气和烧碱。

 探究氯气的物理性质

活动准备:氯气、水。
活动过程:
1. 观察氯气的颜色、状态,闻闻其气味。(注意:闻气味的操作要求。)
2. 向氯气的集气瓶中倒入水并振荡,观察现象。

颜色	状态	气味	与水溶解性

可以看到,通常情况下,氯气(Cl_2)呈黄绿色,密度比空气大,具有强烈刺激性的有毒气体。在加压条件下,可转化为液态(称液氯)。氯气易溶于水,其水溶液称为氯水,氯水因溶有 Cl_2 而呈黄绿色。

探究氯气的化学性质

活动准备:氯气、铜丝、水、坩埚钳、有色纸条、集气瓶、酒精灯、火柴。
活动过程:
1. 用坩埚钳夹住一束铜丝,灼热后立即放入充满氯气的集气瓶中(瓶底放有少量细沙)。观察发生的现象。
   现象:_____。
2. 取干燥和湿润的有色纸条各一条,分别放入两个集气瓶中,然后依次通入氯气。过量的氯气用氢氧化钠溶液吸收。观察发生的现象。
   现象:_____。
   结论:_____。

可以看出,干燥的有色纸条没有褪色,而湿润的有色纸条却褪色了,原来,溶解于水的氯气部分与水发生反应,生成盐酸和次氯酸(HClO):

$$Cl_2 + H_2O == HCl + HClO$$

次氯酸是一种强氧化剂,能使有机色质和染料褪色,具有漂白作用。氯水也因为含有次氯酸而具有漂白作用。次氯酸的强氧化性还能杀死水里的细菌,目前,很多自来水厂用氯气来杀菌、消毒,我们偶尔闻到的自来水散发出来的刺激性气味就是余氯的气味。但次氯酸是很弱的酸,不稳定,见光易分解。

氯气与碱溶液起反应,生成次氯酸盐、盐酸盐和水:

$$Cl_2 + 2NaOH == NaClO + NaCl + H_2O$$

次氯酸盐在潮湿的空气里,能够与空气里的二氧化碳和水蒸气反应,转化为具有杀菌、漂白作用的次氯酸。由于次氯酸盐比次氯酸稳定,容易储运,所以常被作为消毒剂和漂白剂使用,例如市售漂白粉和漂白精的有效成分是次氯酸钙,84消毒液是一种以次氯酸钠为有效成分的高效消毒剂,广泛用于宾馆、旅游、医院、食品加工行业等的卫生消毒。

海水中的卤素

从海水中除得到氯外,还能得到溴、氟和碘。地球上 99% 以上的溴元素以 Br⁻ 的形式存在于海水中,所以溴元素被人们称为"海洋元素"。

碘也存在于海水中,但是含量相对于氯、溴、氟要少得多。碘可用于制造药物、染料、碘酒、试纸和碘化合物等。碘溶在酒精溶液里可制成杀菌力很强的碘酒,用碘和钨的化合物碘化钨制成的碘钨灯体积小、光色好、寿命长。碘还是人体中不可缺少的一种元素。

氟、氯、溴、碘具有相似的原子结构,最外层电子数都是 7 个,化学上把它们放在一起研究,称为卤族元素,简称卤素。卤素单质都是双原子分子,它们的物理性质有较大差别,常温下,氟和氯是气体,溴是液体,碘是固体。它们的颜色由浅到深,熔点和沸点依次升高。溴是深红棕色的液体,有刺激性恶臭味,易挥发。溴蒸气具有腐蚀性,并且有毒,所以溴应密闭保存。碘是紫黑色的固体,具有光泽。碘易溶解在四氯化碳中形成美丽的紫色溶液,但微溶于水。加热时碘升华为紫色蒸气,蒸气遇冷重新凝华为固体。

探究碘的性质

活动准备:碘水、碘、淀粉溶液、四氯化碳、蒸馏水、装有碘的密封玻璃管、滴管、试管、酒精灯、火柴。

活动过程:

1. 把碘加入到试管中,观察碘的颜色、状态和光泽。然后向试管中加入少量的蒸馏水,振荡,观察现象。再加入少量四氯化碳,振荡,静置后观察现象。

现象:＿＿＿＿＿＿＿＿＿＿＿＿＿＿＿＿＿＿＿＿＿＿＿＿＿＿＿＿。

2. 取装有碘的密封玻璃管,用酒精灯微热有碘的一端。观察玻璃管内发生的现象。

现象:＿＿＿＿＿＿＿＿＿＿＿＿＿＿＿＿＿＿＿＿＿＿＿＿＿＿＿＿。

3. 取约 5 mL 淀粉溶液于试管中,然后滴加几滴碘水。观察发生的现象。

现象:＿＿＿＿＿＿＿＿＿＿＿＿＿＿＿＿＿＿＿＿＿＿＿＿＿＿＿＿。

由上述实验可知,碘单质遇到淀粉反应后呈现出特殊的蓝色。碘的这一特性,可用于碘或淀粉的检验。

卤素的原子结构具有相似性,所以氟、溴、碘与氯的化学性质也有相似性,如都可与金属、非金属、水等起反应,但它们的氧化性强弱有所不同。随着核电荷数的增加,氟、氯、溴、碘的氧化性随着核电荷数的增加而减弱。

> 我国的自来水是采用氯气消毒,氯气先和水反应生成 HClO,HClO 具有氧化杀菌作用。

巩固练习

1. 下列物质中,能使有色布条褪色的是(　　)。
   A. 稀盐酸　　　　　B. 新制氯水　　　　C. 氯化钙溶液　　　　D. 生理盐水
2. 下列离子在海水中含量最多的是(　　)。
   A. 溴离子　　　　　B. 氯离子　　　　　C. 钙离子　　　　　　D. 镁离子
3. 下面物质中,可以从海水中直接得到的是(　　)。
   A. 碳酸钠　　　　　B. 氢氧化钠　　　　C. 氯化钠　　　　　　D. 氯气
4. 下列物质中属于纯净物的是(　　)。
   A. 氯水　　　　　　B. 盐酸　　　　　　C. 液氯　　　　　　　D. "84"消毒液
5. 氯水的 pH(　　)。
   A. >7　　　　　　　B. <7　　　　　　　C. =7　　　　　　　　D. 不确定
6. 近年来我国多次发生氯气泄漏事故,当大量氯气泄漏时,下列应对措施不正确的是(　　)。

A. 附近人员戴上用烧碱溶液浸湿的口罩躲到低洼处的水塘边
B. 附近人员用湿毛巾捂住口鼻,沿上风方向向高处转移
C. 消防人员先戴上防毒面具再进入现场
D. 消防人员向氯气泄漏处洒烧碱溶液

7. 自来水往往用少量 Cl_2 消毒,用自来水养金鱼时,通常先将自来水晒一段时间再注入鱼缸,目的是(   )。
A. 提高水温
B. 增加水中氧气的含量
C. 除去水中少量的次氯酸
D. 用紫外线杀死水中的细菌

科海拾贝 奇臭的液体——溴

溴的发现,曾有一段有趣的历史。1826 年,法国的一位青年波拉德,他很起劲地研究怎样从海藻中提取碘。他把海藻烧成灰,用热水浸取,再往里通进氯气,这时,就得到紫黑色的固体——碘的晶体。然而,奇怪的是,在提取后的母液底部,总沉着一层深褐色的液体,这液体具有刺鼻的臭味。这件事引起了波拉德的注意,他经过研究证明,这深褐色的液体,是一种人们还未发现的新元素。波拉德按照希腊文将之命名为"盐水"。波拉德把自己的发现通知了巴黎科学院。科学院把这新元素改称为"溴"。

波拉德的论文《海藻中的新元素》发表后,德国著名的化学家李比希对它进行了逐字逐句的推敲。读完后,利比息深感后悔,因为在几年前,他也做过和波拉德相似的实验,看到过这一奇怪的现象,但他并没有深入地钻研下去,只凭空地断定,这深褐色的液体只不过是氯化碘(ICl)——氯和碘形成的化合物。因此,他只是往瓶子上贴了一张"氯化碘"的标签就完了,从而失之交臂,没有发现这一新的元素。这件事后,李比希在科学研究工作中更为踏实,在化学上作出了许多贡献。他把那张"氯化碘"的标签小心地从瓶子上取下来,挂在床头,作为教训,并常把它拿给朋友们看,希望朋友们也能从中吸取教训。后来,李比希在自传中谈到这件事时,这样写道:"从那以后,除非有非常可靠的实验作根据,我再也不凭空地自造理论了。"

实训活动 神奇喷壶

活动准备 吸水性好的白纸、淀粉溶液、毛笔、碘酒、喷壶。

活动过程

1. 用淀粉溶液在纸上写字或画画,并晾干。
2. 把碘酒装入喷壶,对白纸进行喷洒。
3. 白纸上原来看不出的文字或图画会显现出来。

原理解释 碘遇到淀粉会显现出特殊的蓝色。

幼儿活动 淀粉变变变

活动准备 碘酒、淀粉溶液、土豆、红薯、面包、藕、馒头、萝卜、洋葱、豆腐、小喷壶、用米汤画好的示范画、盘子、滴管。

活动过程

1. 教师创设情境,出示事先准备好的淀粉画,用装有碘酒的喷壶喷洒,变魔术般的使纸上的图案显现出来,让幼儿猜测。
2. 教师揭秘,碘酒中的碘遇到米、面中的淀粉会变成蓝色。
3. 出示多种蔬菜,让幼儿猜测哪些会含有淀粉。
4. 幼儿动手操作,将碘酒滴到蔬菜切片上,观察其是否变色,并做好记录。
5. 幼儿展示记录表,交流结果。

原理解释 碘遇到淀粉变蓝,可以用碘酒或碘水来判断食物中是否含有淀粉。

第三节　海水中的钠和镁

日常炒菜时,偶有食盐撒到炉火上,会发生什么现象? 每到节日,人们都会燃放各种烟花,五彩缤纷,光耀夺目,烟花为什么会有各种各样的颜色呢?

海水中的钠

钠是海水中含量最高的金属元素,1千克海水中平均含有10.76克钠离子。从海水中可以得到大量的氯化钠,电解熔融的氯化钠,就可制得金属钠。

　　　　　探究金属钠的物理性质

活动准备:金属钠、小刀、滤纸、镊子、玻璃板。

活动过程:

1. 用镊子取一小块金属钠,用滤纸吸干表面的液体。观察表面的颜色。

现象:_____。

2. 用小刀切去一端的表层,观察表面颜色。

现象:_____。

钠是具有光泽的银白色金属,质地很软,可以用小刀切割。

钠原子最外层只有1个电子,在化学反应中很容易失去。因此,钠具有强还原性,化学性质非常活泼,能够和许多非金属及水发生反应。

　　　　　探究钠与氧气的反应

活动准备:金属钠、小刀、滤纸、镊子、玻璃板、坩埚、三脚架、泥三角、酒精灯、火柴。

活动过程:

1. 用小刀切去钠的表面,放置在空气中,观察表面的颜色的变化。

现象:_____。

2. 将一小块金属钠放在坩埚里,加热,观察现象。

现象:_____。

可以看到,暴露在空气中的钠,光亮的表面失去了光泽,变暗。这是由于金属钠与空气中的氧气化合,生成氧化物。

加热时,钠很快就熔化,在空气中燃烧,发出黄色火焰,生成淡黄色的过氧化钠。

$$2Na + O_2 \xrightarrow{\text{点燃}} Na_2O_2$$

　　　　　钠与水的反应

活动准备:金属钠、水、酚酞试液、小刀、滤纸、镊子、玻璃板、烧杯。

活动过程:

1. 向盛有水的烧杯中滴入几滴酚酞试液。

2. 切取绿豆大小的钠放入到烧杯中,观察现象。

现象:_____。

1. 钠投入到水中时,为什么会浮在水面上?
2. 反应中钠为什么会熔成一个小球?
3. 小球为什么会在水面上迅速游动,并发出"嘶嘶"的响声?
4. 反应后溶液颜色的变化说明反应后生成了什么物质?

通过对实验现象的观察和思考,我们可以得出:钠的密度比水小;钠的性质很活泼,与水发生剧烈反应并放出热量,使钠熔化成小球;反应后生成气体和碱性物质。

$$2NaOH + 2H_2O == 2NaOH + H_2\uparrow$$

实验室中我们如何保存钠,钠一旦着火,该如何来灭火?

钠可用作还原剂,将在国防工业上有重要用途的金属钛、锆、铌、钽等从其熔融的卤化物中还原出来。钠钾合金在室温下呈液态,是核反应堆的导热剂。钠可作电光源,高压钠灯发出的黄光射程远,穿雾能力强,用作路灯照度比高压水银灯高几倍。

海水中的镁

镁是海水中的一种常量元素,含量平均为1.29 g/kg,仅次于钠。海水是提取镁的一个重要资源,目前使用的镁60%来自海水。镁是银白色金属,密度为1.738 g/cm³,是轻金属之一,具有延展性及导电导热性,熔点较低,硬度较小。镁是一种较活泼的金属,具有较强的还原性,能在氧气中燃烧,还可以在氮气中燃烧。

镁是一种重要的金属材料。能与铜、铝、锡、锰、钛等形成许多合金(约含镁80%)。虽然镁合金的密度只有1.8 g/cm³左右,但硬度和强度都较大,因此被大量用于制造火箭、导弹和飞机的部件等。由于镁燃烧发出耀眼的白光,因此常用来制造信号弹和焰火。镁还用来制造照相和光学仪器等。镁肥能促使植物对磷的吸收利用,缺镁植物的生长就会趋于停滞。

焰色反应

我们在观察钠燃烧时,发现火焰呈黄色。很多金属或它们的化合物在灼烧时都会使火焰呈现特殊的颜色,这在化学上叫做焰色反应。

节日燃放的五彩缤纷的烟花,就是金属和金属化合物焰色反应所呈现的各种艳丽色彩。

表6-3-1 一些金属或金属化合物颜色反应的颜色

金属或金属离子	锂	钠	钙	锶	钡	铜
焰色反应的颜色	紫红色	紫色	砖红色	洋红色	黄绿色	绿色

不同的金属和它们的化合物在灼烧时都会使火焰呈现特殊的颜色。钠燃烧时为黄色,钾燃烧时为紫色,铜燃烧时为绿色,焰火就是各种金属化合物燃烧时所呈现的色彩。

巩固练习

1. 下列有关钠和镁的说法中,不正确的是(　　)。
   A. 电解熔融 NaCl 可以得到金属钠
   B. 金属钠和氧气反应,条件不同,产物不同
   C. 金属钠着火,可用水灭火
   D. 金属镁燃烧后会发出耀眼的白光,因此常用来制造信号弹和焰火

2. 将钠投入滴有石蕊的水中,下列有关现象的叙述中错误的是(　　)。
   A. 钠浮在液面上　　　　　　　　　　B. 有气体产生
   C. 水溶液变为红色　　　　　　　　　D. 钠熔成小球并在水面四处游动

3. 取一小块金属钠放在燃烧匙里加热,下列实验现象:①金属钠先熔化;②在空气中燃烧,放出黄色火花;③燃烧后得到白色固体;④燃烧时火焰为黄色;⑤燃烧后得到淡黄色固体。其中描述正确的是(　　)。
   A. ①②　　　　B. ①②③　　　　C. ①④⑤　　　　D. ④⑤

4. 钠应用于电光源是因为(　　)。
   A. 钠很软　　　　　　　　　　　　　B. 高压钠灯发出的黄光射程远,透雾力强
   C. 是一种强还原剂　　　　　　　　　D. 钠燃烧发出黄色火焰

5. 下列有关钠的物理性质的叙述中正确的是(　　)。
   ①银白色金属;②质软,可以用小刀切割;③熔点低于 100 ℃;④密度比水小;⑤热和电的良导体。
   A. ①②④　　　B. ①②③④　　　C. ①③④　　　D. ①②③④⑤

科海拾贝　**最轻的金属锂**

1817 年瑞典化学家阿尔弗德松发现了钠的近亲小妹——锂,它和钠一样是银白色的软金属,但比钠还轻,密度为 0.534 克/厘米^3,是最轻的金属。和钠一样化学性质非常活泼,见空气就氧化,遇水就激烈反应。由于它生性不安分,只好将它"禁闭"在石蜡中。

锂称得上是一个"多面手",在许多领域具有广泛的用途。含锂润滑剂被称为永久型、放心型润滑剂,汽车一些易磨损零件,只要加一次锂润滑剂,就可以用到汽车报废为止。铝锂合金比一般的铝合金更强、更韧、更轻,适于制造导弹、军用飞机、大型客机结构与蒙皮。锂质玻璃的光学性能、热稳定性好,电阻率高,介质损耗低,可用来制造电视显像管玻璃。锂在医药工业上主要用于制作治痛风病药,锂制剂对精神病、再生性障碍贫血症、癌症化疗引起的白细胞减少、周期性偏头痛及消化系统疾病都有良好的疗效。作为电子产品中的"幕后英雄"锂电池,与其他电池相比,它重量轻、体积小、工作电压高、寿命长、自放电率低、充放电快、对人体和环境无害,而且没有记忆效应,在充电前不必考虑电池中电是否用完,可随时充电。

幼儿活动　**美丽的焰火**

活动准备　焰火燃放的视频、制作烟花的视频、酒精灯、火柴、装有各种 60% 的乙醇盐溶液的小喷壶(NaCl、LiCl、SrCl$_2$、CuSO$_4$、BaCl$_2$、CaCl$_2$ 等)。

活动过程
1. 教师创设情境,播放燃放焰火的视频,激发幼儿的兴趣。
2. 提问为什么会有五颜六色的烟花,幼儿交流讨论。
3. 教师解释其中的原因,并现场演示实验。
4. 教师操作,点燃酒精灯,将装有各种盐溶液的喷壶依次向酒精灯的外焰喷洒液体,观察现象。
5. 播放烟花制作的视频,让幼儿了解烟花的制作过程。

原理解释　焰色反应。

第四节　神奇的非金属元素

现在道路两侧,小区广场到处可见太阳能路灯,太阳能电池板经过太阳光的照射,吸收太阳光并转换成电能,那么太阳能电池主要是什么材料制成的呢?

在已经发现的一百多种元素中,除稀有气体外,非金属元素只有16种。尽管非金属元素种类不多,但它们所起的作用却极其重要

无机非金属材料的主角——硅

硅在地壳中的含量为26.3%,仅次于氧。硅在自然界以氧化物和硅酸盐的形式存在,它们构成了地壳中大部分的岩石、土壤和沙子,约占地壳质量的90%以上。单质硅分为晶体硅和无定形硅。晶体硅是灰黑色、有金属光泽、硬而脆的固体。常温下化学性质稳定。单质硅的导电性介于导体和绝缘体之间,是目前应用广泛的半导体材料。主要用于制造太阳能电池、晶体管、各种集成电路(包括计算机的芯片和CPU)等。

二氧化硅(SiO_2)是硅最重要的化合物。天然存在的二氧化硅约占地壳质量的12%,其形式有结晶态和无定形态两类,统称为硅石。石英是结晶的二氧化硅,具有不同的晶型和色彩。具有彩色环带状或层状的称为玛瑙,而无色透明的晶体就是通常所说的水晶,若含有少量金属离子,就成为紫水晶、黄水晶等。普通的沙子含有小粒的石英晶体,黄沙含有较多的杂质,白沙则较纯净。

二氧化硅是正四面体网状结构,这样的结构使其具有高熔点、高沸点和高硬度,化学性质稳定。氢氟酸(HF)是唯一能够与其起反应的酸:

$$SiO_2 + 4HF = SiF_4\uparrow + H_2O$$

玻璃中含有二氧化硅,可以用氢氟酸来刻蚀玻璃。量筒、滴管等玻璃仪器上的刻度就是用此方法得来的。

二氧化硅与氢氧化钠可以反应,但非常缓慢,生成硅酸钠和水。化学方程式为:

$$SiO_2 + 2NaOH = Na_2SiO_3 + H_2O$$

实验室中盛装NaOH溶液的试剂瓶为什么用橡皮塞而不用玻璃塞?

古老的元素——硫

硫是一种重要的非金属元素,广泛存在于自然界。在火山喷口周围或地壳的岩层里存在有游离态的硫,化合态的硫主要以硫化物和硫酸盐的形式存在,如硫铁矿(FeS_2)、黄铜矿($CuFeS_2$)等。硫铁矿是分布最广泛的硫化物矿物,是提取硫和制造硫酸的主要原料。细胞中都含有硫,所以硫还是一种生命元素,这也正是石油、煤等化石燃料中经常含硫的原因。

单质硫俗称硫黄,通常为黄色晶体,质脆,不溶于水,易溶于二硫化碳。硫在橡胶、造纸、纺织、食品、火柴等工业以及农业中均有重要用途,特别是国防工业上用以制造各种炸药、发烟剂等。医疗上,硫还可用来制硫黄软膏医治某些皮肤病。

二氧化硫是硫最常见的氧化物,无色,有刺激性气味,有毒,密度比空气大,易溶于水。火山爆发及许多工业过程会产生二氧化硫,由于煤和石油通常都含硫,燃烧时也会释放二氧化硫。

感知二氧化硫的性质

活动准备：二氧化硫、石蕊试液、品红溶液、氢氧化钠溶液、水、水槽、胶塞、试管、试管夹、酒精灯、火柴。

活动过程：

1. 把收集满二氧化硫气体的试管倒置在水中，观察现象。待水面不再变化时，在水下用胶塞塞紧试管口，取出试管，取出约 5 mL 溶液于另一试管中，滴加石蕊试液，观察现象。

现象：_____。

2. 在原试管中保留约 5 mL 溶液，然后滴加少量品红溶液，振荡，观察现象。

现象：_____。

3. 继续加热试管，观察实验过程中发生的现象。

现象：_____。

结论：_____。

从实验可知，二氧化硫易溶于水，其水溶液能使石蕊试液变红，呈酸性。这是因为二氧化硫与水反应生成了亚硫酸，亚硫酸不稳定又会分解生成二氧化硫和水。

$$SO_2 + H_2O \rightleftharpoons H_2SO_3$$

二氧化硫还具有漂白性，能使品红溶液褪色，工业上就常用二氧化硫来漂白纸浆、毛、丝等，在食糖生产中也用二氧化硫漂白脱色。二氧化硫的漂白作用是由于它能与某些有色物质结合成无色物质，这种无色物质不稳定，容易分解而使有色物质恢复原来的颜色，因此用二氧化硫漂白过的纸张日久会发黄。一些不法厂商非法用二氧化硫漂白食品，这样的食品对人体的肝、肾脏等有严重损伤。

工业上用二氧化硫生产硫酸。硫酸是基本化学工业中重要的产品之一，不仅作为许多化工产品的原料，而且还广泛地应用于造纸、纺织、化肥、染料、制药等工业。

生命元素——氮

氮普遍存在于有机体中，是组成蛋白质、核酸等生命物质的重要元素之一。除土壤中含有一些铵盐、硝酸盐外，自然界无机形式的氮主要以单质分子氮气形态存在空气中，氮气占空气体积的 78%。氮以无机化合物形式存在于自然界是很少的。

纯净的氮气（N_2）是一种无色无味的气体，密度比空气稍小，在水中的溶解度很小。液氮可提供低温环境作冷冻剂，用于做手术、保存精子、食品速冻等。氮气的结构很稳定，化学性质很不活泼，通常情况下很难和其他物质发生化学反应，常用作保护气。如把氮气填充在灯泡里，可防止钨丝的氧化和减慢钨丝的挥发速度，延长灯泡的使用寿命；用它来代替惰性气体作焊接金属时的保护气；氮气可用于保存粮食、水果蔬菜等农副产品；在博物馆里，常将一些珍贵的书画保存在充满氮气的圆筒里，以防虫蛀和氧化。

氮气虽不活泼，但特定条件下，也能发生反应。在高温、高压和催化剂作用下，氮气与氢气可化合为氨气：

$$N_2 + 3H_2 \xrightleftharpoons[\text{催化剂}]{\text{高温高压}} 2NH_3$$

在雷雨交加的雨天，空气中的氮气与氧气可以直接化合生成无色、难溶于水的一氧化氮气体。一氧化氮气体在常温下与空气中的氧气迅速化合，生成红棕色的、有刺激性气味的二氧化氮气体。二氧化氮气体溶解于水时与水反应生成硝酸和一氧化氮。生成的硝酸随雨水淋洒到地面上，与土壤中的矿物作用，形成能被植物吸收的硝酸盐，这样就使土壤从空气中得到氮，促进植物的生长。

$$N_2 + O_2 \xrightarrow{\text{放电}} 2NO$$

$$2NO + O_2 = 2NO_2$$

$$3NO_2 + H_2O = 2HNO_3 + NO$$

氮是组成动植物体内蛋白质的重要成分之一,但大多数植物及高等动物不能直接吸收氮。将游离态氮转变为化合态氮的方法,叫做氮的固定。豆科植物的根部利用根瘤菌,能把空气中的氮气转化为含氮化合物供植物利用,所以这类植物的种子含有丰富的蛋白质。通过特定条件下的化学反应也能够进行固氮,如把氮气转变成为化合态的氨、硝酸等,它们做成化肥可以被植物吸收利用,经食物链供给动物和人类营养。

硫氮氧化物对大气的污染

现在人们对空气的质量越来越关注,在空气质量报告的各项指标中,有二氧化硫和二氧化氮的指数。它们是从哪儿来的?为什么要选择这两种污染物呢?

煤、石油、天然气等化石燃料及一些矿物中含硫或硫的化合物,所以在燃烧或冶炼金属时,往往会生成二氧化硫,这是大气中二氧化硫的主要来源。在机动车内燃机工作时的高温条件下,空气中的氮气也会参加反应,导致汽车尾气中含有一氧化氮,它是氮氧化物的主要来源。生产硫酸、硝酸等的工厂排出的废气中也释放出可观量的二氧化硫和氮氧化物。

二氧化硫和二氧化氮是主要的大气污染物之一。它们能直接危害人体健康,引起呼吸道疾病。氮氧化物(NO_x)能破坏臭氧层,还易导致光化学烟雾的形成。此外,大气中的二氧化硫和二氧化氮在水、尘埃颗粒物等的共同作用下,二氧化硫转化为硫酸,二氧化氮转化为硝酸,从而导致酸雨。目前,我国已成为仅次于欧洲和北美的第三大酸雨区。

因此,必须加大新型清洁能源的开发利用,提高化石燃料的利用率,对工业废气进行回收处理,防止二氧化硫、二氧化氮等污染大气,并充分利用原料,实现可持续发展。

> 硅是最理想的太阳能电池材料,目前市场上80%以上的太阳能电池都是用硅制成的,其中单晶硅太阳能电池转换效率最高,技术也最为成熟。

巩固练习

1. 目前使用量最大的半导体材料是_____,造成酸雨污染的主要气体是_____和_____。
2. 下列物品:水晶镜片、二极管、玛瑙手镯、石英钟表、硅太阳能电池、光导纤维、计算机芯片。用到硅单质的是_____;用到 SiO_2 的是_____
_____。
3. 下列变化中,不属于化学变化的是(　　)。
   A. 二氧化硫使品红溶液褪色　　　　　　B. 氯水使有色布条褪色
   C. 活性炭使红墨水褪色　　　　　　　　D. 臭氧使染料褪色
4. 氮是蛋白质的基本组成元素之一,所有生物体均含蛋白质,氮循环涉及生物圈的全部领域,以下关于氮被生物体吸收的途径正确的是(　　)。
   A. 氮含量在大气中高达78%,可被生物体直接利用
   B. 动物以植物为食可获得氮并转化为动物蛋白
   C. 所有植物都具有生物固氮作用,其根部根瘤菌可使氮气转变成硝酸盐而被植物吸收
   D. 动物死亡后,遗骸中蛋白质被微生物分解后又回到土壤和水体中,被植物再次吸收
5. 下列物质中放入干燥品红试纸,不会褪色的是(　　)。
   A. NaClO 溶液　　　B. 氯水　　　　　　C. 亚硫酸　　　　　D. 氯气
6. 常温常压下,下列各组气体不能共存的是(　　)。
   A. N_2 和 O_2　　　B. NO 和 O_2　　　C. NO 和 NO_2　　　D. NO_2 和 O_2

 酸雨的危害

活动准备　用硫酸配制的"酸雨"(pH=4～5)、植物(小草)、铁丝、石灰石、胶头滴管。

活动过程

1. 每天准时向植物滴入 10 滴"酸雨",铁丝、石灰石分别用"酸雨"浸泡。
2. 在一定时间内,看有没有异状发生,即可知道"酸雨"对不同物质的影响。
3. 每天仔细观察并记录好每一时期(可 5 天为一周期)各物质的现象,并进行归纳总结。

原理 酸雨对植物的芽、叶的生长有害,影响其正常发育,它还会腐蚀各种建筑材料、金属材料。

幼儿活动 讨厌的废气

活动准备 大气污染造成危害的图片一张、用塑料袋收集好的汽车尾气一袋、两盆花。

活动过程

1. 幼儿参观马路,在马路上你看到了什么?在马路上你闻到了什么味道?有什么感觉?
2. 回园后,幼儿交流自己知道的有关汽车的问题。汽车冒的烟好不好?

(在马路上你看到了什么?汽车从你身边经过的时候,你闻到了什么味道?闻到这样的味道你有什么感觉?幼儿说说大气污染给人类带来的危害。)

3. 教师出示图片让幼儿观察大气污染给人类带来的危害有哪些。
4. 废气实验。将收集好的汽车尾气塑料袋和空塑料袋分别罩在两盆花上,用绳子绑紧袋口。指导幼儿观察花的变化。(大约 4 小时后,叶子变蔫,花的颜色不鲜艳了。)
5. 小结:让我们身边的人都加入保护环境的行列中来,看到有人在做危害环境的事情我们应及时阻止。

第七章

种类繁多的有机化合物

有机化合物是生命产生的物质基础,如脂肪、氨基酸、蛋白质、糖、血红素、叶绿素、酶、激素等,生物体内的新陈代谢和生物的遗传现象,都涉及有机化合物的转变。此外,许多与人类生活有密切关系的物质,例如石油、天然气、棉花、染料、化纤、天然和合成药物等,均属有机化合物。

第一节　古老的酒与醋

自己在家做的葡萄酒或米酒,有些时候会变酸,为什么会出现这种情况?

酿酒和造醋是古代劳动人民的智慧结晶,也是日常生活中常见的有机物。

乙醇

　　　　　　　　　探究乙醇的物理性质

活动准备:乙醇、蒸馏水、碘单质、小烧杯、玻璃棒、药匙、铅笔。

活动过程:
1. 观察乙醇的颜色、状态和气味。(注意:闻气味的操作要求)
2. 把水、碘单质分别放在装有乙醇的烧杯中,观察溶解性。
3. 把少量的乙醇涂抹在手背上,体会感受。

颜色	状态	气味	与水溶解性	与碘溶解性	少量涂在手背上

酒里的最主要的成分是酒精(学名是乙醇)。

乙醇是无色、透明,具有特殊香味的液体。密度比水小,为 0.789 g/cm³,沸点 78.4 ℃,易挥发,蒸气能与空气形成爆炸性混合物。乙醇能跟水以任意比互溶,和其他多数有机溶剂混溶,是一种重要的溶剂。

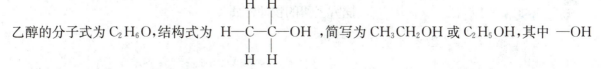

基团为羟基。羟基比较活泼,它决定着乙醇的主要性质。

乙醇在空气中燃烧,发出淡蓝色的火焰,生成二氧化碳和水,并放出大量的热。它可以作燃料使用,由于燃烧时生成二氧化碳和水,所以对空气无污染,是清洁能源。

$$C_2H_5OH + 3O_2 \xrightarrow{点燃} 2CO_2 + 3H_2O$$

乙醇能使蛋白质变性。70%~75%的酒精可用于消毒。这是因为,过高浓度的酒精会在细菌表面形成一层保护膜,阻止其进入细菌体内,难以将细菌彻底杀死。若酒精浓度过低,虽可进入细菌,但不能将其体内的蛋白质凝固,同样也不能将细菌彻底杀死。

乙醇易挥发,25%~50%的酒精可用于物理退热。高烧患者可用其擦身,达到降温的目的。因为用酒精擦拭皮肤,能使患者的皮肤血管扩张,增加皮肤的散热能力,挥发时能吸收并带走大量的热,使症状缓解。但酒精浓度不可过高,否则可能会刺激皮肤,并吸收表皮大量的水分。

常见的醇

1. 甲醇

甲醇是最简单的醇,结构简式为 CH_3OH,是无色有酒精气味易挥发的液体,有毒,误饮 5~10 mL 能双目失明,大量饮用会导致死亡。工业酒精中大约含有 4% 的甲醇,不法分子当作食用酒精制作假酒,人饮用后,就会产生甲醇中毒。

把甲醇添加在汽油里,制成清洁甲醇汽油应用于各种汽油发动机,可以在不改变现行发动机结构的条件下,替代成品汽油使用,并可与成品油混用。甲醇混合燃料的热效率、动力性、启动性、经济性良好,具有降低排放、节省石油、安全方便等特点。

2. 丙三醇

丙三醇又称甘油,结构式为 $\begin{array}{c} CH_2-OH \\ | \\ CH-OH \\ | \\ CH_2-OH \end{array}$,分子式为 $C_3H_8O_3$。无色、无臭、有甜味的黏性液体,是化工生产的产品,有良好的吸水性,常用来做化妆品的添加原料。甘油的良好吸水性是双向的,可以从空气中吸收水分为皮肤保湿,也可以从皮肤中吸收水分,因此甘油不适合在长期气候干燥的环境下使用。

3. 木糖醇

木糖醇广泛存在于果品、蔬菜、谷类、蘑菇之类食物和木材、稻草、玉米芯等植物中,是一种天然植物甜味剂,其甜度可达到蔗糖的 1.2 倍,为白色晶体或白色粉末状晶体;可用作口香糖、巧克力、硬糖等食品的甜味剂。

木糖醇入口后往往伴有微微的清凉感,这是因为它易溶于水,并在溶解时会吸收一定热量。食用木糖醇不会引起龋齿,在一定程度上也有助于牙齿的清洁度,但是过度的食用也有可能带来腹泻等副作用。

乙酸

乙酸俗称醋酸。食醋中含有 3%~5% 的乙酸。纯的无水乙酸,是有强烈刺激性气味的无色液体,在略低于温度 16.6 ℃ 时,能够凝结为一种具有腐蚀性的冰状晶体,故常称为冰醋酸。

乙酸分子式为 $C_2H_4O_2$,结构式为 $\begin{array}{c} H\ \ O \\ | \ \ \| \\ H-C-C-OH \\ | \\ H \end{array}$,结构简式为 CH_3COOH。—COOH 基团为羧基,

乙酸是一种简单的羧酸,是一种重要的化学试剂。

 探究乙酸的物理性质

活动准备:乙酸、蒸馏水、乙醇、小烧杯、玻璃棒。

活动过程:
1. 观察乙酸的颜色、状态和气味。(注意:闻气味的操作要求)
2. 把乙酸分别倒入装有水、酒精放在的烧杯中,观察溶解性。

颜色	状态	气味	与水溶解性	与酒精溶解性

1. 乙酸的酸性

乙酸的酸性

活动准备:紫色石蕊、Na_2CO_3 粉末、乙酸溶液、试管、药匙。
活动过程:
  根据给出的药品和仪器,设计实验,观察现象,得出结论。
  1. ＿＿＿＿＿＿＿＿＿＿＿＿＿＿＿＿＿＿＿＿＿＿＿＿＿＿＿＿＿。
  现象＿＿＿＿＿＿＿＿＿＿＿＿＿＿＿＿＿＿＿＿＿＿＿＿＿＿＿＿＿。
  2. ＿＿＿＿＿＿＿＿＿＿＿＿＿＿＿＿＿＿＿＿＿＿＿＿＿＿＿＿＿。
  现象＿＿＿＿＿＿＿＿＿＿＿＿＿＿＿＿＿＿＿＿＿＿＿＿＿＿＿＿＿。
  结论:＿＿＿＿＿＿＿＿＿＿＿＿＿＿＿＿＿＿＿＿＿＿＿＿＿＿＿＿＿。

实验表明,乙酸是一种弱酸,酸性强于碳酸。

2. 乙酸的酯化反应

白酒中除了酒精还会含有少量的乙酸,红烧鱼时加入的酒和醋,它们都发生酯化反应,生成了具有香味的乙酸乙酯,所以酒和鱼的味道会变得醇正鲜美。

在一支试管中加入 3 mL 乙醇,然后边振荡试管边慢慢加入 2 mL 浓硫酸和 2 mL 乙酸;按图 7-1-1 连接好装置,用酒精灯缓慢加热,将产生的蒸汽经导管通到饱和碳酸钠溶液的液面上,观察现象。

可以看到,液面上有透明的不溶于水的油状液体产生,并能闻到香味。这种香味的液体叫做乙酸乙酯,该反应如下

图 7-1-1 生成乙酸乙酯的反应

$$CH_3COOH + C_2H_5OH \underset{\triangle}{\overset{浓硫酸}{\rightleftharpoons}} CH_3COOC_2H_5 + H_2O$$

乙酸乙酯是酯类物质的一种。这种酸与醇反应生成酯和水的反应,叫**酯化反应**。酯化反应是可逆反应,反应物不能完全变成生成物。反应进行得比较缓慢,为了提高反应速率,一般加入浓硫酸做催化剂,并加热。

酯化反应的产物是酯。酯类都难溶于水,易溶于乙醇和乙醚等有机溶剂,密度一般比水小。低级酯是具有芳香气味的液体,存在于各种水果和花草中。例如,乙酸乙酯存在于酒、食醋;乙酸异戊酯存在于香蕉、梨等水果中;菠萝中含有丁酸乙酯。

3. 乙酸的用途

醋酸是重要的有机化工原料之一,它在有机化学工业中处于重要地位。醋酸广泛用于合成纤维、涂料、医药、农药、食品添加剂、染织等工业,是国民经济的一个重要组成部分。食用冰醋酸可作酸味剂、增香剂,常用于番茄调味酱、蛋黄酱、醉米糖酱、泡菜、干酪、糖食制品等。家庭中,乙酸稀溶液常被用作除垢剂。

因为空气中存在着醋酸菌,酒与空气接触时,醋酸菌便乘机进入酒中,在醋酸菌和氧气的作用下,酒精被氧化成醋酸。尤其是啤酒、果酒更容易酸败成醋。所以,最好将酒用容器(比如玻璃罐)密封,做好后放冰箱冷藏,并尽快食用完毕。

 巩固练习

1. 下列各组液体混合物,用分液漏斗可以分开的是( )。
　A．乙醇和醋酸　　　　　　　　　　B．甘油和水
　C．乙醇和水　　　　　　　　　　　D．水和乙酸乙酯

2. 下列关于乙酸的说法中正确的是( )。
　A．乙酸是一种重要的有机酸,是具有刺激性气味的液体
　B．清洗大理石的建筑物用醋酸溶液
　C．酸能使石蕊试液变色,其酸性弱于碳酸
　D．它的晶体里有冰,所以称为冰醋酸

3. 以下是一些常用的危险品标志,装运乙醇的包装箱应贴的标志类型是( )。

　　A．　　　　　　　B．　　　　　　　C．　　　　　　　D．

4. 禁止使用工业酒精配制料酒,这是因为酒精中常含有少量会使人中毒的( )。
　A．乙醇　　　　B．甲醇　　　　C．油脂　　　　D．丙醇

5. 炒菜时,加酒加醋可使菜变得味香可口,原因是( )。
　A．有盐类物质生成　B．有酸类物质生成　C．有醇类物质生成　D．有酯类物质生成

6. 下列关于乙醇的物理性质的叙述中,错误的是( )。
　A．能与水任意比例互溶　　　　　　B．可溶解多种无机物和有机物
　C．密度比水小　　　　　　　　　　D．沸点比水高

7. 某课外活动小组利用白酒、食醋、蔗糖、淀粉等家庭厨房中常用的物质,进行有趣的化学反应原理验证。利用这些物质不能完成的实验是( )。
　A．检验自来水中是否含氯离子　　　B．鉴别食盐和碱面
　C．蛋壳能否溶于酸　　　　　　　　D．水壶中的水垢能否溶于酸

8. 通过商品标签或网络,查阅酒类饮料中的酒精含量。

科海拾贝　醋的由来

传说古代的山西省运城有个叫杜康的人发明了酒,他儿子黑塔也跟杜康学会了酿酒技术。后来,黑塔率族移居现江苏省镇江。在那里,他们酿酒后觉得酒糟扔掉可惜,就存放起来,在缸里浸泡。到了二十一日的酉时,一开缸,一股从来没有闻过的香气扑鼻而来。在浓郁的香味诱惑下,黑塔尝了一口,酸甜兼备,味道很美,便储藏着作为"调味浆"。黑塔就把二十一日加"酉"字来命名这种酸水叫"醋"。

实训活动　固体酒精

活动准备　无水乙醇、硬脂酸、氢氧化钠、水、量筒、天平、烧杯、药匙、玻璃棒、60℃的热水。

活动过程

1. 在烧杯中倒入 250 mL 无水乙醇,并加入 25 g 硬脂酸。
2. 在另一个烧杯中加入 6 g 氢氧化钠,并加入少量水使之溶解。

3. 将1和2两个烧杯都放到60℃的水浴中加热,使硬脂酸逐渐溶于无水乙醇,成为无色、透明的溶液。

4. 将氢氧化钠溶液倒入盛有无水乙醇和硬脂酸溶液的烧杯中,不断搅拌,使其充分混合。随着温度的降低,混合物慢慢凝固,固体酒精就形成了。

原理解释 硬脂酸与氢氧化钠反应生成的硬脂酸钠,在较高的温度下,均匀地分散在液体酒精中,冷却后形成凝胶体系,使酒精凝固,形成了固体状态的酒精。

苏打喷泉

活动准备 塑料盖的瓶子、吸管、胶带、白醋、小苏打、水、纸、笔。

活动过程

1. 教师演示:在瓶盖上插入吸管,吸管离瓶底距离约2 cm。在塑料瓶中倒入30 mL的水,并加入50 mL的醋。瓶内放入两勺小苏打,迅速将瓶盖盖上。

2. 分组活动:幼儿自主探究做喷泉实验,并记录实验过程。

	使用药品的量		
	水	醋	小苏打
第一次			
第二次			
第三次			

原理解释 小苏打是碳酸氢钠,碳酸氢钠会与酸反应生成大量的二氧化碳气体。

第二节 身体里的营养素

生病的人身体虚弱,医生往往会给他注射葡萄糖液体。葡萄糖是什么,为什么要注射葡萄糖?

食物中的营养物质主要有糖类、油脂、蛋白质、维生素、无机盐和水,通常称为营养素。它们能保障身体生长发育、维护生理功能、供给机体所需的热能。

糖类——生命的基础能源

糖类是绿色植物光合作用的产物,是动植物所需能量的主要来源。它广泛分布在自然界,日常食用的蔗糖、粮食中的淀粉、植物体中的纤维素、人体血液中的葡萄糖等均属糖类,表7-2-1是日常食物的含糖量。

表7-2-1 日常食物含糖量表

含糖量	食物	含糖量	食物
3%	大白菜、青菜心、韭黄、豌豆苗、茄子、酸菜、豆腐	18%～20%	香蕉、红果、甘蔗、哈密瓜
7%～8%	香菜、毛豆、黄胡萝卜、红胡萝卜、葱头、樱桃、柠檬	50%～60%	切面、烙饼、油饼、巧克力、
11%～12%	柿子、沙果、橘子、梨、橄榄、柿饼	70%～80%	米、面、玉米面、蜜枣
14%～17%	荔枝、山药、苹果、土豆、石榴、西瓜子、豌豆	85%	粉条、粉丝

糖类是由C,H,O 3种元素组成的一类有机化合物,也叫碳水化合物。根据能否水解以及水解产物的多少可以分为单糖(如葡萄糖和果糖)、双糖(如蔗糖和麦芽糖)和多糖(如淀粉和纤维素)。

1. 葡萄糖

葡萄糖是自然界分布最广且最为重要的一种单糖(不能水解成更简单的糖)。葡萄、无花果等甜果及蜂蜜中,游离的葡萄糖含量较多。正常人血浆中葡萄糖含量为 70～100 mg/100 mL,称为血糖。它是生物体内新陈代谢不可缺少的营养物质。它氧化反应放出的热量是人类生命活动所需能量的重要来源。葡萄糖是白色晶体,能溶于水,有甜味。它的分子式是 $C_6H_{12}O_6$,结构式为 $CH_2OH—CHOH—CHOH—CHOH—CHOH—CHO$

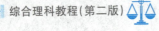

探究葡萄糖的性质

活动准备:10%葡萄糖溶液、2%$AgNO_3$ 溶液、2%氨水、10%NaOH 溶液、烧杯、试管、热水、酒精灯、火柴、试管夹、玻璃棒、药匙。

活动过程:

1. 在一支洁净的试管里配 1 mL $AgNO_3$ 溶液,一边摇动试管,一边逐滴加入 2%氨水,至最初产生的沉淀恰好溶解;再加入 1 mL 10%葡萄糖溶液,然后在热水浴中加热 3～5 min,观察现象。

现象:_____。

2. 在试管里加入 2 mL 10%NaOH 溶液,滴加 5 滴 5%$CuSO_4$ 溶液,再加入 2 mL 10%葡萄糖溶液,加热,观察现象。

现象:_____。

葡萄糖在碱性、加热条件下,能与银氨溶液反应析出银;在加热条件下,也可以与新制的氢氧化铜反应产生砖红色沉淀。用上述反应可以检验葡萄糖。

2. 蔗糖和麦芽糖

蔗糖和麦芽糖是最重要的双糖,它们的分子式都是 $C_{12}H_{22}O_{11}$,但结构不同。蔗糖是无色晶体,溶于水,是重要的甜味食物。存在于不少植物体内,以甜菜和甘蔗中含量最丰富,平时使用的白糖、红糖、冰糖都是蔗糖。麦芽糖是白色晶体,易溶于水,有甜味,但不如蔗糖甜,也用作甜味食物。通常食用的饴糖(如高粱饴糖),其主要成分就是麦芽糖。中国古老民间艺术——吹糖人、画糖画,所用的糖稀就是用麦芽糖和蔗糖熔化所得。它们在一定条件下均可以发生水解反应,生成两分子单糖:

$$C_{12}H_{22}O_{11}(蔗糖) + H_2O \xrightarrow{催化剂} C_6H_{12}O_6(葡萄糖) + C_6H_{12}O_6(果糖)$$

$$C_{12}H_{22}O_{11}(麦芽糖) + H_2O \xrightarrow{催化剂} 2C_6H_{12}O_6(葡萄糖)$$

3. 淀粉和纤维素

淀粉是植物体中贮存的养分,贮存在种子和块茎中。淀粉是白色、无气味、无味道的粉末,不溶于冷水。但在热水中会吸水膨胀而变成具有黏性的半透明胶体溶液,形成糊浆状,叫做淀粉的糊化。烹调中的勾芡利用了淀粉的糊化作用,使菜肴包汁均匀,既防止营养成分破坏,又避免动物蛋白焦糊而产生的有害物质。淀粉还具有遇碘变蓝的特性。

淀粉的糊化

活动准备:淀粉、水、烧杯、玻璃棒、药匙、酒精灯、火柴、石棉网、三脚架。

活动过程:

1. 观察淀粉,取少量淀粉放入烧杯中,加入适量的水用玻璃棒搅拌。

现象:_____;

2. 将烧杯加热,用玻璃棒不断搅拌。

现象:_____。

纤维素是植物细胞壁的主要成分,是白色、无气味、无味道具有纤维状结构的物质。纤维素是自然界中分布最广、含量最多的一种多糖,占植物界碳含量的50％以上。棉花的纤维素含量接近100％,为天然的最纯纤维素来源。常温下,它是比较稳定的,不溶于水和一般的有机溶剂,如酒精、乙醚等。人类膳食中的纤维素主要含于蔬菜和粗加工的谷类中,虽然不能被消化吸收,但有促进肠道蠕动,吸附大量水分,增加粪便量,利于粪便排出等功能,使致癌物质在肠道内的停留时间缩短,从而可以预防肠癌发生。

淀粉和纤维素是最重要的多糖,它们的通式是$(C_6H_{10}O_5)_n$,但分子里所包含的单糖单元$(C_6H_{10}O_5)$的数目不同,即n值不同。淀粉的n值从几百个到几千个,相对分子质量为几万至几十万;纤维素的n值约为几千,相对分子质量为几十万至百万,它们都是天然有机高分子化合物。它们在一定条件下都可以逐步水解生成一系列比淀粉分子小的化合物,最终生成具有还原性的单糖——葡萄糖。淀粉在人体内也进行水解,人们在咀嚼米饭或馒头时,一部分淀粉受唾液所含淀粉酶的催化作用,开始水解生成麦芽糖。

油脂——重要的体内能源

油脂属于特殊结构的酯类化合物,是油和脂肪的统称。人们通常把来源于植物、在常温下呈液态的油脂称为油,如花生油、芝麻油、蓖麻油;把来源于动物、在常温下呈固态的油脂称为脂肪,如猪脂、牛脂、羊脂。油脂是人类重要的营养物质之一。人体中的脂肪占体重的10％～20％。油脂是食物组成的重要部分,也是产生能量最高的营养物质。1 g油脂在人体内完全氧化可产生39.3 kJ的热能,远高于糖类和蛋白质。正常情况下,每人每天需进食50～60 g脂肪,占日需总热量的20％～25％。油脂也是维生素A,D,E,K等许多生物活性物质的良好溶剂。

脂肪在人体内的化学变化主要是在催化下,进行水解,生成甘油(丙三醇)和高级脂肪酸,然后再分别进行氧化分解,释放能量。油脂同时还有保持体温和保护内脏器官的作用。油脂增加食物的滋味,增进食欲,保证机体的正常生理功能。摄入过多脂肪,可能引起肥胖、高血脂、高血压,也可能会诱发乳腺癌、肠癌等恶性肿瘤,因此在饮食中要注意控制油脂的摄入量。

油脂均为混合物,无固定的熔沸点,比水轻,难溶于水,易溶于汽油、乙醚等有机溶剂。油脂在碱性溶液中水解发生皂化反应,生成甘油和高级脂肪酸盐。高级脂肪酸盐通常称作肥皂。工业上就是利用皂化反应来制取肥皂的。油脂还广泛用在医药工业中,如蓖麻油一般用做泻药,麻油则用作膏药的基质原料。

蛋白质——生命的基础

蛋白质是生命的物质基础,没有蛋白质就没有生命。因此,它是与生命及与各种形式的生命活动紧密联系在一起的物质。动物的肌肉、皮肤、毛发、蹄、角等的主要成分都是蛋白质。植物的种子里也含有丰富的蛋白质,一切重要的生命现象和生理机能,都与蛋白质密切相关,如在生物新陈代谢中起催化作用的酶,起调节作用的激素,运输氧气的血红蛋白,引起疾病的细菌、病毒,抵抗疾病的抗体,都含有蛋白质。

1. 蛋白质的组成

蛋白质主要由碳、氢、氧、氮4种化学元素组成,多数蛋白质还含有硫和磷,有些蛋白质还含有铁、铜、锰、锌等矿物质。蛋白质的相对分子质量很大,从几万到几千万,属于天然的有机高分子化合物。它的结构非常复杂,在酸、碱或酶的作用下能发生水解,最终生成氨基酸,所以说氨基酸是蛋白质的基石。

2. 蛋白质的性质

蛋白质在水中的溶解性不同,有的能溶于水,如鸡蛋白;有的难溶于水,如丝、毛等。蛋白质除了能水解为氨基酸外,还能发生盐析、变性和颜色反应等。

(1) 蛋白质的盐析 向蛋白质溶液中加入某些浓的无机盐溶液后,可以使蛋白质凝聚而从溶液中析出,这种作用叫盐析。这样析出的蛋白质仍然可以溶解在水中,而不影响原来蛋白质的性质。因此,盐析是一个可逆的过程。利用这个性质,可以采用多次盐析的方法来分离和提纯蛋白质。

蛋白质的盐析实验

活动准备:鸡蛋清溶液、饱和硫酸钠溶液、蒸馏水、试管

活动过程:

1. 在盛有鸡蛋白溶液的试管里,缓慢地加入饱和硫酸钠溶液。

现象:＿＿＿＿＿＿＿＿＿＿＿＿＿＿＿＿＿＿＿＿＿＿；

2. 将少量带有沉淀的液体加入盛有蒸馏水的试管里。
   现象：＿＿＿＿＿＿＿＿＿＿＿＿＿＿＿＿＿＿＿。

(2) **蛋白质的变性** 蛋白质受热到一定温度就会发生不可逆的凝固，凝固后不能在水中溶解，这种变化叫做变性。除了加热以外，在紫外线、X射线、强酸、强碱、铅、铜、汞等重金属的盐类，以及一些有机化合物如甲醛、酒精、苯甲酸等作用下，蛋白质均能发生变性。蛋白质变性后，不仅丧失了原有的可溶性，同时也失去了生理活性。蛋白质的这一性质在生活中有许多实际的应用。

蛋白质的变性实验

活动准备：鸡蛋清溶液、乙酸铅溶液、蒸馏水、试管、试管夹、酒精灯、火柴。

活动过程：
1. 在两支试管里各加 3 mL 鸡蛋白，其中一支试管加热，另一支试管里加入少量乙酸铅溶液。
   现象：＿＿＿＿＿＿＿＿＿＿＿＿＿＿＿＿＿＿＿；
2. 把两支试管中的生成物分别放入两支盛有蒸馏水的试管里，观察沉淀是否溶解。
   现象：＿＿＿＿＿＿＿＿＿＿＿＿＿＿＿＿＿＿＿。

在生活中是如何利用蛋白质的变性的？
① 在生物实验室中用什么试剂来保存生物标本？
② 如果不小心割破了手，在伤口处应涂什么药品？
③ 在医院里有哪些消毒方法？
④ 在农业上用硫酸铜溶液、生石灰和水制成波尔多液，用来防治病虫害。为什么波尔多液可以防治病虫害？
⑤ 口腔量体温时，不小心将体温计咬碎，水银进入胃内，应该如何急救？

(3) **颜色反应** 鸡蛋清溶液遇浓硝酸颜色变黄。蛋白质可以跟许多试剂发生特殊的颜色反应。在使用浓硝酸时，如不慎溅到皮肤上，皮肤会显黄色，就是由于浓硝酸与蛋白质发生了颜色反应的缘故。此外，蛋白质被灼烧时，产生具有烧焦羽毛的气味。

颜 色 反 应

活动准备：鸡蛋清溶液、浓硝酸、试管、酒精灯、火柴、试管夹。

活动过程：
在盛有 2 mL 鸡蛋白溶液的试管里，滴入几滴浓硝酸，微热，观察现象。
现象：＿＿＿＿＿＿＿＿＿＿＿＿＿＿＿＿＿＿＿。

蛋白质不仅是重要的营养物质，而且在工业上也有广泛的用途。动物的毛和蚕丝的成分都是蛋白质，它们是重要的纺织原料。

> 葡萄糖是人体中的营养素，可以补充能量。病人食欲不佳，体质极度虚弱，为保证身体基础代谢热量的需要，通过静脉输给葡萄糖，可以帮助补充能量和体液。

巩固练习

1. 下列说法正确的是( )。
　　A. 糖类、油脂、蛋白质都能发生水解反应
　　B. 糖类、油脂、蛋白质都是由 C，H，O 3 种元素组成的
　　C. 糖类、油脂、蛋白质都是高分子化合物
　　D. 油脂有油和脂肪之分，但都属于酯

2. 下列物质中相对分子质量最大的是( )。
　　A. 麦芽糖　　　　B. 蔗糖　　　　C. 纤维素　　　　D. 淀粉

3. 下列关于油脂的叙述中，不正确的是( )。
　　A. 油脂要适量摄入　　　　　　　　B. 油脂没有固定的熔点、沸点
　　C. 油脂可以发生皂化反应　　　　　D. 油脂是纯净物

4. 不属于变性蛋白质特性的是( )。
　　A. 溶解度增加　　B. 丧失生理活性　　C. 颜色发生改变　　D. 不可逆的凝固

5. 如果家里买了 5 L 油，估计可用两个月。现有以下几种方法，你认为哪种最好？你会建议家长如何使用？
　　(1) 把多次炸过食物的油倒入小盆中，可以留着以后炒菜用。
　　(2) 把油放在塑料油桶中，随用随倒，比较省事。
　　(3) 把油分装在几个干净的玻璃瓶中密封，放在避光处，用完一瓶再用一瓶。

6. 在幼儿园，常用高温蒸煮餐具、阳光下晾晒被褥、紫外线照射教室和寝室等消毒，请解释原因。

科海拾贝　油脂的酸败

油脂或含油较多的食品，如香肠、腊肉、糕点等，放置时间过长，往往会产生一种难闻的气味，这种现象称为油脂的酸败，俗称变"哈"。

油脂为什么容易酸败？主要有两种原因：一是由于油脂分子中由不饱和脂肪酸提供的不饱和双键易与空气中的氧化合，形成过氧化合物。过氧化合物不稳定，易从原来的双键处发生断裂，形成相对分子质量较小的醇、醛、酮等物质，这些物质具有刺激性气味，对人体有害；另一原因是由于油脂发生水解，生成脂肪酸和甘油。脂肪酸又生成了一些低分子化合物，具有难闻的气味，对人体也有毒性。上述两种反应，温度越高，进行得越快。因此，保存油脂应注意密封、避光、低温等条件。此外，在油脂中还可以添加一些抗氧剂（如丁香、花椒等）。如果发现油脂有异味，不宜再食用，以防中毒。食用油脂如果多次加热，反复使用，不仅破坏维生素 A、维生素 E 等养分，还会产生多种有毒物质，经常食用这种油脂也会影响健康。

实训活动　土豆淀粉

活动准备　土豆、水、小刀、纱布、小盆。

活动过程

1. 把土豆切成细丝，并捣碎，用纱布包好，在水中用力搓洗。
2. 把淀粉粉浆水放在一边静置 30 min 左右，直到盆里的水变清澈。
3. 把盆里的水缓缓倒掉，留在盆底的是浓浓的淀粉浆，把盆放在阳光直射的地方晾晒。
4. 晾晒至粉干，用手把粉捏松散，纯土豆淀粉就做好了。

幼儿活动　水和油的小秘密

活动准备　清水、牛奶、红色水、蓝色水、油各一小杯，一盆清水，小桶，每位幼儿两个透明杯，一把小勺。

活动过程

1. 教师提问，水和牛奶分别是什么颜色？如果将两者混合会变成什么样？
2. 幼儿实验操作，分别将水和牛奶，水和红色水，水和蓝色水混合，观察现象并总结。

3. 教师出示油,请小朋友说说老师手上的油是什么颜色的?
4. 如果让它和水放在一起会有怎么样的变化?幼儿进行预测。
5. 幼儿动手操作,将油和水混合在一起并搅拌,交流讨论。
6. 教师总结:油和水是分离的,不能互相溶解;水在下面,油在上面。

第三节 肥皂与洗涤剂

肥皂总能把脏兮兮的衣物洗得干干净净。肥皂是如何去除油污的呢?

肥皂

1. 肥皂的生产原理

在化学组成上,油脂是由直链高级脂肪酸和甘油(丙三醇)所形成的酯类。肥皂的制造原理是酯类的水解,即酯类在酸性(或碱性)条件下发生水解反应,生成相应的酸(或盐)和醇。工业上,通常将油脂跟碱(如氢氧化钠)共热水解成肥皂和甘油,加入食盐使肥皂析出,与甘油分离,再经过调和、冷凝、切块、成型等工序制成肥皂。因此,酯类在碱性条件下的水解反应,通常称为皂化反应。例如硬脂酸甘油酯的皂化:

$$\begin{matrix} C_{17}H_{35}COO-CH_2 \\ | \\ C_{17}H_{35}COO-CH \\ | \\ C_{17}H_{35}COO-CH_2 \end{matrix} + 3NaOH \longrightarrow 3C_{17}H_{35}COONa + \begin{matrix} CH_2-OH \\ | \\ CH-OH \\ | \\ CH_2-OH \end{matrix}$$

硬脂酸甘油酯　　　　　　　　　硬脂酸钠　　　　甘油
　　　　　　　　　　　　　　（肥皂的有效成分）

肥皂的质量与所选用的油脂和碱有很大关系,例如用棕榈油、椰子油制成的肥皂,溶解度大,坚硬而脆;用棉籽油、菜籽油制成的肥皂硬度低、难以成型。所以,一般需要对油脂进行精制和调配。用氢氧化钾代替氢氧化钠可以得到液体附着。在肥皂生成中,还要加入填充料、抗氧剂、香料、着色剂、杀菌剂等,市场上种类繁多的香皂、透明皂、药皂等可以满足生产、生活的不同需要。

图 7-3-1 肥皂双亲分子结构及示意图

2. 肥皂的去污原理

肥皂的化学成分是高级脂肪酸的钠盐或钾盐。当肥皂溶于水时,能解离成 $RCOO^-$ 和 Na^+ 或 K^+,$RCOO^-$ 中具有极性的 COO^- 部分易溶于水而不易溶于油,称为亲水基;非极性的—R 部分不易溶于水而易溶于油,称为亲油基或憎水基,如图 7-3-1 所示。

在洗涤衣物时,浸泡、搓洗和漂洗等过程,使肥皂、油污与水之间发生润湿、乳化和起泡 3 种主要作用而达到去污的目的,如图 7-3-2 所示。当肥皂与水相遇时,润湿作用使肥皂的憎水基插入油污内,亲水基伸在油污外面,插入水中,肥皂的两亲性将互不相溶的水与油联系起来;乳化作用经过摩擦、振动使大油污被肥皂乳化形成小滴,加之同性电荷的排斥作用,使油污脱离附着物而悬浮于水中;起泡作用使油污和其他固体污垢更易被吸附而脱离附着物。

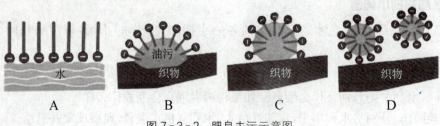

　　A　　　　B　　　　C　　　　D

图 7-3-2 肥皂去污示意图

肥皂去污能力强,毒性小,而且可以被微生物分解,所以含肥皂的水对环境的污染较小,但肥皂的使用受水的限制。

  探究水质对肥皂使用的影响

活动准备:肥皂水、蒸馏水、硬水、玻璃棒、烧杯。

活动过程:

在两个烧杯中分别加入蒸馏水及硬水各 30 mL,再分别注入少量肥皂水,搅拌,观察现象。

现象:_____。

蒸馏水中的泡沫丰富,没有沉淀产生。硬水里的泡沫少,并有絮状沉淀。这是因为硬水中的 Ca^{2+} 和 Mg^{2+} 与肥皂反应,生成了不溶于水的硬脂酸钙和硬脂酸镁,从而使肥皂部分丧失了去污能力。另外,生产肥皂要消耗大量的食用油脂。所以,根据肥皂的洗涤原理,合成了许多具有表面活性作用的物质,这些物质就叫做合成表面活性剂,它不仅可供洗涤用,而且还有其他方面的用途。

合成洗涤剂

根据肥皂的表面活性作用,人们制造了多种多样的具有类似作用的其他产品。这些产品与肥皂分子结构相似,分子里都同时具有亲水基和憎水基,这类物质统称为合成洗涤剂。市场上的合成洗涤剂多为烷基苯磺酸钠,通常有固态的(洗衣粉)和液态的(洗洁精)产品。人们根据不同的需要,采用不同的配比和添加剂,可以制得不同性能、不同用途、不同品种的合成洗涤剂。例如,加入荧光增白剂可使衣物看起来更加亮白;加入少量香料可使衣物洗后留香;在洗衣粉中加入蛋白酶,可以提高对血渍、奶渍等蛋白质污物的去污能力。

  探究洗涤剂的性质

活动准备:洗衣粉,洗洁精,肥皂,水,氯化镁溶液,pH 试纸,试管,玻璃棒。

活动过程:

1. 取三支试管,分别加入 2 mL 洗衣粉、洗洁精和肥皂的浓溶液,加水稀释后,测定它们的酸碱性。

现象:_____。

2. 取三支试管,分别加入 2 mL 洗衣粉、洗洁精和肥皂的澄清溶液,分别加入少量氯化镁溶液,振荡。观察发生的现象。

现象:_____。

跟肥皂比较,合成洗涤剂有显著的优点:不受水质限制、去污能力更强、原料更便宜。由于合成洗涤剂有上述优点,它的发展很快。但随着合成洗涤剂的大量使用,含有合成洗涤剂的废水大量排放到江河中,造成了水体污染。原因是有的洗涤剂十分稳定,难于被细菌分解,污水积累,使水质变坏。含磷化合物是一种较好的助洗剂,但大量含磷污水的任意排放会造成水体富营养化,促使水生藻类大量繁殖,产生赤潮和水华等环境污染问题。所以,目前大多生产无磷洗涤剂,以减轻对环境的污染。

肥皂的分子一端具有亲水性,另一端具有亲油性。如果衣服沾上了油污,把它浸湿,擦上肥皂,轻轻搓洗,肥皂分子中的亲油部分同油污"抱成一团",互相融合在一起,形成微小的胶团。搓洗,可以帮助肥皂分子同油污很好地接触,增加了把油污从衣服上捉下来的机会,把油污从衣服的纤维中一点点地拉出来,最后跟着肥皂分子到水里去了。同时,搓洗的时候,空气也来帮忙了,它使肥皂液出现许多泡沫,肥皂液"膨胀"了,增加了肥皂液的表面伸张力,好像孙悟空变出了许多小孙悟空,把油污和灰尘、汗水等脏物,统统地从衣物上"抓"出来,同水一起漂去,衣服自然就干净了。

巩固练习

1. 为什么能用热的纯碱溶液洗涤黏有油脂的试管?
2. 如果幼儿误饮洗涤剂,应该怎么办?
3. 洗涤剂也可以用作杀虫剂,你听说过吗? 配制一定浓度的肥皂水或洗衣粉水,用喷壶对准花草上的害虫喷洒,试一试它们的杀虫效果。(注意:最后要用清水将残留的洗涤剂溶液冲洗干净。)一般说来,个体较大的害虫需要用浓度大一些的肥皂水或洗衣粉水。查阅有关的资料了解肥皂水或洗衣粉水可以杀灭害虫的原因。

科海拾贝 硬水

水的硬度如果是由 $Ca(HCO_3)_2$ 或 $Mg(HCO_3)_2$ 所引起的,这种硬度叫做暂时硬度;如果是钙和镁的硫酸盐或氯化物引起的,这种硬度叫做永久硬度。天然水大多同时具有暂时硬度和永久硬度。水的硬度过高对生活和生产都有危害。洗涤用水如果硬度过高,不仅浪费肥皂,而且也洗不净衣物。长期饮用硬度过高或过低的水,都不利于人体的健康。锅炉用水硬度太高(特别是暂时硬度),十分危险,因为经过长期烧煮后,水里的钙盐和镁盐会在锅炉内结成锅垢,使锅炉内金属管道的导热能力大大降低,这不但浪费燃料,而且会使管道局部过热,当超过金属允许的温度时,锅炉管道将变形或损坏,严重时会引起爆炸事故。此外,很多工业部门如纺织、印染、造纸、化工等,都要求用软水。

实训活动 DIY 手工皂

活动准备　废油(沙拉油、花生油、葵花油、橄榄油都可以)、苛性钠、水、香精或柠檬汁、烧杯、量筒、玻璃棒、天平、模具(果冻盒或豆腐盒)。

活动过程

1. 称取 75 g 氢氧化钠放入烧杯中,倒入 140 mL 水,搅拌 1 min 左右,使完全溶解。(注意:氢氧化钠是强碱,有腐蚀性;溶于水后产生高热,一定要注意使用安全,防止烫伤和液滴飞溅)
2. 将 500 mL 的油倒入烧杯中再搅拌。
3. 搅拌至混合物呈黏稠状为止。加入柠檬汁或香精。
4. 倒入模具中,约八分满,静置 2~3 天。
5. 放置 2~3 周,肥皂完全硬化且颜色成牙白色即可使用。

原理解释　酯类的皂化反应。

幼儿活动 油滴不见了

活动准备　白酒、洗衣粉、洗洁精、肥皂粉、食用香油、空塑料桶、筷子、水、小勺子、滴管、画有洗衣粉、洗洁精、肥皂粉、白酒材料图示的幼儿操作记录卡、水彩笔。

活动过程

1. 引导幼儿操作,将油和水分别倒入瓶后用筷子搅拌,发现油和水互相不溶。
(使幼儿感知油在上,水在下的现象,这种现象与油、水的多少、先倒油或先倒水等因素没有关系)
2. 幼儿探索操作活动"小油滴不见了"。请幼儿自由选择,再分别取白酒、洗衣粉、洗洁精、肥皂粉等放入瓶中,加以搅拌,观察"小油滴的变化",并将结果填写在记录表中。
实验发现洗衣粉、洗洁精、肥皂粉等洗涤用品能使水、油融合,而酒却不能使水、油融合的现象,并记录实验结果。
3. 讨论总结:哪些东西能使"小油滴不见了",哪些不能使"小油滴不见了"?
通过观察记录表,引导幼儿发现能使"小油滴不见了"的东西,都有一个共同的名字叫"洗涤用品",启发幼儿关注洗涤用品,并说出自己还知道哪些洗涤用品及其用途。

原理解释　肥皂的去污原理。

第四节 食品添加剂

商店里五彩缤纷的各式汽水，奶油蛋糕上色彩鲜艳的花朵，五颜六色的糖果真诱人呀！但是对于儿童来说却不能过量食用，这是为什么？

几种常见的食品添加剂

食品添加剂是指食品在生产、加工、贮存过程中，为了改变食品品质及其色味，改变食品结构，防止食品氧化、腐败、变质和为了加工工艺需要而加入食品中的化学合成物质或天然物质，同时还应该具有增进食品的感官性状或提高食品质量的作用。

食品添加剂种类繁多，有2 000多个品种。由于天然物质费用较高，一般采用化学合成物质，包括酸度调节剂、抗结剂、消泡剂、抗氧化剂、漂白剂、膨松剂、着色剂、护色剂、酶制剂、增味剂、营养强化剂、防腐剂、甜味剂、增稠剂、香料等，见表7-4-1。

表7-4-1 常见的食品添加剂

改善食品感官	着色剂	食用天然色素：辣椒红、叶绿素、姜黄、红曲、β-胡萝卜素 食用合成色素：苋菜红、胭脂红、柠檬黄、日落黄、靛蓝、亮蓝	防止食品腐败变质	防腐剂	苯甲酸、苯甲酸钠、山梨酸、山梨酸钾
				抗氧化剂	丁基羟基茴香醚（BHA）、二丁基羟基甲苯（BHT）、没食子酸丙酯（PG）
	发色剂	硝酸钠、亚硝酸钠	改变食品状态	膨松剂	碳酸氢钠、碳酸氢铵、明矾
	漂白剂	亚硫酸氢钠、硫黄、过氧化苯甲酰		乳化剂	单硬脂酸甘油酯
	甜味剂	天然甜味剂：蔗糖、果糖、甜菊苷 合成甜味剂：糖精、甜蜜素		增稠剂	琼脂、食用明胶、果胶、海藻酸钠
	酸味剂	磷酸、柠檬酸、乳酸、酒石酸、苹果酸		凝固剂	盐卤、硫酸钙、氯化钙
	鲜味剂	谷氨酸钠（味精）	提高食品营养	营养强化剂	维生素、氨基酸、矿物质
	食用香精	橘子香精、柠檬香精			

1. 防腐剂

食品中所含的糖类、油脂和蛋白质都可被微生物利用，导致食物腐败，吃了往往会引起食物中毒。向食品中加入防腐剂，可以保持食品原有品质和营养价值，抑制微生物活动、防止食品腐败变质从而延长保质期。防腐剂主要抑制生物呼吸系统酶的活性，在酸性条件下，还可杀灭黄曲霉素等产毒微生物，是有益于人体健康的。目前国际上有30多种食品防腐剂。在食品的成分配料中最常见的是山梨酸（山梨酸盐）和苯甲酸（苯甲酸盐），两者都是酸型防腐剂，防腐效果随pH的升高而降低。山梨酸是不饱和脂肪酸，在人体代谢过程中最终被氧化成二氧化碳和水，对人体无毒害作用，所以是目前国际上公认的安全防腐剂。由于山梨酸在水中的溶解度小，故常用山梨酸钾来代替。苯甲酸和苯甲酸钠的防腐效果相同，它们也是目前主要的食品防腐剂。从防腐剂的发展趋势上看，以生物发酵而成的生物防腐剂，将成为未来的发展趋势。

2. 着色剂

使用着色剂可增加对食品的喜好和刺激食欲，按来源分为化学合成着色剂和天然着色剂两类。我国食品添加剂使用卫生标准（GB2760-2011）列入的合成色素有胭脂红、苋菜红、日落黄、赤藓红、柠檬黄、新红、靛蓝、亮蓝等等。天然着色剂主要是指由动、植物组织中提取的色素，多为植物色素，包括微生物色素、动物色素及无机色素。我国允许使用的天然色素有辣椒红、甜菜红、红曲红、胭脂虫红、高粱红、叶绿素铜钠、姜黄、栀子黄、胡萝卜素、藻蓝素、可可色素、焦糖色素等。

在规定范围内使用着色剂,一般认为对人体健康是无害的,但是超量使用着色剂对人体是有害的。所以大多数国家对市面上销售的食品所用色素的种类和用量都有严格的规定。例如为了保障婴幼儿的健康,很多国家已明确规定婴儿食品内不能加入任何着色剂。

3. 膨松剂

膨松剂(又称疏松剂),是一种能让食品形成松软多孔的结构的食品添加剂。它是糕点、饼干等烘焙食品及膨化食品生产必须用到的食品添加剂。

在面团中加入膨松剂后,将食品制成需要的形状,然后进入焙烤、油炸、蒸制过程,在这些过程中,膨松剂受热分解,产生气体,就会使面坯起发,体积胀大,在内部形成均匀、致密的海绵状结构,吃起来才有柔软、疏松、酥脆的感觉,也有利于食品的消化吸收。

膨松剂可分为化学膨松剂和生物膨松剂。食品工业中使用的疏松剂通常是化学复合产品,一般是由碳酸盐、酸类(或酸性物质)和淀粉等物质组成。市售的泡打粉之类家用产品,主要成分就是碳酸氢钠(小苏打)、明矾、酒石酸氢钾和碳酸钙,加上淀粉类的填充剂以及香精、甜味剂等。酵母是面制品中一种十分重要的生物膨松剂。它不仅能使制品体积膨大,组织呈海绵状,而且能提高面制品的营养价值和风味。

膨松剂实验

活动准备: 泡打粉、酵母、水、澄清石灰水、培养皿、药匙、试管、试管夹、酒精灯、火柴。

活动过程:

1. 分别取两药匙泡打粉和酵母放入两个试管中,加入适量水,并在试管口上方扣一个沾有澄清石灰水的培养皿,比较实验现象。

现象:＿＿＿＿＿＿＿＿＿＿＿＿＿＿＿＿＿＿＿＿＿＿＿＿＿＿；

2. 将上述两个试管在酒精灯上加热,仍将沾有澄清石灰水的培养皿扣在试管口上方,比较实验现象。

现象:＿＿＿＿＿＿＿＿＿＿＿＿＿＿＿＿＿＿＿＿＿＿＿＿＿＿。

如何正确看待食品添加剂

随着食品工业的发展,食品添加剂已成为人类生活中不可缺少的物质。对于食品添加剂的使用及用量,卫生部门都有严格的规定。在规定的范围内使用食品添加剂,一般认为对人体健康是无害的(表7-4-2)。但违反规定,将一些不能作为食品添加剂的物质当作食品添加剂,或者超量使用,都会损害人体的健康。

表7-4-2 几种食品添加剂的使用范围和最大用量

类别	名称	使用范围	最大使用量/(mg/kg)
发色剂	亚硝酸钠	肉制品和腌制肉类罐头、盐水火腿	0.15 残留量:0.07
漂白剂	硫黄	蜜饯、干果、干菜、粉丝、食糖	只限于熏蒸

这些色彩艳丽的食物大都是人工合成色素着色的。人工合成色素在生产过程中会混有苯胺、砷等化学物质,具有不同程度的毒性。由于儿童肝脏解毒功能和肾脏排泄功能不够健全,容易导致慢性中毒。长时间食用含有色素的物质,可以引发儿童多动症,影响智力发育,干扰体内正常代谢,导致腹泻、腹痛、腹胀、营养不良等。

巩固练习

1. 下列做法正确的是（　　）。
   A. 为了使火腿肠颜色更鲜红可多加一些亚硝酸钠
   B. 为了使婴儿对食品有浓厚兴趣可以在婴儿食品中多加着色剂
   C. 食盐加碘是防止人体缺碘而加的营养强化剂能预防地方性甲状腺肿
   D. 为保证人体所需足够蛋白质我们要多吃肉少吃蔬菜和水果

2. 下列色素属于天然色素的有（　　）。
   A. 苋菜红   B. 辣椒红   C. 胭脂红   D. 胡萝卜素

3. 下表是某食品包装袋上的说明

品名	浓缩菠萝汁
配料	水、浓缩菠萝汁、蔗糖、柠檬酸、黄原胶、甜蜜素、维生素C、菠萝香精、柠檬黄、日落黄、山梨酸钾等
果汁含量	≥80%
生产日期	标于包装袋封口上

从表中的配料中分别选出一种物质填在相应的横线上。其中属于着色剂的有_____，属于调味剂的有_____，属于防腐剂的有_____，属于营养强化剂的有_____。

4. 通过网络或报纸，查阅近些年曾出现的一些食品安全问题，与同学交流我们应该如何正确看待食品添加剂。

科海拾贝　绿色食品

绿色食品分为A级和AA级。A级是指生产环境符合绿色食品产地环境质量标准，限量使用限定的化学合成生产资料，产品质量符合绿色食品产品标准要求。AA级也叫有机食品，除了生产环境符合标准外，在生产过程中不使用农药、化肥、食品添加剂等对环境和人体健康有害的生产资料。无公害农产品是指产地环境、生产过程和产品质量符合国家有关标准和规范的要求，经认证合格的优质农产品及其加工制品。按照标准来衡量3种食品，有机食品要求最高，绿色食品次之，最后是无公害食品，这些产品都会有相应的标志，如图7-4-1所示。

图7-4-1　食品等级金字塔

实训活动　美味蛋黄酱

活动准备　色拉油、鸡蛋、白醋、盐、糖、碗、勺子。

活动过程

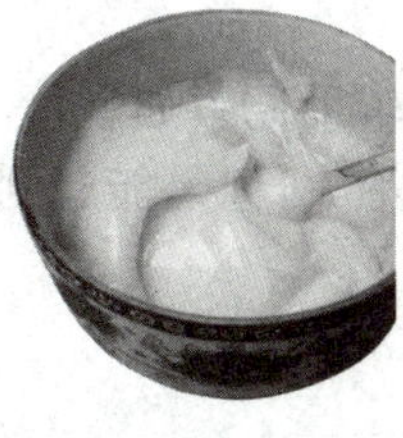

1. 将蛋黄和蛋清分离后，把蛋黄放入干净的碗内。
2. 向碗中加入10 mL左右的油和一勺白醋，朝一个方向用力搅拌。
3. 搅拌过程中，如果蛋液黏稠，搅拌费力时，可以加入少量白醋继续搅拌；如果蛋液稀薄，可以再加入一些色拉油继续搅拌，蛋液又会变得黏稠。如此反复，直至蛋黄酱达到理想的稀稠程度，如图7-4-2所示。
4. 整个搅拌过程大约20 min。最后根据自己的喜欢加入盐和糖调味，美味可口的蛋黄酱就做成了。

图7-4-2　蛋黄酱

原理解释　蛋黄在油与水的混合液中起着乳化剂的作用，可以使两种互不相溶的液体混合在一起，形成稳定的乳状液。

幼儿活动　豆腐脑变出来

活动准备　热豆浆、盐、糖、白醋、小杯子、勺子、笔、纸。

活动过程

1. 由故事引入主题：小熊开了一家早餐店，它想做豆腐脑，可是不知道如何做，请小朋友帮帮它。
2. 展示活动材料，讨论在豆浆中分别加入盐、糖、白醋，哪个会有豆腐脑变出来呢？
3. 给每组幼儿分发材料：每组发3杯热豆浆，盐、糖、白醋。豆浆是热的，提醒幼儿注意安全。
4. 通过实际操作验证自己的猜测。只有加入白醋的能变成豆腐脑。
5. 幼儿讨论自己做出的豆腐脑的形态和味道。豆腐脑有的做的稀，有的做的稠，有的还发酸，这是为什么？
6. 再次做试验，看看在豆浆中加多少白醋可以做出好吃美味的豆腐脑。

	加入醋的量	味道
第一杯		
第二杯		
第三杯		

7. 幼儿总结试验的结果。

原理解释　蛋白质的盐析作用使受热变性的蛋白质部分发生凝结。

第五节　化妆品

为什么儿童不能用成人的化妆品？

化妆品按用途可分为护肤类、美容修饰类、发用类、香水类。

护肤化妆品

通过使用护肤化妆品可以给皮肤补充水分、保湿剂和脂质，以保持皮肤中水分的含量和皮肤保湿机构的正常运行，从而恢复和保持皮肤的润湿性，使皮肤显得健康，延缓皮肤老化。

雪花膏是人们较早使用的护肤化妆品，一种非油腻性的护肤化妆品。涂在皮肤上立即消失，类似雪花，故名雪花膏，一般是硬脂酸和碱类溶液中和后生成的阴离子型乳化剂为基础的油/水型乳化体。将其涂在皮肤上，水分逐渐蒸发后便留下一层硬脂酸薄膜，能使皮肤与外界干燥空气隔离，调节皮肤表皮水分的挥发，从而保护皮肤，不致干燥、皲裂或粗糙，保持表皮柔软。

为了使化妆品成型、稳定并具有合适的颜色、香味及一些特定作用，还需要加入许多辅助原料如香精、色素、防腐剂、抗氧化剂、保湿剂、收敛剂和防晒剂等。这些辅助原料在配方中虽然比例不大，但是能起到极其重要的作用，赋予化妆品许多功能。防晒霜就是具有特殊功能的化妆品。

发用化妆品

1. 洗发剂

洗发剂的主要成分是表面活性剂，其中加入了调整剂、增稠剂、止屑止痒剂、螯合剂等添加剂，可以去除头发上的油污，还具有护发、养发、使头发柔顺易梳理的功能。

测试洗发剂的酸碱性

活动准备：洗发剂、水、烧杯、玻璃杯、pH试纸。

活动过程：将洗发剂倒入烧杯中，加入适量的水搅拌；用玻璃棒蘸取溶液于pH试纸，观察现象。

现象：_____。

选择洗发剂时，要选中性或弱碱性的洗发剂。头发是由蛋白质组成的，长时间使用碱性较强的洗发剂，会使头发失去光泽、发硬变脆；干性头发用含蛋白质的营养型洗发剂，油性头发用去脂力强的洗发剂，中性头发用一般的洗发剂。

2. 烫发剂

烫发剂又叫烫发水。烫发是指通过物理和化学的反应过程，使头发变曲或变直。烫发时，还原剂破坏头发中胱氨酸的二硫键，使胱氨酸还原为半胱氨酸，头发从刚韧状态变为软化状态，并随卷发器弯曲变形；然后相互错开的半胱氨酸上的巯基再经过氧化剂的氧化作用，形成新的二硫键，头发恢复刚韧性，同时也保留了持久的波纹状态。

多次烫发会损伤头发的角蛋白，使头发干枯、变脆、易断裂。

3. 染发剂

临时性染发一般用水溶性染料作用于头发表面而染色，可以洗去。常用的长久性染发剂是氧化型染发剂。染发剂本身没有颜色，氧化后才显出颜色。该类染发剂普遍含有对苯二胺这种致癌物质，染发剂接触皮肤，而且在染发的过程中还要加热，使苯类的有机物质通过头皮进入毛细血管，然后随血液循环到达骨髓，长期反复作用于造血干细胞，会导致造血干细胞的恶变、白血病的发生。建议一年染发次数不要超过两次，患有高血压、心脏病、哮喘病等疾病的患者不宜染发。此外，准备生育的夫妻以及孕妇和哺乳期的妇女同样也不适合染发。

美容修饰化妆品

美容类化妆品主要用于脸面、眼部、唇及指甲等部位，以达到掩饰缺陷、赋予色彩或增加立体感、美化容貌的目的。美容化妆品的品种繁多，涉及面广，不同的使用部位有专用的产品，可分为粉末类美容化妆品、唇膏、胭脂、指（趾）甲类化妆品、眼用化妆品等。

1. 唇膏

唇膏俗称口红、唇棒，是使唇部红润有光泽，达到滋润、保护嘴唇、增加面部美感及修正嘴唇轮廓有衬托作用的产品，是女性必备的美容化妆品之一。唇膏主要成分包含了蜡、油和色素。口红使用的颜料是较细的颗粒，能均匀附着于唇上。一些具闪烁效果的口红也包含了云母、氧化铁、二氧化钛等成分。唇膏配方富含保湿、抗氧化成分（如甜杏仁油、苏枋木以及绿茶），双唇备受呵护，柔软丰盈，更添光彩。

2. 指甲油

指甲油又称指甲漆。它的主要成分为70%～80%的挥发性溶剂（如丙酮、乙酸乙脂等），15%左右的硝化纤维素，少量的油性溶剂、樟脑、钛白粉以及油溶颜料等。当溶剂挥发后，留下硝化纤维膜，其中的硬脂酸丁酯使膜有韧性，松脂胶则使膜牢固地附在指甲上以防脱落。

指甲油中的化学物质是脂溶性的，对人体有一定的毒性。涂用指甲油后，不要用手直接拿油炸食品、奶油糕点等含油脂较多的食物，否则指甲油中有毒的化学物质会被脂肪溶解。尤其是儿童，有吃零食、吮指头和手拿食物的习惯，这些化学物质很容易随食物进入儿童体内，对孩子的健康产生不良影响；某些化学物质还可造成积蓄中毒，妨碍儿童的生长发育。因此，儿童忌涂指甲油。

 儿童的皮肤幼嫩，比成人皮肤薄，皮脂腺尚未成熟，皮肤的防御屏障功能较弱，对外界的刺激很敏感。而成人化妆品中大都含有香料、防腐剂和各种有机化合物等化学成分，这些物质极易进入儿童体内，导致过敏。另外一些化妆品里添加了糖皮质激素或雌激素，儿童长期使用这类化妆品，轻则可能引起激素依赖性皮炎，重则可致儿童生长发育早熟。因此儿童应使用儿童专用化妆品。

巩固练习

1. 看一看《学生行为守则》,其中有哪些条例与化妆品的使用有关?你应该如何对待?
2. 结合自己的皮肤、头发特点,选择适合自己的化妆品。

实训活动 自制护手霜

活动准备　硬脂酸、氢氧化钾、甘油、香精、蒸馏水烧杯、量筒、玻璃棒、天平、药匙、酒精灯、石棉网、三脚架、温度计。

活动过程

1. 将 5 g 硬脂酸放入 100 mL 的小烧杯,置于水浴中加热,使之熔化,升温至 90℃左右。
2. 另取一只烧杯,放入 0.3 g 氢氧化钾、2 mL 甘油和 18 mL 蒸馏水,加热至 90℃左右。
3. 将 2 中得到的混合液在不断搅拌下(沿同一方向搅拌),慢慢注入已熔化的硬脂酸液中。待全部物料混合后,维持 70℃左右约 3 min,使其充分反应,直至乳化完全(成为白色稠糊状软膏)。然后搅拌冷却,当温度降至 40℃左右时,滴加几滴香精,搅拌后即制得护手霜。

原理解释　利用硬脂酸钾将硬脂酸和水乳化成均匀、细腻、稳定的乳状剂。

幼儿活动 不能用的化妆品

活动准备　每位孩子带一份成人护肤霜、润唇膏和幼儿润肤霜、润唇膏,教师准备一些化妆品实物(如唇膏、指甲油等)。

活动过程

1. 教师讲故事《变丑的小猪》。由于小猪乱用妈妈的化妆品,脸上长出小红点,又痒又痛,难受极了。引导幼儿进入主题。
2. 幼儿拿出自带的化妆品,说一说分别是什么,有什么用,是谁用的。
3. 幼儿比较儿童化妆品与成人化妆品的不同。
4. 向幼儿展示一些对幼儿有害的化妆品。(口红里含有铅的成分,如果吃到嘴里会发生铅中毒;指甲油里含有重金属离子钡、铜、锌等,会引起重金属中毒)
5. 小结:化妆品不是小朋友可以随便用的,我们只能使用专为幼儿生产的护肤品。化妆一般是成人用的,我们还是孩子,朴素、简洁的穿着和洁净的小脸最美。

第八章

丰富多彩的材料

材料是人类赖以生存和发展的物质基础,材料的发展史就是一部人类文明史。人类从制造出第一种材料——陶开始,发展到今天,种类繁多的金属材料、无机非金属材料和有机高分子材料,组成了一个庞大的材料家族,一种新材料的发现往往给我们的生产和生活带来翻天覆地的变化。

第一节　金属和金属材料

生活中,为什么我们使用的金属材料主要是合金,而不是纯金属?

金属

天然存在和人工制造出的金属元素有 90 余种。常温常压下除汞外,其余金属均呈固态且都不透明,该结构使金属具有一些共同的物理性质。块状金属均具有光泽,除少数金属具有特殊颜色如金呈黄色、铜呈紫红色外,多数金属呈银白色;金属一般都是电和热的良导体,其中银和铜的导电、导热性能最好,铝也具有很好的导电导热性。延展性也是金属特有的一种性质,它们可以被抽成丝或压成薄片,还可以锻造、冲压、轧制成各种不同的形状。各种金属在密度、硬度、熔点、沸点等物理性质方面有很大的不同,见表 8-1-1,通常把密度在 $4.5×10^3$ kg/m^3 以下的金属叫轻金属,密度在 $4.5×10^3$ kg/m^3 以上的金属叫重金属,例如铜、铅、金、汞等。冶金工业上把铁、锰、铬及其合金叫做黑色金属,除黑色金属以外的其他金属则是有色金属。

表 8-1-1　一些金属物理性质的比较

物理性质	物理性质比较
密度/(kg/m^3)	$19.3×10^3$ $\xrightarrow[\text{密度逐渐减少}]{\text{金铅银铜铁锌铝}}$ $2.7×10^3$
熔点/℃	3 410 $\xrightarrow[\text{熔点由高到低}]{\text{钨铁铜金银铝锡}}$ 232
硬度	$\xrightarrow[\text{硬度由大到小}]{\text{铬镍铁铜金铝铅}}$

除金、铂等少数不活泼金属外,大多数金属元素在自然界中以化合态存在。

想一想　金属除了许多共同的性质之外,不同的金属还有各自的特性,从而在生活中得到广泛应用。你能列举出一些吗?

合金

合金是由两种或两种以上的金属(或金属跟非金属)熔合而成的具有金属特性的物质。在生产和日常生活中,我们很少使用纯金属,而主要使用合金。例如,1 元硬币为钢芯镀镍、5 角硬币为钢芯镀黄铜等;窗框、自行车轮毂使了用铝合金;钥匙、水龙头使用了铜合金。

做一做　　　　探究合金材料的特性

活动准备:黄铜片、铜片。

活动过程:

1. 观察黄铜片与铜片光泽、颜色,你有什么发现?
   现象:_____。
2. 把黄铜片和铜片相互刻画,你有什么发现?
   现象:_____。
   结论:_____。

通过上述实验,我们可以感知到:黄铜是铜和锌的合金,铜片被划出了痕迹,说明合金的硬度、强度高于组成它的各成分金属,如钢的强度大于其成分金属铁。而合金的熔点一般则低于其主要成分金属,如锡铅合金熔点低,被用作焊锡。

合金具有很多优良的性能,例如其强度、硬度、抗腐蚀能力大都优于组成它的成分金属,这使合金具有比纯金属更广泛的用途。

常见的合金材料

钢是指铁碳合金,含碳量在 0.02%～2.11%之间。钢的主要元素除铁、碳外,还有硅、锰、硫、磷等,这些成分使钢材具有不同的性能,从而适用于特定的应用领域。不锈钢具有优良的抗腐蚀性能,但日常生活中使用的不锈钢制品是不耐海水的,海水中的氯离子会使它发生腐蚀。

铝的密度小,导电性、延展性,抗腐蚀性能好。但是纯铝的硬度小强度低,不宜作机械材料。加入其他元素如铜、镁、硅、锌等,得到一系列的铝合金,在保持纯铝质轻等优点的同时还具有较高的强度,成为理想的金属材料、导热性、延展性、且抗腐蚀性能好,广泛用于机械制造、运输机械、动力机械及航空工业等方面。

铜及其合金材料的使用量位居第三位。常见的铜合金有青铜、黄铜和白铜。白铜是以镍为主要添加元素的铜基合金,呈银白色,有金属光泽,故名白铜。白铜硬度高、色泽美观、耐腐蚀,被广泛使用于造船、石油化工、电器等领域。黄铜是铜和锌的合金,颜色和纯金极其相似,被称为假金,可用作装饰品,也常用于制造水管、阀门等。铜和它的一些合金有较好的耐腐蚀能力,在干燥空气里较稳定,在潮湿空气里在其表面可以生成一层绿色的碱式碳酸铜,俗称**铜绿**。

钛比钢轻一倍,而强度和硬度可与钢媲美。钛合金具有良好的可塑性、超凡的韧性、惊人的抗腐蚀性、超高的耐热性,性能极其优越,已经成为制造卫星、火箭的重要材料,还可用于生产贮氢材料和形状记忆合金。钛还有一个奇特的性能,即具有生物相容性,植入人体后不会引起过敏反应,加之与骨骼密度相仿,因此可用来制造人造骨骼。

金属的回收与资源、环境保护

数千年来,金属材料一直发挥着不可替代的重要作用,使用量愈来愈大。一方面,地球上的金属矿产资源是有限且不可再生的,随着人们的不断开发利用,矿产资源正日渐减少;另一方面,因生产的发展和金属制品在使用过程中被腐蚀或损坏,每年会有大量污染环境的金属固体废弃物产生。据估算,现在全世界每年被腐蚀而报废的金属设备和材料相当于年产量的20%~40%。

我们要坚持可持续发展,最好的解决办法是把上面的两个问题结合在一起考虑,综合利用资源,既要科学合理地开发矿产资源,又要把废旧金属作为一种资源加以回收利用。这样,在减少金属垃圾量、防止污染环境、实现清洁化生产的同时,又缓解了资源短缺的矛盾。

> 合金与金属相比,除了具有金属的特性外,还具有许多比各种成分金属更优良的物理、化学或机械的性能,如硬度大、熔点低、密度小、耐磨、耐腐蚀等。

 巩固练习

1. 在木材上一般用铁钉,在水泥墙上一般用钢钉,这是由于铁和钢的_____不同;铜的导电性强于铝,而高压输电一般用铝线不用铜线的原因是_____(只要能答出一个理由就可以)。
2. 灯泡中的灯丝一般用的是_____,若改用锡做灯丝可能会出现的情况是_____。
3. 下列说法不正确的是(　　)。
   A. 生铁和钢都是铁合金　　　　　　　　B. 古代的编钟是由青铜制成的
   C. 合金有很多优越性能,因此应用很广泛　D. 合金的熔点比其成分金属都高
4. 下列有关金属的说法正确的是(　　)
   A. 金属铝有很好的抗腐蚀性能　　　　　B. 纯铝的硬度大于铝合金
   C. 钢是纯净物　　　　　　　　　　　　D. 钢铁严重锈蚀后不值得回收
5. 下列金属材料中,最适合制造飞机外壳的是(　　)。
   A. 镁铝合金　　　B. 铜合金　　　C. 碳素钢　　　D. 铅锡合金
6. 通过调查和讨论,了解生活中防止金属制品生锈的方法有哪些。

 形状记忆合金

形状记忆合金是一种在加热升温后能完全消除其在较低的温度下发生的变形,恢复其变形前原始形状的合金材料,即拥有"记忆"效应的合金。在航空航天领域内的应用有很多成功的范例。人造卫星上庞大的天线可以用记忆合金制作。发射人造卫星之前,将抛物面天线折叠起来装进卫星体内,火箭升空把人造卫星送到预定轨道后,只需加温,折叠的卫星天线因具有"记忆"功能而自然展开,恢复抛物面形状。形状记忆合金在现代临床医疗领域内也有着广泛的应用。例如人造骨骼、伤骨固定加压器、牙科正畸器、各类腔内支架、栓塞器、心脏修补器、血栓过滤器、介入导丝和手术缝合线等等。作为一类新兴的功能材料,形状记忆合金的很多新用途正不断被开发。

实训活动　回收废旧干电池

活动准备　锌锰干电池、剪刀、钳子、药匙、漏斗、烧杯、滤纸、烧杯、蒸发皿、酒精灯、毛刷。

活动过程

1. 戴好橡胶手套,用钳子和剪刀剪开锌筒,观察现象。
2. 将锌皮、铜帽和碳棒分离出,用毛刷刷洗干净。
3. 电池内黑色粉末用药匙移入小烧杯,其余杂物放入废物箱。
4. 向盛有黑色粉末的小烧杯中加入热水约 50 mL,用玻璃棒充分搅拌,趁热过滤,分离出炭黑。
5. 将滤液蒸发结晶,然后利用氯化锌较稳定、氯化铵易分解的性质,通过加热的方法将两者分离,得到

氯化锌和氯化铵。

原理解释 干电池以锌皮制成的圆筒形外壳作负极,顶端附有铜帽的石墨碳棒作正极。锌筒内填充着氯化锌、氯化铵、炭黑和淀粉糊的混合物,在石墨正极附近又裹着一层粉末状的二氧化锰。金属锌、铜和碳棒可直接分离出来,利用溶解过滤,蒸发结晶的方法从黑色粉末中提取氯化铵和氯化锌。

幼儿活动 什么东西能导电

活动准备 电线、铜丝、铁丝、保险丝、铝丝、毛线、塑料管、纸绳、电灯泡、电池、记录表、笔、橡皮。

活动过程

1. 教师表演"魔术"。
2. 老师提问,小灯泡为什么会发光?电池的两端一样吗?介绍电池的正极和负极,怎样连接小灯泡才会亮?
3. 老师操作实验:分别用纸绳、铜丝做实验,哪个能使小灯泡亮起来?
4. 幼儿探究实验:用电线、铁丝、保险丝、铝丝、毛线、塑料管分别实验,哪种材料能使小灯泡亮起来,并做好记录。教师观察指导。
5. 请幼儿分享实验结果。教师和幼儿总结:金属材料能导电,所以小灯泡就能亮起来。毛线、纸等材料不能导电。
6. 老师用电安全介绍。

第二节 无机非金属材料

人类社会现在已发展到了信息社会,声音、图象和数据等信息的交流量非常大。以前的通信手段已经不能满足现在的要求,光纤技术的应用越来越广泛,光纤究竟是什么?

无机非金属材料种类繁多,功能各异,应用十分广泛。我们生活中使用的陶瓷、玻璃器皿、电器设备中的半导体材料、医疗中使用的人造牙齿等都属于无机非金属材料。

玻璃

图8-2-1 人工吹制玻璃

玻璃是硅酸盐材料,它以无机矿物为原料,经熔融、冷却、固化后形成的具有无规则结构的非晶态固体。普通玻璃的主要成分是二氧化硅,原料是石英砂、纯碱和石灰石。在生产时加入少量的着色剂,就能制成带有颜色的玻璃。常用的着色剂是金属氧化物,例如加入氧化钴玻璃呈蓝色,加入氧化铬玻璃呈绿色,加入二氧化锰玻璃则呈紫色。普通玻璃一般都是淡淡的绿色,就是原料中混有少量二价铁的缘故。玻璃不易燃,不易导电,不易传热,易碎,不能浮在水面,硬度大。

玻璃是一种混合物,没有固定的熔点,而是在某一温度范围内逐渐软化变为液态。熔融的玻璃可吹制成形状多样的空心制品,像酒瓶、玻璃管等。加热变软的玻璃可改变形状,具有可塑性,利用此性质,我们可制成玻璃弯管、滴管等。

玻璃有很高的化学稳定性,除氢氟酸以外,它几乎可以抵御所有酸类的侵蚀,但普通的硅酸盐玻璃一般不耐碱,玻璃中的二氧化硅可与强碱发生反应。

玻璃还会遭受侵蚀性介质如大气的腐蚀而导致变质和破坏,大气对玻璃侵蚀作用实质上是玻璃中的碱性氧化物与水汽、二氧化碳、二氧化硫等作用的总和。普通窗玻璃长期使用后,表面晦暗或光泽消失,甚至出现斑点和油脂状薄膜等,就是这个原因,这一现象称为**玻璃发霉**。

陶瓷

陶瓷材料是人类应用最早的硅酸盐材料。陶瓷是陶器和瓷器的总称,它们都是用粘土(主要成分是硅酸盐)制成。粘土去除杂质后,加水混匀,制成所需形状的胚体,在经过高温烧制就得到陶瓷成品,在高温烧制时,胚件中的原料发生了一系列复杂的物理变化和化学变化。制作瓷器的黏土较纯净,普通陶器较为粗糙,有不同程度的渗透性。如果在胚体上涂上彩釉,烧制后就得到表面光滑、不渗水、色彩绚丽的陶瓷器具。

陶瓷具有抗氧化、抗酸碱腐蚀、耐高温、绝缘、易成型等许多优点。从地下挖掘出的古代陶瓷器,历经数千年仍保持其本色,不但成为人们欣赏的艺术珍品,对研究历史也有很大帮助。

随着信息科学、能源技术、航天技术、生物工程、超导技术和海洋技术等现代科学技术的发展,一些具有特殊结构、特殊功能的新型无机非金属材料如高温结构陶瓷、生物陶瓷和压电陶瓷等被相继研制出来。

水泥

水泥是最常用的建筑材料,它是以石灰石和黏土为原料,在水泥回转窑中高温煅烧后粉碎研磨而成的。水泥具有水硬性,它与适量的水混合,调和成浆,过一段时间就会凝固硬化,成为强度很大的固体。在建筑工程中,水泥和沙、碎石、水按一定比例混合,以钢筋作结构,硬化后形成结构坚固的钢筋混凝土。

水泥的吸水能力很强,能吸收空气中的水分并与之发生化学反应,所以不能长期存放,即使短期存放也要注意防潮,一般水泥的保质期是3个月。

水泥在储存和运输的过程中应注意什么?

光导纤维

传统无机非金属材料有着悠久的历史,具有耐高温、硬度高、抗腐蚀等许多优良性能,但也有质脆、经不起热冲击等弱点。因此,具有特殊功能的新型无机非金属材料应运而生,它们继承了传统材料的许多优点,并克服某些缺点,具有更加优异的特性,如传输容量超大的光导纤维、具有特殊功能的新型陶瓷、纳米材料、新型玻璃、人造宝石等。

从高纯度的SiO_2(石英玻璃)熔融体中,拉出直径约$100\ \mu m$的细丝,就得到石英玻璃纤维。石英玻璃纤维导光的能力非常强,又称光导纤维,简称光纤。将许多根经过技术处理的光纤绕在一起就得到光缆。光纤通迅的容量比微波通迅大$10^3 \sim 10^4$倍,而且传输速度快。用光缆代替通讯电缆可以节约大量有色金属。据统计,生产1 km的光缆只需几克超纯石英玻璃,约可节省铜1.1 t。光纤通迅以其频带宽,通迅容量大、抗干扰能力强、材料易得,价格低廉等多方面的优点成为现代通迅的主流,是信息社会中信息传输和交换的主要手段。

图8-2-2 光导纤维

光纤是光导纤维的简称,光纤通讯以其信息容量大、保密性好、重量轻体积小、无中继段距离长等优点得到广泛应用。其应用领域遍及通讯、交通、工业、医疗、教育、航空航天和计算机等行业,并正在向更广、更深的层次发展。光纤的应用正给人类的生活带来深刻的影响与变革。

 巩固练习

1. 石灰石是工业原料之一,而制取下列物质不需要用石灰石的是(　　)。
   A. 生石灰　　　　B. 水泥　　　　C. 玻璃　　　　D. 陶瓷
2. 光导纤维的主要成分是(　　)。
   A. 硅　　　　B. 玻璃　　　　C. SiO_2　　　　D. 沙子
3. 与普通玻璃的组成成分相同的物质是(　　)。

A. 石英玻璃　　　　B. 水玻璃　　　　C. 钢化玻璃　　　　D. 有机玻璃

4. 陶瓷历史悠久,用途广泛,下列不属于陶瓷制品的是(　　)。

A. 紫砂壶　　　　　　　　　　　　B. 兵马俑出土的兵俑
C. 实验室的试管　　　　　　　　　D. 建筑用砖瓦

5. 玻璃为什么可以被人工吹制成形状不同的制品?

科海拾贝　形形色色的新型玻璃

随着科学技术的发展和应用的需求,各种各样的新型玻璃不断涌现,在不同领域发挥着重要作用。中空玻璃是由两块或两块以上的平板玻璃将周围密封、层间内充以干燥的空气或惰性气体构成,具有隔音、隔热、防结霜、防潮、抗风等优点。玻璃微珠是直径2～200微米的微小玻璃珠,具有透明、折射率可调、定向反射、表面光滑、性能稳定、耐热等特点,用于道路发光标志带、海上救生器材等。在玻璃表面镀上一层TiO_2膜就可以做出自洁玻璃,在光照下能够自行分解附着的油污、动物粪便和微生物。

实训活动　体验陶艺

活动准备　陶泥、手动转盘、辅助成型工具金属片等、水。

活动过程

1. 捏泥:用手捏揉泥土,直到感觉软硬适中为止。
2. 拉坯成型:在手动转盘将捏好的陶泥拉成碗、杯等坯型,并用辅助工具加以修饰。不要灰心,这一步不容易,慢慢来。
3. 晾干:把做好的坯体小心移至阴凉处晾干。注意,不可放在太阳下暴晒,否则会裂开。
4. 烧成:把晾干的坯体送至附近陶艺教室代烧。

原理解释　陶泥具有塑性,制成一定的形状,晾干后就固定成型,再经烧制即成陶器。

幼儿活动　有用的玻璃

活动准备　玻璃、泥工板、布料、纸若干,特别的玻璃(凸透玻璃、雕花玻璃、厚玻璃、磨砂玻璃、有色玻璃)。

活动过程

1. 在不同的材料中寻找出玻璃,感知普通玻璃的特性。用手摸一摸、敲一敲、捏一捏,看看能发现什么?

小结:玻璃是透明的,能看到对面的东西,而且还很光滑,硬硬的,但易碎,小朋友在取放时要轻拿轻放哦。

2. 观看课件,课件展示不同的场所使用的玻璃,幼儿通过讨论得出玻璃的作用。
3. 展示几种特别的玻璃,幼儿交流知道特别玻璃的特点。再结合课件观看巩固新知。

小结:玻璃的用处真大,其实特殊的玻璃还有很多种,针对玻璃易碎的缺点,人们经过改进发明了钢化玻璃,还有磨砂玻璃会让外面的世界变得很朦胧,你们可以回家继续去找找看哦!

第三节　有机高分子材料

塑料在生活中的应用越来越广泛,你有没有发现,在塑料制品的底部都有一个带箭头的三角形,三角形里面有一个数字,它代表什么含义呢?

相对于无机材料,材料家族中还有一大类非常重要的材料——有机高分子材料。有机高分子材料按性能和用途一般可分为塑料、橡胶、纤维等。

塑料

塑料是一种重要的合成材料,从1907年美国化学家贝克兰合成出酚醛塑料开始,塑料就与我们的生活相伴相随了。塑料具有许多优良性能,如大多数质轻、不易碎、不锈蚀腐烂、绝缘性好、导热性低、易成型、易着色、加工成本低等,在包装、电信、交通、建筑、装修、医疗、家电、管材等方面都有非常广泛的用途。塑料包装材料如包装膜、包装袋、编织袋、包装盒等中空容器以及周转箱等等,是塑料制品应用中的最大领域之一,居各种包装材料之首。

塑料是以合成树脂为主要原料,经添加填料、增塑剂、稳定剂、着色剂等辅料,在一定温度和压力下塑造成的一种材料。合成树脂是塑料的主要成分。松香、虫胶等是天然树脂,合成树脂是利用单体原料如甲醛、乙烯、氯乙烯等聚合而成的高分子聚合物,如酚醛树脂、聚乙烯等。在应用中树脂和塑料这两个术语常常通用。合成树脂有线型结构和体型结构两种基本类型,不同的结构表现出两种不同的性能。线型结构树脂有弹性和可塑性,可制成热塑性塑料;体型树脂硬度和脆性较大,可制成热固性塑料。

热固性塑料在制造过程中受热时能变软,可以塑制成一定的形状,但加工成型后受热不会熔化。如果加强热则会分解破坏,无法重新加工成型。典型的热固性塑料有酚醛塑料、环氧塑料等,它们具有耐热性高、受热不易变形等优点。

苯酚和甲醛在催化剂作用下,经缩聚反应可制成酚醛树脂。以酚醛树脂为主要原料制成的酚醛塑料是第一个投入工业生产的塑料品种,俗称电木。它具有较高的机械强度、良好的绝缘性、耐热、耐腐蚀,因此常用于制造电器材料,如开关、灯头、耳机、电话机壳、仪表壳等,"电木"由此而得名。它的问世,对工业发展具有重要的意义。酚醛塑料由于原料来源丰富,合成工艺简单,价格便宜,产品又具有优良的性能,目前仍然是世界上使用量最大的热固性塑料。

热塑性塑料受热时,在一定的温度范围内熔化成液体,冷却后固化,再加热后又会熔化,可重复多次固化成型。热塑性塑料易于成型加工,但耐热性较低。常见的聚乙烯、聚氯乙烯、聚丙烯、聚苯乙烯塑料都是热塑性塑料。利用热塑性塑料的这个特点,可以对废旧的聚乙烯、聚氯乙烯等热塑性塑料回收后再循环利用,还可以用热黏法修补塑料制品。

探究热塑性塑料的性质

活动准备:聚乙烯塑料、试管、试管夹、酒精灯、火柴。

活动过程:
1. 将聚乙烯塑料颗粒放入试管中,用酒精灯缓缓地加热。观察塑料软化和熔化的情况。
2. 待塑料熔化后立即停止加热。观察冷却后固化的情况。
3. 将固化后的塑料继续缓缓加热,观察现象。

现象及结论:_____。

塑料的品种很多,用途也各不相同。表8-3-1列出了几种常见塑料的化学成分、性能和用途。

表8-3-1 常见塑料的化学成分、性能和用途

名称(化学成分)	性能	用途
聚乙烯(PE)	电绝缘性能好,耐化学腐蚀,耐寒,无毒	可制食品袋、药物包装材料、日常用品、管道、绝缘材料等
聚氯乙烯(PVC)	耐有机溶剂,耐化学腐蚀,耐磨,电绝缘性能好,抗水性好,对人体有毒	可制日常用品、电线包皮、管道、绝缘材料、建筑材料等,制成的薄膜不宜用来包装食品
聚苯乙烯(PS)	电绝缘性能好,透光性好,耐水,耐化学腐蚀,无毒	可制电视机外壳,汽车、飞机零件,玩具,医疗卫生用品,日常用品等
聚丙烯(PP)	机械强度好,电绝缘性好,耐化学腐蚀,质轻,无毒,耐油性差,低温发脆,容易老化	可制薄膜、日常用品、管道、包装材料

橡胶

橡胶是一种具有弹性、绝缘性、不透水和空气的高分子材料,按原料来源分为天然橡胶与合成橡胶两种。橡胶是制造飞机、汽车和医疗器械所必需的材料,是重要的战略物资。未经硫化的天然橡胶和合成橡胶称为生胶。生胶在高温时发黏而在低温时发硬发脆,缺乏良好的物理机械性能,实用价值不大。当橡胶配以硫化剂经过硫化(交联)以后,性能大大改善,尤其是橡胶的强度、弹性、硬度等一系列物理机械性能都会大幅度提高,成为具有应用价值的硫化胶。例如,聚异戊二烯橡胶加入少量的硫,由于交联较少,可得到弹性极好、拉伸度强的软质橡皮筋;加入较多的硫,交联多,则得到硬橡皮。

表8-3-2 常见橡胶的性能和用途

名称	性能	用途
天然橡胶	高弹性、机械强度好、电绝缘性好、不耐酸碱腐蚀	汽车轮胎、医用手套、胶布、胶鞋、橡皮筏
丁苯橡胶	热稳定性、电绝缘性和抗老化性好	可制轮胎、电绝缘材料、一般橡胶制品等
顺丁橡胶	弹性好、耐低温、耐磨	可制轮船、传送带、胶管等
氯丁橡胶	耐日光、耐磨、耐老化、耐酸碱、耐油性好	可制电线包皮、传送带、化工设备的防腐衬里、胶黏剂等

纤维

制作服装、窗帘、被褥的布料都是用纤维纺织成的。植物纤维(棉花、麻茎等)、动物纤维(羊毛、蚕丝等)和化学纤维是现代纺织工业不可或缺的原料。

常见的天然纤维和化学纤维的化学组成、主要性能见表8-3-3。

表8-3-3 常见纤维的化学组成、主要性能

常见纤维		化学组成	主要性能
天然纤维	棉丝	纤维素	吸水性好,易干,穿着舒适,不起静电,不耐磨
	蚕丝	蛋白质	吸水性好,手感柔和,有光泽,不起静电,不起球
	羊毛	蛋白质	弹性强、隔热性、保暖性好,水洗后收缩,易起球
化学纤维	人造纤维	纤维素(黏胶纤维)	吸水性好,穿着舒适,不起静电,不耐洗,不耐穿
	合成纤维	各种线型高分子聚合物(聚酰胺、聚酯、聚丙烯腈)	强度高,耐磨,不易染色,吸湿性、透气性差

探究几种天然纤维的燃烧

活动准备:纯棉布、羊毛、酒精灯、火柴、石棉网、镊子。

活动过程:

1. 用镊子分别夹取纯棉布、羊毛在酒精灯上点燃,然后移至石棉网上方,让燃烧残留物落在石棉网上。观察现象。

现象:_____

2. 待残留物冷却后,用手摸一摸,捏一捏。

现象:_____

纯棉布接近火焰时不熔不缩,迅速燃烧,离开火焰后继续燃烧,有烧纸的气味,有少量灰白色的灰烬。

羊毛接近火焰时先卷缩,燃烧缓慢,有烧毛发特有的焦糊味,离开火焰即停止燃烧,灰烬为黑色、膨胀易碎

的颗粒,用手一触即破碎。

天然纤维作为优良的纺织原料已经伴随了人类数千年,但随着人口的增长和经济文化的发展,天然纤维已远远不能满足人们的需求。于是人们思考通过化学手段来获取更为优质的纤维,化学纤维便应运而生。

化学纤维简称化纤,包括人造纤维和合成纤维两种。

人造纤维是利用天然高分子有机物如纤维素、蛋白质等为原料,经化学处理和机械加工而制成的。竹子、木材、甘蔗渣、牛乳等都是生产人造纤维的原料。我们熟悉的人造棉、天丝纤维等都是人造纤维。人造纤维一般具有与天然纤维相似的性能,有良好的吸湿性、透气性和染色性能,手感柔软,富有光泽,是一种重要的纺织材料。

合成纤维是利用天然气、石油化工产品、煤化工产品做原料制成相应的有机小分子化合物,再进行聚合反应制成的。合成纤维具有优良的性能,强度高、弹性好、耐磨、耐化学腐蚀和不怕虫蛀等,但吸水性和透气性不如天然纤维。在合成纤维中,锦纶(尼龙)、涤纶(的确良)、腈纶(人造羊毛)、丙纶、氯纶、维纶被称为"六大纶",广泛应用于农业生产和日常生活中。

表8-3-4 常见的合成纤维主要性能和用途

名称	性能	用途
涤纶(的确良)	弹性、耐磨性好,抗褶皱性强。不易变形,强度高但染色性、透气性较差	用于制作衣服、滤布、绳索、渔网、轮胎、帘子线等
锦纶(尼龙)	质轻,强度高,弹性、耐磨性好,但耐热、耐光性较差	用于制作衣服、袜子、手套、渔网、降落伞等
腈纶(人造毛)	质柔软,保暖性好,耐光性、弹性好,不发霉,不虫蛀,但耐磨性较差	用于制作衣服、毛线、毛毯、工业用布等

功能高分子材料

除三大合成材料(塑料、合成纤维和合成橡胶)外,功能高分子材料也逐渐为人们所熟悉。功能高分子材料种类很多,如高吸水性材料,生物活性材料、导电性材料、光敏性材料、催化剂材料等。

高吸水性树脂可以用淀粉、纤维素等天然高分子与丙烯酸、苯乙烯、丙烯腈等物质聚合得到。它自身不溶于水或有机溶剂,与水接触时能在短时间内吸收比自身质量大得多的水,同时具有良好的保水性能。高吸水性树脂不仅可以制作纸尿布,在农林业上做保水剂,还可在石油化学工业上用作脱水剂。触摸屏等电子仪器窗口材料是透明的导电薄膜,它是用具有导电功能的高分子材料制造的;有些计算机的键盘也使用导电橡胶,医用高分子材料与人体器官组织中的天然高分子有着相似的化学结构和理化性能,因此用这种材料做成的人造器官具有很好的生理相容性。

三角标代表可回收利用,里面的数字则代表不同材质。"1"表示原料为聚对苯二甲酸乙二醇酯(PET);"2"表示原料为高密度聚乙烯(HDPE);"3"表示原料为聚氯乙烯(PVC);"4"表示为低密度聚乙烯(LDPE);"5"表示原料为聚丙烯(PP);"6"表示原料为聚苯乙烯(PS);"7"表示原料是1至6类以外的塑料。不同的材质用途也有很大差别。

 巩固练习

1. 玻璃杯、砂锅、塑料瓶、自行车轮胎、橡皮等日用品中,属于无机非金属材料的有_____和_____,属于有机高分子合成材料的有_____、_____和_____。

2. 市场上有一种加酶洗衣粉,它是在洗衣粉中加入少量的碱与蛋白酶制成的。蛋白酶的催化活性很强,衣物的汗渍、血迹及人体排放的蛋白质、油渍遇到它,都能水解而除去。下列衣料中,不能用加酶洗衣粉洗涤的是(　　)。

①棉织品；②毛织品；③腈纶织品；④丝织品。

A. ①　　　　　　B. ②③　　　　　　C. ①③　　　　　　D. ②④

3. 橡胶制品硫化程度越高，强度越大，但弹性随之下降。下列橡胶制品中，加工时硫化程度最高的是（　　）
   A. 汽车轮胎　　　　　　　　　　　B. 节日悬挂的彩色气球
   C. 家庭用乳胶手套　　　　　　　　D. 橡皮

4. 氨纶是一种具有很高弹性的合成纤维，莱卡是其中一个著名的品牌。请推测下列产品适合加入莱卡的是（　　）。
   A. 游泳衣　　　　B. 体操服　　　　C. 内衣　　　　D. 窗帘布

5. 下列物质中，一定不是天然高分子化合物的是（　　）。
   A. 橡胶　　　　　B. 蛋白质　　　　C. 腈纶　　　　D. 纤维素

6. 根据右图衣服标签的部分说明回答下列问题：
   (1) 面料中的棉属于_____（填"天然"或"合成"，下同）有机高分子材料，面料中的涤纶属于_____有机高分子材料。
   (2) 你知道合成纤维有下列哪三个优点_____。（填序号）
      A. 强度高、弹性好
      B. 耐磨
      C. 吸水性、透气性好
      D. 耐化学腐蚀

   ```
   ○ 合格证
   标准：FZ/T81008
   型号：170/92
   面料：棉80%　涤纶20%
   检验：②
   洗涤说明：
   ……
   ```

7. 现在许多汽车的保险杠是用塑料制造的，取代以前的钢制保险杠。这种改变对下列人士来说，可能有什么好处？
   (1) 汽车制造商；(2) 车主；(3) 意外被保险杠撞到的行人。

科海拾贝　可降解塑料

塑料在自然环境中难以降解、腐烂，严重污染环境。由废弃塑料袋、一次性餐具引起的"白色垃圾"问题已成为"百年难题"。为解决这个问题，高效降解塑料的研究开发已成为塑料界、包装界的重要课题，而且成为全球热点。降解塑料在一定条件下最终会转化成对环境无害的产物，因此我们又称它为"绿色塑料"。这些塑料有的可以通过吸收太阳光、通过光化学反应而分解，我们称之为"光降解塑料"；有的可以通过微生物作用而分解，我们称之为"生物降解塑料"；有些则可以通过空气中光和氧气的作用而分解，我们称其为"化学降解塑料"。

实训活动　尿不湿的吸水能力

活动准备　尿不湿、棉花、海绵、卫生纸、水、剪刀、烧杯、量筒、天平。

活动过程

1. 用剪刀层层剪开尿不湿，观察尿不湿的构成，并猜测尿不湿应具备哪些重要性能。
2. 取 3 克尿不湿填充物、棉花、海绵和卫生纸，分别放在四个烧杯中，然后各加入 100 mL 水，用玻璃棒搅拌，使其与水充分接触浸湿。
3. 若干分钟后，分别倒出四个烧杯里多余的水，测量并记录多余水的体积，比较四种材料的吸水性。
4. 把吸水后的几种材料放到窗口通风处，每隔一段时间称其质量，比较哪种材料更容易失水。

原理解释　尿不湿中的有机高分子材料是聚丙烯酸钠，具有很强的吸水性，

幼儿活动　塑料制品

活动准备　塑料制品及其他物品若干；人手一份布袋、塑料袋、装满水的脸盆5个；视频材料；操作材料（水、袋子、塑料管、玻璃瓶一个、塑料瓶、塑料调羹等塑料制品）。

活动过程

1. 认识塑料制品，了解其用途。教师在桌子上展示许多物品，让幼儿找出塑料制品并说明用途。
2. 探索了解塑料制品的特性。幼儿通过讨论初步探索其特性。（轻巧、不易碎。）

老师用布袋和塑料袋子装水，再得出塑料不渗水的特性。

总结：塑料制品很轻巧，使用方便，不容易摔坏，而且它不渗水。

3. 了解塑料制品与我们生活的关系，塑料制品旧了、坏了，该怎么办呢？能不能随便乱扔呢？懂得要适度使用并爱护塑料制品。
4. 播放视频，教育幼儿学用环保袋。

第九章
能 源 与 环 境

煤、石油、天然气是当今主要的能源来源。能源是人类社会赖以生存和发展的物质基础,在国民经济中具有特别重要的战略地位。但是,能源利用带来的环境问题也不容忽视。酸雨、温室效应、臭氧层空洞和赤潮已成为最典型的全球环境问题,正在威胁着人类的生存和发展。另外,突发性的人为灾害事故频发,如化学药品的泄露、地下水污染等现象使人忧虑。在环境保护的背景下,世界能源发展迎来了新的机遇和挑战。

第一节　煤　石油　天然气

2017年1月1日起,全国范围内已经开始执行国V标准的车用汽、柴油,即原93、97号汽油将被92、95号汽油所取代。为什么这样做?

煤

煤炭是千百万年来植物的枝叶和根茎,在地面上堆积而成的一层极厚的黑色的腐殖质,由于地壳的变动不断地埋入地下,长期与空气隔绝,并在高温高压下,经过一系列复杂的物理化学变化等因素,形成的黑色可燃沉积岩。其组成主要以碳元素为主,还含有少量氢、氧、氮、硫等元素。中国煤炭资源储量丰富,远景储量达5万多亿吨,已探明的资源量为1.12万亿吨,仅次于俄罗斯和美国,居世界第三位。在中国已探明的一次能源资源储量中,煤炭占94%,石油和天然气分别占5.4%和0.6%。

在很长的一段时间里,煤只是作为一种燃料为人们使用。这是使用煤的严重浪费,对环境也造成极大的污染。如何提高煤的燃烧效率和解决煤引起的污染,以及如何分离提取煤中的化工原料,这是在煤炭清洁利用中急需解决的问题。目前,已经有实用价值的办法主要是煤的干馏和煤的气化、液化。

1. 煤的干馏

煤在隔绝空气条件下受热分解过程叫做煤的干馏,也叫做煤的焦化。把煤粉放入铁管中,隔绝空气加强热,煤粉受热后会有气体生成,如图9-1-1所示。这些气体经过冷却,一部分在U形管中凝结,并分为两层,上层为澄清透明的水溶液,下层为黑褐色黏稠的油状物——煤焦油。另一部分没有凝结的气体可以点燃,这种这种气体叫做焦炉气。反应结束后,留在铁管中的黑灰色的固体物质叫做焦炭。

煤干馏还可以得到多种有价值的化学产品,如苯。苯是1825年由英国科学家法拉第首先发现的。苯的分子式为C_6H_6,是一种环状结构

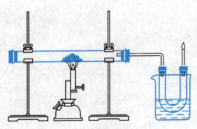
图9-1-1　煤的干馏实验

有机物,如图 9-1-2 所示,结构式为 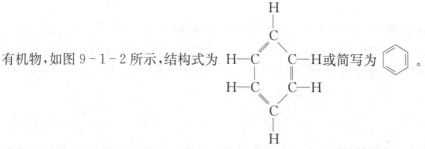 或简写为 ⌬ 。

图 9-1-2 苯分子比例模型

苯通常是无色、带有特殊气味的液体,有毒,不溶于水,密度比水小,熔点为 5.5 ℃,沸点为 80.1 ℃;如用冰冷却,可凝成无色晶体。它是一种重要的化工原料,广泛用于生产合成纤维、合成橡胶、塑料、农药、染料和香料等,也常用作有机溶剂。

 苯在水中的溶解性

活动准备:苯、水、试管。
活动过程:
  在试管中加入 2 mL 水和 2 mL 苯,振荡试管,静置,观察现象。
  现象:_____。

2. 煤的气化和液化

煤的气化是把煤中的可燃性物质转化成气体燃料的过程。进行煤气化的装置叫做煤气发生炉,气化生成的气体燃料叫做煤气。煤气化的主要化学反应是碳和水蒸气的反应:

$$C + H_2O \xrightarrow{\text{高温}} CO + H_2$$

煤的液化是把煤转化成液体燃料的过程。将煤与适当的溶剂混合后,在高温高压下,使煤与氢气作用生成液体燃料。

石油

图 9-1-3 原油

石油又称原油,是一种黏稠的、深褐色液体,如图 9-1-3 所示。它是古代海洋或湖泊中的生物经过漫长的地球化学演化形成的复杂混合物,属于化石燃料。石油是现代社会主要能源之一。目前全世界每年约消耗石油 30 亿吨,其中 85% 以上作为燃料。

石油的主要组成元素是碳和氢,此外,还含有少量硫、氮、氧以及微量金属元素(镍、钒、铁、铜等)。石油的组分构成复杂,含有相对分子质量从几十到几千的各种组分。组成石油的化合物主要是烃类,包括烷烃、环烷烃和芳烃。

从原油中提取各种燃料油、润滑油、石蜡、沥青等产品的生产过程,通常叫石油炼制。

1. 石油的分馏

石油是混合物,没有固定沸点。在给石油加热时,低沸点的物质先气化,经过冷凝后分离出来。随着温度的升高,较高沸点的物质再气化,经过冷凝后又分离出来。这样不断地加热和冷凝,就可以把石油分成不同沸点范围的蒸馏产物。这种方法就是石油的分馏,如图 9-1-4 所示。

工业上分馏石油是在分馏塔内进行的。石油经过分馏及进一步的加工精制,就可以得到一系列石油分馏产品。

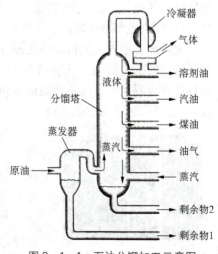

图 9-1-4 石油分馏加工示意图

2. 石油的裂化

石油通过分馏获得的汽油、柴油、煤油等轻质油的产量比较低,仅占石油总量的25%左右。但社会需求量大的正是这些轻质油,为了提高轻质油的产量,特别是提高汽油的产量,可以采用裂化的方法从重油中获得轻质油。裂化就是在一定条件下,将相对分子质量较大、沸点较高的烃断裂为相对分子质量较小、沸点较低的烃的过程。

天然气

天然气是埋藏在地下的古生物经过亿万年的高温和高压等作用而形成的。天然气是一种无色无味无毒、热值高、燃烧稳定、洁净环保的优质能源。我国是世界上最早利用天然气作燃料的国家。我国的天然气主要分布在中西部的四川、重庆、甘肃、青海、新疆等地区及海底,已探明储量为1.37万亿立方米,居世界第19位。为了改善我国东部的能源结构,已经启动的"西气东输",是将新疆等地的天然气,通过管道东输到长江三角洲,最终到达上海的一项巨大工程。

天然气是多种气体的混合物,其主要成分是甲烷,还含有乙烷、丙烷、丁烷、戊烷以及氮气、二氧化碳、硫化氢等。

甲烷是最简单的有机物,分子式为CH_4,结构式为 $\begin{array}{c} H \\ | \\ H-C-H \\ | \\ H \end{array}$,是一种无色、无味的气体,密度比空气小,极难溶于水。纯净的甲烷在空气中安静地燃烧,发出淡蓝色的火焰,生成二氧化碳和水,并释放出大量的热。

天然气是较为安全的燃气之一,密度比空气小。一旦泄漏,立即会向上扩散,不易积聚形成爆炸性气体,安全性较高。采用天然气作为能源,可减少煤和石油的用量,能减少二氧化硫和粉尘排放量近100%,减少二氧化碳排放量60%和氮氧化合物排放量50%,并有助于减少酸雨形成,舒缓地球温室效应,从根本上改善环境质量,是一种高效、低耗、污染小的清洁能源。

新能源的开发

煤、石油和天然气是现代主要能源,又是短期内不可能再生的能源。根据国际能源机构统计,石油、天然气和煤炭这3种人类使用的主要能源可开采年限,分别只有40年、50年和240年。主要能源储量有限,而社会进步所带来的能源消耗却在不断地快速增长着,开发新能源已成为全球可持续发展的当务之急。迄今为止,人类已经开发、利用并且还在继续研究的现代新能源主要有生物能、太阳能、风能、海洋能、地热能、氢能、核能等。

生物能是以生物为载体,将太阳能以化学能形式贮存的一种能量。它直接或间接地来源于植物的光合作用,其蕴藏量极大,仅地球上的植物,每年生产量就相当于目前人类消耗矿物能的20倍。作为新能源主要是要研究和发展使农牧业废料、高产作物(如甘蔗、高粱、甘薯等)、速生树木等生物质转化为可燃性的液体或气体化合物,即把生物能转化为化学能的方法和途径。例如,利用生物质经发酵或高温热分解等方法制造甲醇、乙醇等干净的液体燃料。

太阳能是地球上最根本的能源,煤、石油中的化学能及生物能、风能、海洋能等都来自太阳。太阳能也是最清洁的一种能源,总量非常丰富,太阳能每年到达地球表面的太阳辐射能相当于173万亿吨标准煤,是目前全世界所消费的各种能量总和的2万倍左右。太阳能可以通过集热器直接供热,通过光电池直接发电,也可以通过太能电站间接发电,还可以利用太阳能制氢。

风能是因空气流做功而提供给人类的一种可利用的能量。空气流速越高,动能越大。人们可以用风车把风的动能转化为旋转的动作去推动发电机,以产生电力,如图9-1-5所示。到2008年为止,全世界以风力产生的电力约有94.1百万千瓦,供应的电力已超过全世界用量的1%。德国是世界上利用风能最多的国家,约占全球风电的40%。风能发电目前占德国总发电量的5%,按德国政府规划,到2050年这一比例将上升到50%。风能蕴量巨大,可以再生、分布广泛、没有污染。

图9-1-5 鄱阳湖畔风电场

海洋能是指大海将太阳能以及派生的风能等以热能、机械能等形式蓄在海水里，不像在陆地和空中那样容易散失。海洋能是海水运动过程中产生的可再生能，主要包括温差能、潮汐能、波浪能、潮流能、海流能、盐差能等。

核能发电是利用核反应堆中核裂变所释放出的热能进行发电的方式。核反应所放出的热量比燃烧化石燃料所放出的能量要高很多，而需要的燃料体积比火力电厂要少很多；核能发电不像化石燃料发电那样排放巨量的污染物质到大气中，不会造成空气污染；核燃料能量密度比起化石燃料高上几百万倍，体积小，运输与储存都很方便。一座 1 000 百万瓦的核能电厂一年只需 30 吨的铀燃料，一航次的飞机就可以完成运送。核能在国际上已获得了广泛的利用和发展，并将成为世界未来能源的支柱之一。

海拾贝 可燃冰

可燃冰的学名为天然气水合物，分布于深海沉积物或陆域的永久冻土中，由天然气在高压低温条件下形成的类冰状的结晶物质。因其外观像冰一样而且遇火即可燃烧，如图 9-1-6 所示。可燃冰里甲烷占 80%～99.9%，可直接点燃，燃烧后几乎不产生任何残渣，污染比煤、石油、天然气都要小得多。1 立方米可燃冰可转化为 164 立方米的天然气和 0.8 立方米的水。目前，全世界拥有的常规石油天然气资源，将在 40 年或 50 年后逐渐枯竭。而科学家估计，海底可燃冰分布的范围约 4 000 万平方公里，占海洋总面积的 10%，海底可燃冰的储量够人类使用 1 000 年，因而被科学家誉为"未来能源"、"21 世纪能源"。

图 9-1-6 可燃冰

 将"93 号、97 号"变为"92 号、95 号"是使油品质量提高。由国 Ⅳ 升为国 Ⅴ，油品的硫、烯烃和锰含量等下降幅度较大，硫含量指标限值，由 50 mg/kg 下降为 10 mg/kg，下降 80%。油品质量升级后，将有效减少汽车尾气排放，防治雾霾，改善空气质量。同时，也能有效提高油品的燃烧性能，延长发动机使用寿命。

 巩固练习

1. 下列过程属于物理变化的是（　　）。
   A．石油的裂化 　　　　　　　　　B．石油的分馏
   C．煤的干馏　　　　　　　　　　　D．煤的液化
2. 下列说法错误的是（　　）。
   A．石油催化裂化是把分子量大、沸点高的烃分子断裂为分子量小、沸点低的烃分子
   B．煤是由有机物和无机物组成的复杂的混合物
   C．煤中含有苯和甲苯可以用先干馏后分馏的方法把它们分离出来
   D．石油催化裂化可以提高汽油的质量和产量
3. 上网或查阅有关资料了解我国新能源的开发和利用情况。

幼儿活动 蜡烛灭了

活动准备　　大小相同的蜡烛两支、大小不同的干燥玻璃瓶两只、打火机。

活动过程

1. 观察蜡烛燃烧的现象。火焰的颜色，蜡烛自身的变化。
2. 讨论如何使燃着的蜡烛熄灭。可以用嘴巴吹灭、用扇子扇灭、用水浇灭。
3. 利用现有的材料，尝试一些其他的方法，幼儿实践操作。

幼儿将大小不同的两个玻璃杯盖在相同长短燃着的蜡烛上，观察现象。如瓶身会发烫、瓶壁上有小水滴、火焰是慢慢熄灭的，两个玻璃杯中的蜡烛熄灭的先后顺序等。

4. 鼓励幼儿讨论其中的原因，引导幼儿得出结论：燃烧的蜡烛被罩上杯子后为什么会熄灭？（因为里

面没了空气,所以燃烧的蜡烛就会熄灭,空气有帮助燃烧的作用)知道空气与燃烧之间的关系。

原理解释　物质燃烧需要氧气助燃,当玻璃瓶内的氧气用完时,蜡烛熄灭。

第二节　原 电 池

电动玩具里的电池没电了,孩子想随手将废电池扔到垃圾桶里,却被妈妈制止了。这是为什么?

金属与酸的反应

活动准备:锌片、铜片、稀硫酸、导线、烧杯。

活动过程:

在烧杯中加入适量的稀硫酸,如图9-2-1所示组装仪器,观察现象。

烧杯a中的现象:_____;

烧杯b中的现象:_____。

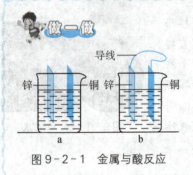

图9-2-1　金属与酸反应

原电池

物质在发生化学反应时,常伴有化学能与热能、光能、化学能等的相互转化。

原 电 池

活动准备:锌片、铜片、稀硫酸、导线、烧杯。

活动过程:

把锌片和铜片平行插入盛有稀硫酸的烧杯里,如图9-2-2所示,用导线连接,并在中间接入一个电流计,观察电流计的指针变化。

现象:_____。

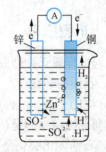

图9-2-2　原电池原理

实验结果表明,用导线把锌片和铜片连接后,锌片不断溶解,铜片上则有气泡产生。电流计的指针发生偏转,这说明当铜片和锌片一同浸入稀硫酸时,由于锌比铜活泼,容易失去电子,锌被氧化成Zn^{2+}而进入溶液,电子由锌片通过导线流向铜片,溶液中的H^+从铜片获得电子被还原成氢原子,氢原子结合成氢分子从铜片上放出。这一变化过程可以表示如下:

$$锌片:Zn-2e=Zn^{2+} \quad (氧化反应)$$
$$铜片:2H^++2e=H_2\uparrow \quad (还原反应)$$

上述氧化还原反应,确实因电子的转移而产生电流,即反应时化学能转变为电能。这种把化学能转化为电能的装置叫做**原电池**。在原电池中,电子流出的一极是负极(如锌片),电极被氧化。电子流入的一极是正极(如铜片),H^+在正极上被还原。

人们利用原电池原理,将化学能直接转化为电能,制作了多种电池,如干电池、蓄电池、充电电池以及高能燃料电池,以满足不同的需要。在现代生活、生产和科学研究以及科学技术的发展中,电池发挥的作用不可代替,大到宇宙火箭、人造卫星、飞机、轮船,小到电脑、电话、手机以及心脏起搏器等,都离不开各种各样的电池。

干电池

干电池常用作手电筒照明、收音机等的电源。随着科学技术的发展,干电池已经发展成为一个大的家族,到目前为止已经有100多种。常见的有普通锌-锰干电池、碱性锌-锰干电池、镁-锰干电池、锌-空气电池、锂-锰电池等。锌-锰干电池的结构,如图9-2-3所示。插在电池中央的石墨棒是正极,顶端有一铜帽;在石墨棒的周围填满二氧化锰和炭黑的混合物,并用离子可以通过的长纤维纸作隔膜;隔膜外是调成糊状的氯化铵,作为电解质溶液;最外面是由锌筒制成的干电池外壳,作为负极。电池顶部用蜡和火漆封口。这种电池的电量小,而且在放电的过程中容易发生气胀和漏液。因此,随着用电器朝着小型化、多功能化发展的要求,对电池的发展也提出了小型化、高性能化的要求。

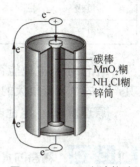

图9-2-3 干电池构造

铅蓄电池

蓄电池价格低廉、原材料易于获得,使用上有充分的可靠性,具有大电流放电及广泛的环境温度范围等优点。它的主要缺点是单位重量电极材料释放的电能小,十分笨重,对环境腐蚀性强。

除了铅蓄电池外,还有多种蓄电池。例如,镍-镉可充电电池广泛用于收录机、电话机等。银-锌蓄电池是一种高能电池,质量轻、体积小,是人造卫星、宇宙火箭、空间电视转播站等的电源。

> 废电池中含有锰、汞、锌、铬等重金属。废电池无论在大气中还是深埋在地下,其重金属成分都会随渗液溢出,造成地下水和土壤的污染,这些有毒物质通过各种途径进入人体内,长期积蓄难以排除,损害神经系统、造血功能和骨骼,甚至可以致癌,严重危害人类健康。

 巩固练习

调查化学电池的种类、名称、形状、电压、是否可充电、价格、存放期、特点、用途、回收途径等,列表比较,然后与同学交流。

科海拾贝 燃料电池

燃料电池是一种将存在于燃料与氧化剂中的化学能直接转化为电能的发电装置。燃料和空气分别送进燃料电池,电就被奇妙地生产出来。它从外表上看有正负极和电解质等,像一个蓄电池,但实质上它不能"储电"而是一个"发电厂"。

燃料电池十分复杂,涉及化学热力学、电化学、材料科学、电力系统及自动控制等学科的有关理论,具有发电效率高、环境污染少等优点。能量转化效率高,直接将燃料的化学能转化为电能,中间不经过燃烧过程。燃料电池系统的燃料-电能转换效率在45%～60%,而火力发电和核电的效率在30%～40%。并且,有害气体 SO_x,NO_x 及噪音排放都很低,CO_2 排放因能量转换效率高而大幅度降低,对环境污染小。

实训活动 水果电池

活动准备 苹果、西红柿、柠檬、废旧电池、铜片、铁钉、导线若干、电压表、剪刀。

活动过程

1. 不同水果实验探究:

(1) 拆开废旧电池得到锌皮和碳棒备用。

(2) 用锌片做负极、碳棒做正极与不同的水果组合成电池。

将锌片和碳棒插入水果中,用导线连接,并在中间接入电压表,观察指针偏转情况。

结论:一般水果都能发电,但不同的水果所产生的电压是不同的。

2. 不同电极材料实验探究：选用一种水果用不同的电极材料组装电池。

正极	铜片	铁钉	碳棒	铜片	碳棒
负极	锌片	锌片	锌片	铁钉	铁钉
电压					

结论：水果电池能否做成功，与其选用的电极材料关系很大。同一个水果，在使用不同材料的电极时，其产生的电压有很大的区别。

原理解释　电池电压的大小与电极材料和电解质溶液有密切关系。

 神奇的水果

活动准备　苹果、电池、锌片、碳棒（锌片和碳棒可以从废电池中得到）、导线、发光二极管。

活动过程

1. 通过电动玩具中使用的电池引入活动。
2. 向幼儿简单介绍电池的结构（正极、负极），并向幼儿展示拆开的废电池，认识其中的电极材料：正极是碳棒、负极是锌片，以及黑色糊状物可以导电。
3. 我的水果能发电。教师先演示组装水果电池，将锌片和碳棒分别插入苹果中，用导线连接，并在其中连接发光二极管（发光二极管的长脚是正极，短的是负极），小灯泡亮了。

幼儿动手操作制作水果电池。

4. 对比干电池和水果电池构成，发现水果能让灯泡亮的奥秘。

原理解释　水果电池的结构与干电池的结构相似，所以可以使灯泡变亮。

第三节　保护人类赖以生存的环境

近些年空气污染成为热点问题，其中一个重要污染源来自于汽车尾气。所以国家致力于开发研究新能源汽车替代传统汽车来解决尾气的污染问题。什么是新能源汽车呢？

保护大气环境

大气是包围在地球周围的一层气体，是地球上一切生命赖以生存的气体环境，也是人类的保护伞。但是，近半个多世纪以来，工业和交通运输迅速发展，城市人口高度集中，人类向大气中大量排放烟尘和有害气体。这不仅危害到人们的正常生活，也威胁着人们的身心健康。控制大气污染，保护环境，已成为当代人类一项重要事业。

1. 大气污染的危害

大气污染物根据组成成分，可以分为颗粒物，硫的氧化物（SO_2 和 SO_3）、氮的氧化物（NO 和 NO_2）、CO、碳氢化合物以及氟氯代烷（氟利昂，常用作制冷剂）等。

大气污染的危害是多方面的，它既危害人体健康，又影响动植物的生长，严重时会影响地球的气候。例如，全球气候变暖、高空臭氧层的破坏、酸雨以及光化学烟雾等。

(1) 全球气候变暖　温室气体的大量排放造成的温室效应的加剧是全球变暖的基本原因。能产生温室效应的气体有二氧化碳、甲烷、氯氟化碳、臭氧、氮的氧化物和水蒸气等，其中最主要的是二氧化碳。

随着工业的飞速发展和人口剧增，人类消耗的矿物燃料激增，增大了燃烧产物的排放；并且大片森林的毁坏，尤其是热带雨林的衰退，使森林吸收的二氧化碳大量减少（1 公顷森林每天吸收 1 000 kg 二氧化碳），另外烧毁森林也释放出大量的二氧化碳。这些都使大气中的二氧化碳的含量急剧增加。

全球气候变暖会气候变得更暖和，冰川消融，海平面将升高，使海岸侵蚀，海水入侵沿海地下淡水层，沿海土地盐渍化等,从而造成海岸、河口、海湾自然生态环境失衡,给海岸带生态环境带来了极大的灾难;有些地区极端天气气候事件(厄尔尼诺、干旱、洪涝、雷暴、冰雹、风暴、高温天气和沙尘暴等)出现的频率与强度增加;还会导致极热天气频率增加,使得心血管和呼吸道疾病的患者死亡率增高(尤其是老人和儿童),传染病(疟疾、脑膜炎等)的频率由于病原体的(病菌、病毒)的更广泛传播而增加。

(2) 臭氧空洞　臭氧有吸收太阳紫外辐射的特性,臭氧层会保护我们不受到阳光紫外线的伤害,所以对地球生物来说是很重要的保护层。但是,随着人类活动,特别是广泛用于冰箱和空调制冷、泡沫塑料发泡、电子器件清洗的氟氯代烷以及灭火剂含溴的卤代烷(又称哈龙)等与臭氧发生作用,另外 CCl_4、CH_4、喷气式飞机在高空飞行排出的氮氧化合物(N_2O、NO)以及大气中的核爆炸等也会破坏臭氧层。臭氧层受到破坏后,人类会受到过量的太阳紫外辐射。臭氧减少 1%,皮肤癌患者增加 4%～6%,白内障发病率增加 0.6%～0.8%。2011 年 10 月,国际研究人员发表报告说,北极上空首次出现像南极上空的臭氧空洞,面积最大时相当于 5 个德国。

(3) 酸雨　酸雨是指 pH 小于 5.6 的酸性降水,主要是人为的向大气中排放大量酸性物质(硫氧化物和氮氧化物)造成的:

$$2SO_2 + H_2O \rightleftharpoons H_2SO_3 \quad 2H_2SO_3 + O_2 \xrightarrow{\text{催化剂}} 2H_2SO_4$$

$$2NO + O_2 \rightleftharpoons 2NO_2 \quad 4NO_2 + O_2 + 2H_2O \rightleftharpoons 4HNO_3$$

我国的酸雨主要是因大量燃烧含硫量高的煤而形成的,多为硫酸雨,少为硝酸雨。

(4) 光化学烟雾　汽车、工厂等污染源排入大气的碳氢化合物和氮氧化物(NO_x)等一次污染物,在阳光的作用下发生化学反应,生成臭氧(O_3)、醛、酮、酸、过氧乙酰硝酸酯(PAN)等二次污染物。参与光化学反应过程的一次污染物和二次污染物的混合物所形成浅蓝色有刺激性的烟雾污染现象叫做光化学烟雾。

光化学烟雾的成分非常复杂,具有强氧化性,明显的危害是对人眼睛的刺激作用。在美国加利福尼亚州,由于光化学烟雾的作用,曾使该州 3/4 的人发生红眼病。光化学烟雾也会对鼻、咽喉、气管和肺等呼吸器官也有明显的刺激作用,使呼吸疾病恶化。对老人、儿童及病弱者尤其严重。光化学烟雾会影响植物生长,使导致高产作物的高产性能消失,甚至使植物丧失遗传能力;并会促成酸雨形成,造成橡胶制品老化、脆裂,使染料褪色,建筑物和机器受腐蚀,并损害油漆涂料、纺织纤维和塑料制品等;同时还会使大气的能见度降低,视程缩短,妨害了汽车与飞机等交通工具的安全运行,导致交通事故增多。

图 9-3-1　20 世纪 40 年代美国洛杉矶光化学烟雾事件

2. 保护大气环境

为了控制全球变暖,减少大气中的二氧化碳,要停止滥伐森林,加强绿化,用太阳光的光合作用大量吸收和固定大气中的二氧化碳;另外还要调整能源结构,增加清洁能源比例,发展、利用太阳能、核能、水能、风能、地热能等,减少二氧化碳的排放。为了保护臭氧层,要减少并逐步禁止氟氯代烷等消耗臭氧层的物质的生产和使用,积极研制新型的制冷系统。为了防治酸雨要减少人为硫氧化物和氮氧化物的排放,除采用低硫能源或清洁能源外,还可以采用燃料脱硫和烟气脱硫等方法。为减少光化学污染要改善汽车发动机的结构与工作状态,降低燃料消耗,减少有害气体排放。

珍惜水资源

水是一种宝贵的自然资源,是人类生活、动植物生长和工业生产不可缺少的物质。随着工农业生产的迅速发展和人口的急剧增长,水资源日趋紧张。工农业生产中的废水、生活废弃物排放到水中,使江河、湖泊、海洋及地下水受到污染。日趋加剧的水污染,已对人类的生存安全构成重大威胁,成为人类健康、经济和社会可持续发展的重大障碍。

1. 水污染的危害

(1) 对人体健康的危害　被寄生虫、病毒或其他致病菌污染的水通过饮水或食物链进入人体,会引起多种传染病和寄生虫病。重金属污染的水,也会对人的健康造成危害。被镉污染的水、食物,人饮食后,会造成肾、骨骼病变,摄入硫酸镉 20 mg 就会造成死亡。铅造成的中毒,会引起贫血,神经错乱。有机氯农药会在脂肪中蓄积,对人和动物的内分泌、免疫功能、生殖机能均会危害。稠环芳烃多数具有致癌作用。

据世界卫生组织报道,世界上80%的疾病与水有关。伤寒、霍乱、胃肠炎、痢疾、传染性肝类是人类五大疾病,均由水的不洁引起。

(2) 对工农业生产的危害 水质污染后,工业用水必须投入更多的处理费用,造成资源、能源的浪费,食品工业用水要求更为严格,水质不合格,会使生产停顿。这也是工业企业效益不高、质量不好的因素。农业使用污水,使作物减产,品质降低,甚至使人畜受害,大片农田遭受污染,降低土壤质量。海洋污染的后果也十分严重,如石油污染,造成海鸟和海洋生物死亡。

(3) 水体富营养化的危害 生活污水和某些工业废水中,经常包含有大量氮、磷、钾的混合物,它们是植物生长、发育的养料。有机物在分解过程中,大量消耗水中溶解的氧,并释放出养分,促进水中藻类和其他浮游生物大量繁殖,使水体通气不良,溶解氧下降,甚至出现无氧层,以致使水生植物大量死亡。这种现象称为水的富营养化。富营养化的水臭味大、细菌多,死亡动植物遗骸在水底腐烂沉积,使水质不断恶化,影响渔业生产,并通过食物链危害人体健康。

2. 保护水资源

(1) 发展节水型先进工艺,尽量减低工业用水量 如采用干法印染代替有水印染;采用酶法制革代替碱法制革,便可避免产生危害较大的碱性废水;炼钢厂用氧化转炉代替老式平炉,不但提高了钢的质量,而且降低用水量86%~90%,见表9-3-1。

表9-3-1 我国生产1吨工业产品所需的水量与世界先进水平的比较

产品名称	我国均耗水量/m³	世界先进水平耗水量/m³
钢铁	70~100	3~5
石油炼制	5~6(有的高达20以上)	0.2

(2) 提高水资源利用率,减少水资源浪费 有效节水的关键在于利用中水,实现水资源重复利用。中水的利用,不仅能带来可观的经济效益和环境效益,又能让社会形成一种珍惜水资源的良好风气。目前,北京、天津、大连、青岛等城市水重复利用率已达70%;许多大中型企业已经开发利用中水。

(3) 进行水资源污染防治,实现水资源综合利用 防止水体污染,改善水质,最根本的措施是控制工业废水和生活污水的排放。例如,回收废水中的有用成分,减少废水的排放量;采用革新工业,降低水中污染物的浓度;加强污水处理,使污水达到国家规定的标准后再排放;加强对水体及污染源的监测和管理。

(4) 减少农业用水量,实行科学灌溉 农业灌溉用水中只有37%用于作物生长,其余63%因渗漏、蒸发等原因浪费了。所以,要改进灌溉方式,采用滴灌技术,将水直接送到紧靠植物根部的地方,以使蒸发和渗漏水量减到最小。

新能源汽车是指采用非常规的车用燃料作为动力来源,综合车辆的动力控制和驱动方面的先进技术,形成的技术原理先进、具有新技术、新结构的汽车。新能源汽车包括四大类型混合动力电动汽车(HEV)、纯电动汽车(BEV,包括太阳能汽车)、燃料电池电动汽车(FCEV)、其他新能源(如超级电容器、飞轮等高效储能器)汽车等。

 巩固练习

1. 近年来,温室效应加剧所带来的环境问题是(   )。
① 全球海平面上升;② 将导致两极地区及陆地上高山冰雪消融;③ 城市形成光化学烟雾;④ 全球河流径流量减少。
   A. ①②　　　　　　B. ③④　　　　　　C. ②④　　　　　　D. ①③

2. 防治酸雨最根本的途径是(   )。
   A. 减少矿物燃料的使用量　　　　　　B. 减少温室气体的排放量
   C. 大力植树造林　　　　　　　　　　D. 减少硫氧化物、氮氧化物的排放量

3. 通过网络了解太湖是怎样被污染的?

4. 合理利用和保护有限的水资源我们应该怎么做？

科海拾贝　中水

中水主要是指城市污水或生活污水经处理后达到一定的水质标准，可在一定范围内重复使用的非饮用水。它的水质介于污水和自来水之间。在美国、日本、以色列等国，厕所冲洗、园林和农田灌溉、道路保洁、洗车、城市喷泉、冷却设备补充用水等，都大量的使用中水。我国是水资源匮乏的国家，但目前还没有中水利用专项工程，也没有专项资金，只是政策上引导，各城市的中水利用量是根据此城市的缺水程度不同而定的。北京奥运会的主场馆国家体育场"鸟巢"是一个很典型的节水工程，其中"鸟巢"70％的供水使用中水，用于比赛跑道的冲洗和场馆的室外绿化。

实训活动　污水对植物的影响

活动准备　绿豆种子、洗涤剂（沐浴露、洗洁精、洗衣粉、洗衣液、厕清液）、矿泉水瓶、剪刀、标签、烧杯、培养皿、量筒。

活动过程

1. 配制洗涤剂溶液：取 500 mL 的烧杯 6 个，分别贴上沐浴露、洗洁精、洗衣粉、洗衣液、厕清液、矿泉水的标签，往每个烧杯中加入 500 mL 的矿泉水，除矿泉水组作为对照组外，其他各组各加入相应的洗涤剂 1 mL，用玻璃棒搅拌，配成浓度约为 0.2％ 的实验溶液。

2. 进行实验：挑选大小一致、饱满程度相同的绿豆种子，以每组 50 粒放入各个培养皿中，并在每个培养皿中加入相对应的适量的洗涤溶液。用配好的各洗涤剂溶液按相同的量分别对绿豆种子进行浇灌，放在相同环境下进行培养。在以后的第三、四、五、六天中，分别将配好的各洗涤剂溶液按相同的量分别对发芽的绿豆种子进行补充浇灌，并写好观察记录。

3. 记录实验结果：实验组绿豆种子与对照组相比，萌发后的生长状况明显不良，不同程度地出现萎蔫、发褐现象，说明不同洗涤剂对绿豆种子发芽及生长都有一定的影响。其中，厕清液、洗洁精的影响最大，洗衣液、洗衣粉的影响次之，而洗发露的影响相对最小。

幼儿活动　可怕的白色污染

活动准备　提前在两个花盆中埋入一个塑料袋、一个纸袋并做记号，多媒体图片、纸袋、布袋、竹篮。

活动过程

1. 了解塑料袋在生活中的使用情况及危害，出示塑料袋请幼儿说说在生活中哪些地方塑料袋用得多？使用它好不好？

2. 了解塑料袋对环境造成的污染。出示四组多媒体图对比观察并讨论。图一：马路上随意乱扔，影响美观。图二：丢弃到河里、水库里，污染水。图三：被动物误食后生病死亡。图四：丢弃到田野里，影响植物生长。

3. 观察课前的实验结果：挖出塑料袋和纸袋比较其变化：纸有些腐烂而塑料袋却完好无损，这是为什么？在自然界中的虫类和其他微生物会使纸袋慢慢分解腐烂，而塑料袋却不容易分解，形成白色污染。它会在土壤中睡上好多年，而且会产生有害物质。

4. 讨论减少塑料袋污染的方法。环境保护要靠我们每一个人，希望我们每个人做一个环保小宣传员，告诉身边的人少用塑料袋，多用纸袋、布袋、竹篮。

图一

图二

图三　　　　　　　图四

第三模块

生命历程

第十章

地球上的生物

地球的陆地、河流、湖泊、海洋和天空中,到处生活着植物、动物和肉眼看不见的微小生物。它们中的绝大多数都是人类的朋友。它们和人类一起构成了一幅协调和美丽的图画。让我们一起带领幼儿,走入这个艳丽多姿的生物世界吧。

第一节 生物的基本特征

机器人能够完成很多人类能够完成的工作,机器人和人有什么区别?玩具小鸡和真正的小鸡有什么区别?生物和非生物有什么区别?

生物的共同特征

(1) 生物体都具有严整的结构。除病毒等少数生物种类外,大多数生物体是由细胞构成的,细胞是生物体结构和功能的基本单位。动、植物的细胞都有细胞膜、细胞质和细胞核等结构。两者也有不同的地方:植物细胞有细胞壁、叶绿体和液泡等结构,动物细胞则没有。动物细胞的结构特点适于奔跑、游动或飞翔,而植物细胞的结构特点适于吸水、进行光合作用等。

(2) 生物体都有新陈代谢作用 生物体与外界环境之间物质和能量的交换,以及生物体内物质和能量的转变过程,叫做新陈代谢。生物体时时刻刻都在进行着新陈代谢:生物体从外界摄取营养物质,转变为自身的组成物质,并储存能量,这叫做同化作用(或合成代谢);同时,生物体又将组成自身的一部分物质分解,释放出能量,并把代谢终产物排出体外,这叫做异化作用(或分解代谢)。新陈代谢包括同化作用和异化作用两个方面,与外界不停地进行物质和能量的交换,是生物体的自我更新的过程,是生物体进行一切生命活动的基础,新陈代谢一旦停止,生命也就结束了。所以,新陈代谢是生命的最基本特征,是生物与非生物最根本的区别。

(3) 生物体都有生长现象 生物体在进行新陈代谢的过程中,当同化作用超过异化作用的时候,生物体就会由小长大,显示出生物体的生长。

(4) 生物体都有应激性 任何生物体对外界的刺激都能发生一定的反应。例如,只要用手轻轻触动含羞草的叶片它便闭合起叶子,如图10-1-1所示;昆虫中的蛾类在夜晚活动,往往趋向发光的地方。正因为生物体具有应激性,所以能够适应周围的生活环境,更好的生存下来。这种特性的外在表现,动物往往比植物更加明显。

(5) 生物体都能生殖和发育 生物体的寿命是有限的,但一般说来,生物的种类不会由于个体的死亡而导致该物种的绝灭,这是由于生物体具有生殖作用,在自身死去之前已经生产自己的后代,因而保持了生命的连续性。

图 10-1-1 含羞草的运动

（6）生物体都有遗传和变异的特性　每种生物体的后代都与它们的亲代基本相同，但又不会完全相同，或多或少具有一定的差异性，这就说明生物体都具有遗传和变异的特性。这使得生物的各个物种既能基本保持稳定，又能不断发展进化。

（7）生物体都能适应一定的环境，也能影响环境　所有现存的生物，它们的身体结构和生活习性都是与环境相适应的，不然就要被环境所淘汰；同时，生物的生命活动也会影响环境，使环境发生改变。这显示出生物与环境相互之间的密切关系。

以上这些基本特征，只有生物才具有，而非生物是绝对不可能有的。因此，这些基本特征是区别生物和非生物的重要标志。

生物和非生物的对比

生物和非生物的对比

塑料花、鲜花可以一样"绽放"，玩具狗、狗可以同样"吠叫"。但前者是非生物，后者是生物。对两组物体进行比较，完成下列表格。

生命活动	植物		动物	
	鲜花	塑料花	玩具狗	狗
生长				
繁殖				
摄取养料				
吸收氧气				

机器人和玩具小鸡都是机械装置，是没有生命的，具有非生物的特征；人和真正的小鸡是有生命的，具有生物的特征。例如，前者不可以繁殖，后者可以繁殖。

 巩固练习

1. _____是生物体结构和功能的基本单位。
2. _____生物体进行一切生命活动的基础。
3. 遗传和变异的特性使生物的各个物种既能基本保持_____，又能不断_____。
4. 地球上的所有生物具有哪些共同的基本特征？

 识别生物和非生物

活动准备　各种动物、植物、木料、岩石、机动物体。

活动过程

1. 每个学生确定观察的动物、植物(有花有果)、木料、岩石、机动物体(如汽车、拖拉机、助力车)各一种。

2. 对每一种物体进行观察,并用适当的词汇填在下表中:

生命活动	动物	植物	木料	岩石	机动物体
感觉					
运动					
摄取食物					
吸收氧气					
排出废物					
生长					
生殖					

3. 归纳出生物的基本特征,并用适当的词汇填入下表中:

基本特征	表　现
新陈代谢	
生长发育	
应激性和运动	
繁殖和遗传	

班级生物角

活动准备　容易发芽的种子,正在生长中的植株,容易饲养的、温顺的动物。

活动过程

1. 准备好种植所需的容器、土壤、水和植物种子。
2. 带领儿童将土壤装入容器,撒上种子,轻轻洒上适量的水。
3. 组织儿童观察正在生长中的植物,了解植物的基本特点。
4. 组织儿童观察小动物,了解这种小动物的习性。
5. 带领儿童制订计划,安排值日生每天照顾这些植物和动物。
6. 指导儿童经常观察,并进行简单的科学纪录。

第二节　美丽的植物

到野外郊游时,会看到各种各样的植物。为什么有的生活在陆地上,有的生活在河流或海洋里?为什么有的长得矮小,有的却高达十几米?为什么有的能开花结果,有的却不能?

地球上的植物,目前已知的有 30 多万种,它们既有共同的特征,又有各自的特点,可以分为 4 大类群:藻类植物、苔藓植物、蕨类植物、种子植物。

藻类植物

藻类植物的种类很多,有的生活在河流、湖泊、池塘中,属于淡水藻;有的生活在海水中,属于海藻。

藻类植物有单细胞的,也有多细胞的。即使是个体比较大的藻类植物,也只是有起固定作用的根状物和宽大扁平的叶状体,所以,藻类植物的结构比较简单,都没有根、茎、叶等器官的分化。另外,藻类植物的细胞里含有叶绿体,能进行光合作用。

苔藓植物

夏天,在阴湿的地面和背阴的墙壁上,常常密集地生长着许多矮小的植物,就像毛茸茸的绿毯一样,这往往是**苔藓植物**。其中,比较常见的是葫芦藓、墙藓(图10-2-1)和地钱(图10-2-2)。

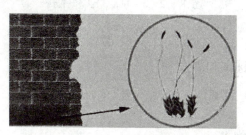

图 10-2-1 墙藓

图 10-2-2 地钱

观察葫芦藓(或墙藓)

活动准备:放大镜,找到附近大片的葫芦藓(或墙藓)。

活动过程:

1. 观察并记录葫芦藓(或墙藓)的生活环境、形态特征。
2. 比较葫芦藓(或墙藓)与藻类植物在生活环境和形态结构上的不同之处。

结论:_____。

有些苔藓植物,如地钱,没有茎、叶的分化,它们的植物体只是绿色扁平的叶状体。有些苔藓植物,如葫芦藓、墙藓,具有短小的茎和叶。但是,由于茎和叶里没有输导组织,因此叶又小又薄,植株长得十分矮小。

蕨类植物

在森林和山野的阴湿环境中,有些植物的茎通常长在地下,地面以上是羽状的复叶,在叶片的背面,常常生有褐色斑块的隆起,这就是蕨类植物。其中,比较常见的是蕨、肾蕨、铁线蕨(图10-2-3)等。

蕨类植物具有真正的根、叶、茎,而且根、叶、茎里具有输导组织,根吸收的水分和无机盐能够较快地输送到叶里,叶制造的有机物也能较快地输送到茎和根里。此外,蕨类植物还有比较发达的机械组织。所以蕨类植物植株比较高大,抵抗干旱的能力也比较强。

一般来说,藻类植物、苔藓植物和蕨类植物的生殖细胞都是孢子。孢子脱离母体以后,能直接发育成新个体,所以,它们统称为**孢子植物**。

图 10-2-3 铁线蕨

种子植物

在我们身边有许多植物,如松树和桃树等,它们都具有发达的根、叶、茎,受精过程脱离了水的限制,能够产生种子繁殖后代,属于种子植物。同藻类植物、苔藓植物和蕨类植物相比,种子植物抵抗干旱和其他不良条件的能力更强,更适于在陆地上生活。

种子植物包括裸子植物和被子植物两类。松树的种子(图10-2-4)是裸露的,外面没有果皮包被,属于**裸子植物**;桃的种子(图10-2-5)不裸露,外面有果皮包被,属于**被子植物**。

图10-2-4 红松的球果和种子

图10-2-5 桃的果实和种子

 观察松树的球果和种子

活动准备:一些常见松树(如雪松、马尾松等)的松枝、球果和松子,放大镜,笔,记录本。

活动过程:
1. 观察这些松树的球果着生的部位、形态结构特点。
2. 观察松子形态结构的特点。
3. 记录观察到的结果,并得出结论。

结论:_____。

裸子植物具有发达的茎、叶和根系,体内具有大量管胞,管胞兼有输导和支持的双重作用,植物体的输导和支持功能比蕨类植物明显增强。所以,植株可以长得很高大,如油松、雪松、云杉、银杏、苏铁、侧柏、银杉、水杉等。

被子植物是由根、茎、叶、花、果实和种子六种器官构成,种子的外面有果皮包被着。它们种类最多,分布最广,形态各异,花果繁盛,使地球成为一个繁花似锦、硕果累累的美好世界。

 我们身边可以看到许多植物,它们广泛的足迹、丰富的形态、艳丽的色彩装点着我们的生活环境,有些还是我们餐桌上的美食,难怪幼儿会那么关注。它们的形态结构是和它们的生活习性相适应的,所以才有了水生和陆生、矮小和高大、是否开花结果等的差别。

 巩固练习

1. 请分别说出藻类植物、苔藓植物和蕨类植物的主要特征。
2. 养鱼缸久不换水,其内壁会长出绿膜,且水会变绿。为什么?
3. 为什么说种子植物抵抗干旱等其他不良条件的能力更强?

科海拾贝 几种常见的裸子植物

(1)银杏 银杏是我国特有的树种,是现存种子植物中最古老的孑遗植物,早在2亿年前就在地球上出现了,被称为"活化石"。银杏又叫白果树、公孙树,是一种高大乔木。它是雌雄异株植物,叶片呈扇形,种子核果状,俗称"白果"。种子可入药,有治疗哮喘等疾病的功效。由于银杏树形美丽,是优良的园林绿化树和行道树,现在被广泛栽种于世界各地。

(2)苏铁 铁树是一种常绿乔木,因为树干十分坚硬,所以俗称铁树。苏铁的叶是大型羽状复叶,叶坚硬,集生在茎的顶部。它是雌雄异株植物,生长非常缓慢,有"千年铁树开花"的说法。苏铁是一种著名的观赏植物,主要分布在我国的南方。

(3) 马尾松　马尾松是一种高大的常绿乔木。马尾松的针叶常两针一束,细长而柔软。主要分布于我国江淮流域及其以南地区,是我国南方荒山造林的重要树种。马尾松的树材纹理直,可做建筑材料、枕木等。

(4) 侧柏　侧柏也叫扁柏,是一种高大的常绿乔木。它的小枝扁平,呈一个平面,叶很小,鳞形。侧柏的树皮、根、叶和种子可入药。能吸附灰尘,吸收二氧化碳等有害气体,是一种优良的园林绿化树种,在我国分布十分广泛。

实训活动　观察公园里常见的裸子植物

活动准备　统一着装,携带放大镜、笔和笔记本,参观裸子植物种类较多的公园。

活动过程

1. 统一出发,参观裸子植物种类较多的公园。
2. 观察这些裸子植物的生活环境、外形特征,以及种子的形态特点,并做记录。有条件的情况下,可采集相关标本。
3. 制作常见裸子植物的标本。
4. 整理并总结观察到的结果。

名称	生活环境	外形特征	种子形态	其他

5. 查找资料,丰富认识。
6. 展示、分享观察所得。

幼儿活动　我喜欢的树

活动准备　观察记录表,彩笔,图画纸,铅笔,幼儿卡(姓名、性别、年龄),小桶。

活动过程

1. 准备。教师课前对园区树木进行观察识别,悬挂树牌,包括树的名称、形态特征、生活习性及编号。
2. 室外观察并记录。带领幼儿观察并记录树木的形态特征,包括树形、树干、枝条、叶以及花、果实、种子。填写观察记录表。
3. 领养小树或大树。幼儿将自己的卡片挂到自己喜欢的树上,与大树拥抱感知粗细,与小树牵手,给小树浇水。
4. 展览。把自己喜欢的树画下来,并画上它的邻居,组成一幅完整的图画,在展区展览。

第三节　可爱的动物

为什么鱼儿会游、鸟儿会飞?小白兔为什么是红眼睛?小狗为什么喜欢吐舌头?小蚂蚁走路为什么喜欢排着队?蝴蝶那么漂亮,为什么会是害虫?蜻蜓像架小飞机,真好玩,可为什么不让捉?……

地球上已知的动物有150万种,它们以特有的生活方式适应着地球千差万别的自然环境。根据动物体中是否有脊柱,可以将动物分为脊椎动物和无脊椎动物两个主要类群。

脊椎动物

地球上现在已知的脊椎动物有5万多种,可再细分成鱼类、两栖类、爬行类、鸟类和哺乳类。

1. 鱼类

图10-3-1 鲫鱼

鱼类的结构比较简单,在进化地位上比较低等,是脊椎动物中种数最多的类群。如图10-3-1所示,鱼类终身生活在水中,它们具有一系列适应水中生活的形态结构特点。通常鱼的身体左右侧扁,呈梭形,可分为头、躯干和尾3部分。身体表面覆盖有鳞片,鳞片表面有一层黏液,既可以保护身体,又可以减少游泳时水的阻力。头部两侧有鳃,是鱼的呼吸器官。躯干两侧各有一行侧线,侧线由鳞片上的小孔组成,是一种特殊的感觉器官,与神经相连,有感知水流和测定方向的作用。鱼主要靠身体两侧肌肉的左右交替收缩和鱼鳍的协调作用游泳。我国的鱼类资源很丰富,尤其是淡水鱼类资源,种类在800种左右,淡水鱼产量位居世界第一。青鱼、草鱼、鲢鱼、鳙鱼是我国淡水养殖中的"四大家鱼"。

2. 两栖类

在脊椎动物中,两栖动物是由水生生活向陆地生活进化的中间过渡类型。常见的有青蛙、蟾蜍、大鲵和蝾螈等,如图10-3-2～10-3-4所示。

图10-3-2 青蛙　　　　图10-3-3 蟾蜍　　　　图10-3-4 大鲵

两栖类的幼体生活在水中,用鳃呼吸,经过一系列复杂的变化过程,发育为成体。成体生活在陆地上,也可以生活在水中,主要用肺呼吸,兼用皮肤呼吸。两栖动物是变温动物,在环境低于7℃时进入冬眠状态。

青蛙是两栖动物中的常见动物,生活在稻田、沟渠和池塘的水边。身体腹面白色,背面黄绿色,并且杂有很多黑色的斑纹,背面两侧还各有一条纵的金黄色(或浅棕色)的褶皱。皮肤裸露,没有鳞片和其他覆盖物,能分泌大量的黏液,经常保持湿润。皮肤内有丰富的血管。皮肤有辅助呼吸的作用,这是对陆上生活的一种适应。

青蛙的身体分为头、躯干、四肢3部分,没有颈和尾。头呈三角形,游泳时可以减少水的阻力。头部最前端有一对鼻孔,是嗅觉器官。头部的上面两侧,各有一个大而突出的眼睛,蛙眼对于活动着的物体感觉非常敏锐,对不动的物体视而不见。在两眼的后方,各有一个圆形的薄膜状的鼓膜,这是听觉器官。躯干部短而阔,上面生有前肢和后肢。前肢短小,有支持头部和躯干部的作用。后肢长大,趾间有蹼,适于跳跃和游泳。

蛙类是捕食害虫的能手,在它的食物中有蝗虫、天牛、蝼蛄、甲虫和松毛虫等多种害虫。一只青蛙一天约可捕食270只昆虫,因此,又有"田园卫士"的美称。相貌丑陋的蟾蜍比青蛙捕食昆虫的能力更强。养蛙治虫,可以减少农药对环境的污染,因此要保护蛙类。

大鲵因其声如婴儿啼哭,故俗称娃娃鱼,它是世界上现存最大的两栖动物,是我国特产的二级保护动物。

3. 爬行类

爬行动物是一类真正适应在陆地上生活的脊椎动物。龟、鳄鱼和蛇尽管在性情和形态上差异很大,但它们都属于爬行类。爬行动物的呼吸器官是肺,皮肤上覆盖着角质的鳞片或甲,卵外包着坚韧的卵壳,属于变温动物,需要冬眠。

图 10-3-5　龟　　　　　图 10-3-6　扬子鳄　　　　　图 10-3-7　蝮蛇

龟(图 10-3-5)生活在水中,以植物、小鱼、小虾和螺蛳等为食,在我国各地都有分布,以长江中下游最多。龟身体的背面和腹面被有坚厚的甲,由背甲和腹甲合成龟壳,甲的外面为角质板。龟的上、下颌无齿,被有角质鞘,形成喙。头小,尾短,头、尾、四肢上有鳞。四肢略扁,指、趾间有蹼,末端有爪。

扬子鳄(图 10-3-6)是我国特产动物,主要分布在安徽、浙江、江苏 3 省长江沿岸的局部地区。生活在水边的芦苇或竹林地带,以鱼、田螺和河蚌等为食。扬子鳄的头和躯干较扁平,皮肤上覆盖着大的角质鳞片。身体背面黑绿色,有黄斑,腹面灰色,尾部有灰黑色相间的环纹。前后肢适于爬行和游泳。扬子鳄是珍稀的淡水鳄类之一,是现在野生数量非常稀少的爬行动物。为了保护好扬子鳄,我国已经把它列为国家一级保护动物,并且建立了扬子鳄的自然保护区和人工养殖场。

蛇的身体细长,没有四肢,体表有鳞片。蛇的种类很多,有的无毒,有的有毒。蝮蛇(图 10-3-7)是我国分布极广的毒蛇。它常栖息在石缝、田埂、灌木丛里,捕食鼠、鸟和蜥蜴等动物。蛇体粗短,头呈三角形,口中有一对管型的毒牙,毒牙基部有毒腺,含有混合性蛇毒。尾骤然变细,极短。可用做药材。

4. 鸟类

鸟类是适应飞翔和陆地生活的高等脊椎动物。鸟类的种类繁多,分布范围广泛,与人类有着密切的关系。

 鸟类的喙和足

活动准备:准备各种鸟类的喙和足的图片,如图 10-3-8 所示。

活动过程:

1. 与大家分享你的图片和资料。

2. 观察、讨论并回答:(1)鸟的喙有各种形状。你知道喙的形状与它吃的食物有什么关系吗?

(2)鸟类的足也有多种形态。你知道足的形态和它生活的关系吗?

结论:_____。

图 10-3-8　鸟喙

以家鸽(图 10-3-9)为例,鸟类的身体呈流线形,前肢特化为翅,除了喙和足,鸟的体表覆盖 3 种羽毛如图 10-3-10 所示,适应空中飞行。直肠很短,没有膀胱,不能储存粪便和尿液。骨骼有的愈合,长骨中空,轻而坚固。胸骨上有龙骨突,上面着生发达的胸肌,可以牵动两翼飞翔。肺部连通气囊,可以进行双重呼吸。鸟类是恒温动物,体温在 40℃左右。

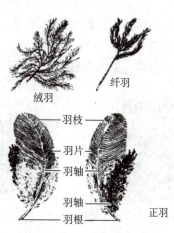

图 10-3-9　家鸽　　　　图 10-3-10　3 种羽毛

许多鸟类有根据季节不同而变换栖居地区的习性,这就是鸟类的**迁徙习性**。有些鸟一年四季都在它们的生殖地域生活,不因季节不同而迁徙,这类鸟叫**留鸟**,如乌鸦、麻雀、画眉、喜鹊等。有些鸟常常是在一个地方产卵和育雏,而到另一个地方去越冬,每年定时进行有规律的迁徙,这类鸟叫**候鸟**,如家燕、黄鹂、大雁和野鸭等。鸟类迁徙的时间,通常是一年两度,一次在春季,一次在秋季。春季的迁徙是由越冬地区返回生殖地区,大都从南向北;秋季的迁徙则正好相反。

5. 哺乳类

哺乳动物是最高等的脊椎动物。哺乳动物体表被毛,牙齿有分化,体温恒定,大脑发达,胎生、哺乳。

图 10-3-11　家兔

家兔(图 10-3-11)是由野兔经过人们长期驯养而成的,常以菜叶、野草和胡萝卜等作为食物。家兔夜间活跃,采食较为频繁,白天常常闭目睡眠。它的身体分为头、颈、躯干、四肢和尾 5 部分。体表被有光滑柔软的体毛,有保温作用。嗅觉灵敏,听觉发达,长而大的耳廓能够转向声源的方向,准确地收集声波。前肢短小,后肢强大,善于跳跃。家兔的体腔被膈肌分为胸腔和腹腔。膈是哺乳动物特有的结构,在动物呼吸中起着重要作用。消化系统发达,尤其是牙齿有了分化,盲肠发达。家兔的生殖发育特点是胎生和哺乳,生殖能力强。

> **做一做**　　　　　**比较家兔和狼的牙齿**
>
> 看图 10-3-12 比较家兔和狼的牙齿的不同之处,分析哺乳动物牙齿分化的意义。
>
>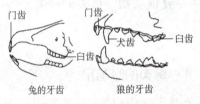
>
> 图 10-3-12　家兔和狼的牙齿形态图
>
> 牙齿特点:家兔_____。
> 狼_____。
> 牙齿分化的意义:_____
> _____。

虎(图 10-3-13)、狮子、狼等动物,门齿不发达,犬齿长大,臼齿的咀嚼面上有尖锐的突起,臼齿中有强大的裂齿,性情凶猛,以猎食其他动物为生,属食肉类。牛(见图 10-3-14)、羊、马等动物指(趾)端增厚形成蹄,是有蹄类。鼠(见图 10-3-15)、松鼠等动物的门齿发达,呈凿状,适于切断植物性食物,能够终身生长,常常啃咬硬物以磨牙齿,它们是啮齿类动物。猕猴(见图 10-3-16)、猩猩和长臂猿等动物的手和足都能握物,两眼生在前方,大脑高度发达,行为复杂,与人类有较近的亲缘关系,属于灵长类。蝙蝠(见图 10-3-17)是善于飞行的哺乳动物,但它们的翼与鸟类不同,没有羽毛,是前后肢和尾之间连接的皮质膜,牙齿细小而尖锐。鲸(见图 10-3-18)是终生生活在水中的哺乳动物,皮肤无毛,前肢和尾都变为鳍状,后肢退化,外形上已特化成与水生生活相适应的形态。

图 10-3-13　虎

图 10-3-14　牛

图 10-3-15　鼠

图 10-3-16 猕猴

图 10-3-17 蝙蝠

图 10-3-18 鲸

无脊椎动物

在已知的 150 万种动物中,有 100 多万种是无脊椎动物。无脊椎动物包括原生动物、扁形动物、线形动物、腔肠动物、环节动物、软体动物、节肢动物等。在无脊椎动物之间存在着较大的差异,有的是单细胞动物(如草履虫),有的是多细胞动物;有的是在水、陆、空三界自由活动,有的则可以寄生在其他生物体内。

1. 低等无脊椎动物

原生动物是单细胞动物,需要借助于显微镜才能看清;扁形动物的身体背腹扁平、左右对称,涡虫、血吸虫和猪肉绦虫是扁形动物;线形动物身体细长,例如,寄生在人体内的蛔虫、钩虫和蛲虫都是线形动物。

如图 10-3-19 所示,每一个盛开的"小花朵"就是一个珊瑚虫。它的身体呈圆筒形,有触手,触手上的刺细胞能麻醉捕食小动物。珊瑚虫过着群体生活,常常亿万个虫体群集在一起。它们相互靠得很近,骨骼结合在一起,老一辈死去了,新一代又在死去的珊瑚骨骼上继续生长繁殖,日积月累,能够筑成珊瑚礁这样巨大的工程。像它这样的水螅、海葵、海蜇都属于腔肠动物。

图 10-3-19 珊瑚

2. 环节动物

环节动物圆柱形的身体是由许多相似的体节联合而成的,它的消化道和神经系统横穿身上所有的体节。蚯蚓、水蛭(蚂蟥)属于环节动物。特别是蚯蚓,能够改良土壤,提高土壤肥力,是优良的动物蛋白饲料和食品,可以入药,可以处理有机废物,消除环境污染。

3. 软体动物

软体动物的身体柔软,大多有石灰质的外壳。蜗牛有两对触角,后一对触角顶端有眼,能够辨别光线的明暗,并有嗅觉的作用。它的腹足上有足腺,能分泌黏液,避免爬行时受到损害。河蚌的外套膜受刺激能分泌珍珠质,能将异物层层包裹形成珍珠。贝类、乌贼、章鱼等也属于软体动物。

4. 节肢动物

节肢动物是动物界里种类最多,分布最广的无脊椎动物,占动物界种类的 80% 以上。这类动物的共同特点是:体表都有外骨骼,身体分节,足和触角也分节。比较常见的有甲壳类、蛛形类、多足类和昆虫类。除甲壳类动物绝大多数生活在水中外,其他节肢动物主要生活在陆地上。

昆虫类是节肢动物中最多的,也是动物界中最多的动物,几乎分布在地球表面的任何地方。大多数昆虫是陆生的,如蝗虫、蜜蜂等;少数昆虫的幼虫是水生的,成虫是陆生的,如蜻蜓、蚊等。它们的身体都分为头、胸、腹 3 部分,头部有一对触角,一对复眼和一个口器,胸部有 3 对足,一般有两对翅。

昆虫的形态各异。昆虫的身体大小不同,有大型、中型、小型之分。形状也有不同,有的身体较长,如螳螂;有的呈半球形,如七星瓢虫;有的展翅像飞机,如蜻蜓。昆虫的头部形状也差别,有的近似圆球形,如蜻蜓;有的呈三角形,如螳螂。如图 10-3-20 所示,头部生长的触角各式各样,如蝗虫的丝状触角、蝴蝶的棒状触角、蚊子的环毛状触角、蜜蜂的膝状触角等。如图 10-3-21 所示,头部下方的口器,由于食性和取食方式的不同,形态结构有了特化,如蜜蜂的咀吸式口器、蝶的虹吸式口器、苍蝇的舐吸式口器、蚊的刺吸式口器等。

昆虫的胸部都有前足、中足、后足各一对,一些昆虫由于生活环境和生活习性不同,足相应发生了特化,如图 10-3-22 所示,如螳螂的捕捉足、蜜蜂的携粉足、蝼蛄的开掘足等。大多数昆虫胸部有翅,少数昆虫没翅。如图 10-3-23 所示,翅的类型也有所不同,如七星瓢虫的鞘翅、蜻蜓的膜翅、蝴蝶的鳞翅、蝗虫的革翅等。

可以根据每种昆虫翅的有无、翅的特点、口器的结构、触角的类型、足的结构特点,以及发育过程中变态的方式,将昆虫进行分类,分成 30 多个类别。常见的有:直翅目,如蝗虫、蟋蟀和蝈蝈;蜻蜓目,如蜻蜓和

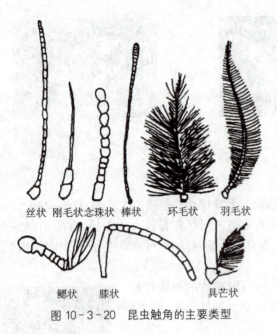

图 10-3-20 昆虫触角的主要类型

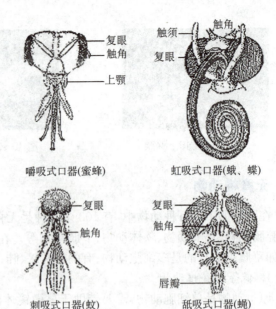

图 10-3-21 昆虫口器的主要类型

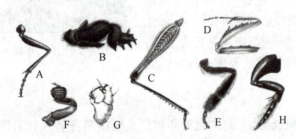

A. 步行足　B. 开掘足　C. 跳跃足　D. 捕捉足
E. 携粉足　F. 抱握足　G. 攀缘足　H. 游泳足

图 10-3-22 昆虫足的主要类型

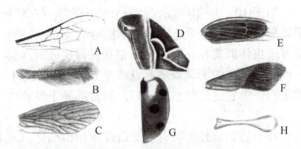

A. 膜翅　B. 缨翅　C. 毛翅　D. 鳞翅　E. 复翅
F. 半翅　G. 鞘翅　H. 平衡棒

图 10-3-23 昆虫翅的主要类型

豆娘;同翅目,如蝉和蚜虫;鞘翅目,如瓢虫、萤火虫和金龟子等;螳螂目,如大刀螂、薄翅螳螂和拒斧螂;双翅目,如按蚊、库蚊、伊蚊和蝇;鳞翅目,如菜粉蝶、凤蝶和家蚕;膜翅目,如蜜蜂和蚂蚁等。

 了解昆虫的分类

活动准备:以小组为单位,通过查阅图书、期刊,及网络搜索等方式搜集昆虫的资料。

活动过程:

1. 整理资料,并将结果填入下表:

昆虫的类别	特　点

2. 展示相关资料和图片,与其他小组分享收获。
3. 总结昆虫各类别的特点,了解常见昆虫的特点。

有一些昆虫对人类有益,例如蜻蜓和螳螂会捕捉害虫,家蚕吐的丝可以制作丝绸,蜜蜂全身都是宝,等等。这些昆虫应该加以保护。有些昆虫对人类有害,例如蝗虫会破坏庄稼、蝉会吸取植物汁液,蚊、蝇会传播疾病,等等。

> 我们身边可以看到许多小动物,像小狗、小猫、小鸟、金鱼、青蛙、蜻蜓、蜜蜂、蚂蚁,等等。它们非常可爱,它们的活动使地球显得生机勃勃,难怪孩子会那么关注。它们的形态结构和它们的生活习性相适应,只有了解它们的特点才能解决幼儿的问题,才能带领幼儿探索动物世界的奥秘。

巩固练习

1. 动物分为_____和_____两大类群。
2. 昆虫的身体都分为_____、_____、_____3部分,头部有一对_____,一对_____和一个_____,胸部有_____,一般有_____。
3. 仔细观察鸡、鸭、鸵鸟等动物,它们不会飞,为什么还属于鸟类?

科海拾贝 鸟类的多样性

鸟类是脊椎动物中的第二大类群,全世界鸟的种类大约有九千二百种,广泛分布于地球上。我国地域辽阔,自然环境多样,对鸟类的栖居和繁殖极为有利,已知的鸟类大约有一千二百种,是世界上鸟类最多的国家之一。

根据鸟类的生活习性和形态结构特点,可以把鸟类分成多种生态类群。家燕、画眉、黄鹂和麻雀足短而细,善于鸣叫,巧于营巢,属于鸣禽类,是鸟类中数量最多的一种。猫头鹰和鸢的喙强大钩状,足强大有力,爪锐利而钩曲,翼大善飞,性情凶猛,捕食动物,属于猛禽类。啄木鸟、杜鹃和鹦鹉足短而健壮,两趾向前、两趾向后,善于攀援树木,属于攀禽类。丹顶鹤和白鹭腿、喙、颈都很长,善于在浅水中行走和啄取食物,属于涉禽类。大雁、天鹅和鸬鹚的喙大多宽而扁平,足短,趾间有蹼,善于游泳,属于游禽类。鸵鸟和美洲鸵鸟的翼退化,胸骨上没有龙骨突,足趾减少,属于走禽类。鸡、鹌鹑、环颈雉和孔雀的喙坚硬,翼短小,善走,不善飞,常以爪拨土觅食,多数雄鸟有显著的肉冠,属于鹑鸡类。

实训活动 了解鸟类的多样性

活动准备　以小组为单位,通过各种途径(图书馆、网络等)搜集鸟类多样性的资料。

活动过程

1. 将资料进行整理。
2. 设计表格将资料整理结果进行总结、归类(如下表)。

鸟类生态类群	生活习性	形态特征

2. 展示相关资料和图片,与其他小组分享收获。
3. 总结鸟类生活的特点和鸟类多样性的表现。

饲养并观察蚯蚓

活动准备 广口大玻璃瓶或透明塑料大可乐瓶、透明塑料大油瓶、小型玻璃鱼缸等,花园沃土、黏土、壤土、沙土等,嫩叶、老叶、马铃薯块茎、胡萝卜根、肉类等

活动过程

1. 制作饲养瓶。选择一种透明容器做饲养瓶,在饲养瓶中分层放入准备好的几种土壤,每层5~8 cm深,并在分界线上做上标记。

2. 从野外采集活蚯蚓,指导幼儿观察其形态特点和运动方式。观察蚯蚓圆筒状的体形、湿润的体壁、分节的特点,指导幼儿观察环带的位置来分辨蚯蚓的前后端,观察蚯蚓蠕动爬行。

3. 将蚯蚓放入饲养瓶中喂养,指导幼儿观察其生活习性。将蚯蚓放在饲养瓶上层,连续观察数天,观察蚯蚓是否钻入土壤、钻入哪层土壤。在饲养瓶一侧浇水,观察蚯蚓喜欢在干燥的一侧还是潮湿的一侧生活。观察蚯蚓什么时候在土壤中,什么时候钻出来活动,钻出的洞口有没有留下什么。在饲养瓶上层放入几种食物各5小块,每天观察,看看蚯蚓吃掉了什么,它喜欢吃什么食物。根据以上的观察,让幼儿思考蚯蚓是益虫还是害虫。

4. 向幼儿介绍蚯蚓对人类的有益之处,应该保护蚯蚓。

5. 活动结束后,可带领幼儿将蚯蚓放回大自然,如放到幼儿园小花园等。

第四节 显微镜下的各种生物

为什么鱼缸里的水放的时间长了就变绿?为什么面包和馒头上会长毛毛?为什么家里的食物放时间长就馊了,而罐头食品却可以保存很长时间?蘑菇和木耳是植物吗?细菌和病毒都是"坏"的吗?你能回答小朋友的这些问题吗?

生物界中存在很多我们肉眼看不到的小生物,主要包括细菌、真菌、病毒和藻类、草履虫等其他生物。它们个体微小,结构简单,大都要借助显微镜或电子显微镜才能够看清楚。

细菌

细菌有两千多种,分布极其广泛,无论在土壤里、水和空气中,或在人和动、植物体内都有细菌存在。细菌都是单细胞的,个体十分微小,直径大多为 0.5~2.0 μm,必须用高倍显微镜才能够看到。根据外部形态的不同,可以分为球菌、杆菌、螺旋菌如图10-4-1所示。

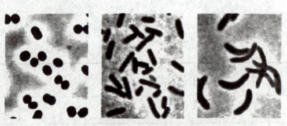

图10-4-1 细菌的3种形态

细菌的结构由细胞壁、细胞膜、细胞质和不成形的细胞核组成。细菌一般不含有叶绿素,需要依靠现成的有机物来维持生活。这种以摄取现成的有机物来供自身生长发育的营养方式,叫做异养。其中,有些细菌能够分解植物的枯枝、落叶和动物的尸体、粪便,并且从中吸取养料来生活,这种营养方式叫腐生,营腐生生活的细菌叫做腐生细菌(或腐败细菌),如枯草杆菌可以引起食物腐败。有些细菌生活在活的动植物体内,从中吸取养料来生活,这种营养方式叫做寄生,营寄生生活的细菌叫做寄生细菌,如痢疾杆菌可以使人患细菌性痢疾。

天气温暖的时候,鱼、肉、饭菜放置不久就会腐败变馊,这多半是由于枯草杆菌等多种腐生细菌大量繁殖所引起的。在自然界的空气中漂浮着很多的细菌和细菌的休眠体(芽孢)。这些细菌和芽孢落到食物上以后,就大量繁殖,使食物腐败变质。细菌是用分裂方法来繁殖的,在环境适宜的时候,经过 20~30 min 即可分裂一次。这样,细菌在很短的时间里,就可以繁殖出大量的后代。

大多数细菌对人类有益,例如我们喝的酸奶,食用的醋、泡菜等,在制作过程中都需要有细菌的参与,如乳酸菌、醋酸杆菌等。人体内也有多种有益于健康的细菌,如人肠道内的大肠杆菌群。有些细菌进行腐生生活,把有机物转变为无机物,在自然界的物质循环中起重要作用。如今,有益的细菌已被应用在工业、农业、医药、冶金和环境保护等领域。少数种类的细菌对人类有害,有些细菌能使动植物和人患病,如肺炎球菌、脑膜炎菌等;有些细菌能使食物腐败。

  调查细菌与人类的关系

活动准备:通过各种途径(如图书馆、网络)查找资料。
活动过程:
1. 整理所获得的资料。
2. 归类,总结,与同学互相分享所得。
结论:_____。

高温可杀灭细菌。即使是耐高温的炭疽杆菌芽孢,在 100 ℃的条件下加热 10 min,也会丧生。罐头食品所以能较长时期保存而不腐败,主要在于高温加热时,把罐头里的细菌全杀死了,而密封之后外面的细菌又进不去的缘故。

真菌

真菌有十几万种。如图 10-4-2 所示,酵母菌是单细胞真菌,具有细胞壁、细胞膜、细胞质、液泡和细胞核。不含有叶绿素,不能制造有机物,营腐生生活。和面时加入酵母菌,酵母菌会分解面粉中少量的葡萄糖,产生二氧化碳。二氧化碳遇热膨胀,在面包和馒头中形成很多小孔洞,口感才会松软。在缺氧的情况下,酵母菌能将葡萄糖分解为二氧化碳和酒精,所以还可以用来酿酒。

在日常生活中,我们常常会看到放了几天的食品上有絮状物,腐烂的水果上有霉斑,这些都是霉菌生长的缘故。常见的霉菌有根霉、曲霉和青霉等,它们大多生长在水果、食物、皮革、衣物和其他潮湿的有机物上,例如橘子皮上的青霉(图 10-4-3)。菌体由许多菌丝组成,菌丝分为营养菌丝和气生菌丝两种,营腐生或寄生的生活。

在砍伐的树桩、腐烂的木材或草堆上,常常会长出蘑菇(图 10-4-4)。蘑菇、木耳、银耳等都属于大型真菌。蘑菇的地上部分叫做子实体,由菌盖和菌柄组成。有些种类的蘑菇,菌柄上部生有菌环,或者菌柄的基部生有菌托。蘑菇的地下部分是土壤中的菌丝,子实体就是从菌丝上长出来的,而且也是由菌丝构成的。蘑菇靠地下的菌丝吸取现成的有机物,营腐生生活。

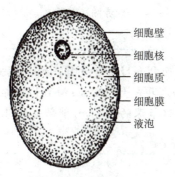

图 10-4-2 酵母菌

图 10-4-3 橘子上的青霉

图 10-4-4 草丛中的蘑菇

许多真菌对人类是有益的,例如蘑菇、木耳等可以食用,灵芝等还有很高的药用价值;腐乳、豆豉、酱油的制作过程利用某些霉菌;人类利用霉菌生产多种抗生素,如青霉素;也能分解动植物尸体,把有机物变成无机物,在自然界物质循环中起重要作用。真菌对人类有不利的一面,例如使人烦恼的甲癣(灰指甲)和脚癣(脚湿气)是由真菌引起的,小麦锈病和稻瘟病也是真菌引起的,会导致严重减产。

病毒

病毒是一类个体极其微小的生物,人们只有通过电子显微镜才能观察到它们。

病毒有多种形态,如多面体形、杆形、蝌蚪形等。病毒没有细胞结构,一般只有由蛋白质组成的外壳和由核酸组成的核心。核酸在病毒的遗传上起着重要作用,而蛋白质外壳对核酸起保护作用。所有的病毒只能生活在活的细胞内,进行寄生生活。根据寄主的不同,病毒分为动物病毒、植物病毒和细菌病毒(噬菌体)三类。病毒不能进行分裂生殖,只能在寄主的细胞内进行复制,进而形成更多病毒。

图10-4-5 正常烟叶与花叶病烟叶

有些病毒能够使动植物和人类患病。例如,烟草花叶病毒(图10-4-6)能够侵染36个科的236种植物;口蹄疫病毒能使家畜体温升高,口腔、舌面、乳房和蹄处发生水疱和烂斑,严重时造成死亡;流感病毒引起流行性感冒,甲肝病毒引起甲型病毒性肝炎,艾滋病毒使人患艾滋病等。随着科学研究的进展,人们可以利用病毒为人类造福。例如,利用减毒或灭活的病毒制成疫苗(如婴幼儿服用"糖丸"预防脊髓灰质炎),增强人们对这种疾病的免疫力;利用噬菌体杀灭一些病原菌,治疗细菌性疾病(如绿脓杆菌噬菌体防治烧伤病人的感染);利用昆虫病毒防治农作物害虫(如棉铃虫病毒杀虫剂)。

图10-4-6 烟草花叶病毒

其他微小生物

除了细菌、真菌和病毒外,动植物中也有一些个体非常微小。**原生动物**身体微小,大多数种类生活在有水的环境中,少数种类寄生在其他生物体内。

草履虫生活在有机物丰富、水不大流动的池塘、水沟等淡水环境中。它的身体是由一个细胞构成,细胞表面是表膜,表膜上长满纤毛,好像一只倒转的草鞋,从水中摄取细菌和单细胞藻类等作为食物。草履虫整个身体虽然只由一个细胞构成,但是能够完成一切生理功能。

疟原虫、痢疾内变形虫等是营寄生生活的原生动物,会使人们患病。夜光虫、犁沟虫等是海洋原生动物,大量繁殖时,会使海水变红,形成赤潮,使海水中含氧量骤降,鱼虾大量死亡,造成严重的渔业灾害。

在绿色的池水中,往往能找到**藻类植物**,如衣藻。衣藻个体很小,由一个卵形的细胞组成。细胞外面有细胞壁,里面还有叶绿体,可以进行光合作用,自己合成有机物,具有植物的典型特点。

藻类的生活离不开有水或潮湿的环境。如果不注意环境保护,水中的藻类大量繁殖,形成赤潮或水华(图10-4-7),会夺取水中的氧气,遮蔽阳光,造成水体内的动植物大量死亡,形成严重灾害。

图10-4-7 赤潮和水华

鱼缸里的水放时间长了,有藻类繁殖,缸壁显绿色;放时间长了面包和馒头会发霉,食物会被细菌腐败变质,而罐头食品经过高温灭菌可以保存较长时间;蘑菇和木耳是大型真菌;细菌和病毒并不总是"坏"的,人们可以利用细菌和病毒为人类造福……学习过这节课的内容,你能解答幼儿的问题了吗?试试看吧。

巩固练习

1. 病毒没有_____，一般只有由_____组成的外壳和由_____组成的核心，只能生活在_____细胞内，进行_____生活。
2. 举例说明细菌和人类有什么关系。
3. 举例说明如何利用病毒造福人类。

科海拾贝　超级细菌

自1928年英国细菌学家弗莱明发现青霉素后，便不断有新的抗生素产生。刚开始，人们认为抗生素不但能有效杀灭细菌，而且对人体无害。于是，抗生素不但在临床上广泛使用，甚至在禽畜饲养和农作物的栽培中也广泛使用。随着抗生素的滥用，人们发现有些细菌对抗生素产生了耐药性，这些对绝大多数抗生素不再敏感的细菌被称为"超级细菌"。

所有的超级细菌都是由普通细菌变异而成的。在细菌生长和繁殖的过程中，会产生少数的耐药菌。本来这些耐药菌在菌群中并不突出，但由于人类滥用抗生素，抗生素杀死普通细菌时却留下了耐药菌，并且随着抗生素的持续滥用，耐药菌的耐药性越来越强。于是，超级细菌就诞生了。过去一个病人使用几十单位的青霉素就能治愈，但现在，用几百万单位的青霉素也可能没有效果，而不断出现超级细菌致死案。这足以引起人们的反思和对自身行为的检视！

实训活动　探究酵母菌发酵的最佳条件

活动准备　鲜酵母、面粉、清水、塑料盒、冰箱。

活动过程

1. 将适量的鲜酵母、面粉、清水混合后，充分揉捏。
2. 根据提供的器材，探究酵母菌发酵的最佳条件。例如，适于酵母菌发酵的温度是多少？面粉发酵的最适时间是多少？鲜酵母的含量多少是否会影响面粉发酵？根据你的探究内容，设计实验方案，并实施。
3. 用手拉一下经过发酵的面团，看一看里面有无小孔？思考一下，这些小孔是怎么产生的？小孔与体积的增加有无关系？用手摸一下，有无温热的感觉？用手指按一下，有无弹性？用鼻嗅一下，有无香味？
4. 根据实验的结果，写出观察报告，并与同学分享。

幼儿活动　巧手做馒头

活动准备　面粉(或面团)、酵母粉、清水、案板、蒸锅、电磁炉等。

活动过程

1. 准备面团、发酵粉。
2. 让幼儿将发酵粉揉到面团中。
3. 将和好的面团放在温暖的地方，过一段时间带领幼儿观察面团的变化。
4. 让幼儿将发酵好的面团揉成小馒头，放置蒸笼上蒸熟。
5. 分享成果。

第五节　生物的分类

幼儿园园区的绿化美化可以带给幼儿美的感受，同时，也是培养幼儿自然观察智能的最佳途径。但是，面对着园区里和大自然中很多未知名称的植物，作为幼儿教师的你该如何查阅资料为植物定名并对植物进行描述呢？

生物分类的基础知识

生物的分类实际上是将生物物种进行归类。任何一群不同的生物都能用各种不同的方法分类。生物学家的分类是以生物的形态、结构、功能以及生物之间的亲缘关系为依据进行分类,称为**自然分类法**。

对植物进行分类时,要仔细观察植物的形态结构,从而确定它们的亲缘关系,在被子植物中,花、果实和种子往往作为分类的主要依据。动物的分类除了要比较外部形态结构,往往还要比较动物的内部构造和生理功能。例如,脊椎动物很多,生物学家经过仔细的对比研究,把某种特征作为分类的准则,将全部脊椎动物分成哺乳类、鸟类、爬行类、两栖类和鱼类等5个类群。

生物学家根据生物的形态、结构和生活习性的差异,对生物进行分类,并依据它们之间的差异大小,由大到小依次以门、纲、目、科、属、种构成了分类的等级,这就是**分类单位**。在上述6个分类等级中,由种到门逐渐扩大,其中"种"是最基本的分类单位。如果把这些分类单位按照从属关系由小到大逐级升高的方式排列起来,就形成了阶梯式的分类阶层系统。在分类阶层系统中等级越高,所包含的生物物种越多,共同特征越少;等级越低则包含的生物物种越少,但彼此间的共同特征就越多。

例如,小麦、水稻和棉花的分类地位是:

门	种子植物门	种子植物门	种子植物门
纲	单子叶植物纲	单子叶植物纲	双子叶植物纲
目	禾本目	禾本目	锦葵目
科	禾本科	禾本科	锦葵科
属	小麦属	稻属	棉属
种	小麦种	稻种	陆地棉种

从上述的小麦、水稻、棉花的分类地位看,小麦与水稻之间的共同特征要多些,因为它们两者是同科不同属;小麦与棉花之间的共同特征要少些,因为它们两者是同门不同纲。

生物个体之间都存在着相同或不同的特征。**检索表**是采用特征对比的方法来鉴定生物的工具。检索表的应用则是从两个相互对应的特征中选择其中一个符合的特征,放弃另一个不符合的特征,从而达到鉴定的目的。

检索时,先用分科检索表检索出所属的科;再用该科的分属检索表检索到属,最后则用该属的分种检索表检索到种。在检索时,要根据"非此即彼"的道理,从一对相反的特征中,选择其中一个与被检索动植物相符合的特征,放弃另一个不符合的特征。然后,在选中的特征项下,再从下一对相反特征中,继续进行选择。如此继续进行下去,直至检索到种为止。

认识校园植物

活动准备:放大镜,笔,笔记本,植物检索表。

活动过程:

1. 带领学生观察校园植物,采集标本,并记录相关信息。
2. 查植物检索表,检索校园里的几种植物,并记录它们属于哪个科。

你能检索出来吗?

检索记录:_____。

在使用分类检索表的过程中,需要反复检索,直到所需要确定的分支与标本的形态特点完全符合为止。为了验证检索的结果是否正确,还需要对照植物图鉴或植物志等分类工具书,进行核查。

被子植物的分类依据

生物学家对植物进行分类时,要仔细观察其根、茎、叶、花、果实和种子等的形态结构,从这些器官中发现它们共同或不同的特征,来确定其亲缘关系。

1. 根

植物的根大都长在土壤中,固定植物体,并吸收水分。凡是从植物体固定部位上生出的根,都叫做定根;定根包括主根和侧根(图 10-5-1)。凡是发生在主根和侧根之外,即着生位置不定的根,都叫做不定根(图 10-5-2)。

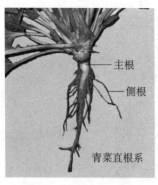

图 10-5-1 定根　　　　　　　　　　　图 10-5-2 不定根

一棵植物全部根的总和即为根系,包括直根系(10-5-3)和须根系(图 10-5-4)两种类型。绝大多数双子叶植物的根系都是直根系,常分布到较深的土层中,如棉、杨树的根系;绝大多数单子叶植物的根系都是须根系,常分布在较浅的土层中,如小麦、玉米的根系。

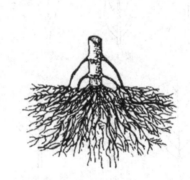
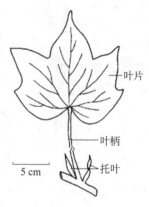

图 10-5-3 直根系　　　图 10-5-4 须根系　　　图 10-5-5 棉的完全叶

有些植物的根在长期适应某种环境的过程中,形态结构和生理功能都发生了变态。常见的变态根有贮藏根、寄生根、支持根等。贮藏根又包括肥大直根,如圆柱形的萝卜、圆锥形的胡萝卜、纺锤形的甜菜根、球形的芜菁等;包括块根,如纺锤形的麦冬根、不规则形的甘薯和大丽花根。

2. 叶

绿色植物的叶能进行光合作用,光合作用能够制造有机物,转化并储存太阳能,并释放出氧气,使大气中的氧和二氧化碳含量相对稳定,同时对生物的进化具有重要作用。

由叶片、叶柄和一对托叶组成的,叫做完全叶(图 10-5-5),如桃和苹果的叶。缺少了其中一或两部分的,叫做不完全叶(图 10-5-6),如圆叶牵牛、银杏、莴笋等的叶。

在一个叶柄上只生有一个叶片的,叫做单叶。在一个总叶柄上生有两个以上小叶的,叫做复叶。复叶可分为羽状复叶、掌状复叶和三出复叶等(图 10-5-7)。

图 10-5-6 银杏

叶片的形状叫做叶形。根据叶片长度与宽度的比例和叶片中最宽处所在的位置,叶形有以下多种(图 10-5-8):有针形的,如油松的叶形;有线形的,如单子叶植物中小麦、水稻的叶形;有披针形的,如桃、柳的叶形;倒披针形的,如小檗的叶形;有长圆形的,如铃兰的叶形;有椭圆形的,如胡枝子小叶的叶形;有卵形的,如梨的叶形;倒卵形的,如玉兰的叶形;有圆形的,如莲的叶形;有菱形的,如菱的叶形;有匙形的,如大白菜的叶形;有扇形的,如银杏的叶形;有肾形的,如细辛的叶形;有三角形的,如荞麦的叶形;有镰形的,如

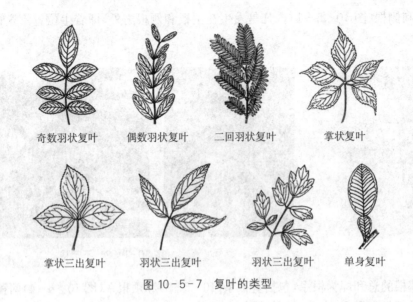

图 10-5-7 复叶的类型

图 10-5-8 叶形的种类

合欢小叶的叶形;有心形的,如牵牛的叶形;倒心形的,如酢浆草小叶的叶形;有鳞形的,如侧柏的叶形;等等。

叶在茎上的排列方式,叫做叶序。叶序可分为以下四种类型(图 10-5-9):互生、对生、轮生、簇生。

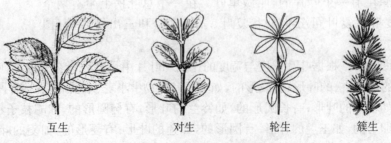

图 10-5-9 叶序的类型

叶片的结构包括表皮、叶肉和叶脉三部分。表皮主要起保护作用,上有成对的保卫细胞形成的气孔,可与外界进行气体交换。叶肉由大量叶肉细胞构成,含有叶绿体,能够进行光合作用。叶脉分布在叶肉当中,具有支持和输导的作用。叶脉在叶片上的分布规律叫做脉序,植物的脉序可分为网状脉、平行脉和叉状脉三大类(图10-5-10)。

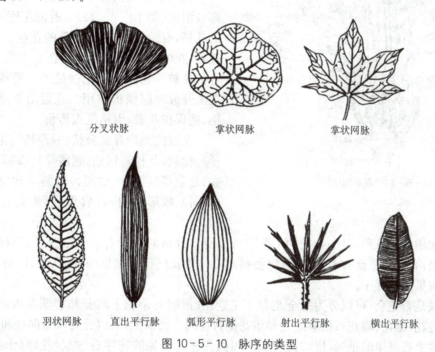

图 10-5-10 脉序的类型

有些植物叶的形态和功能与正常叶不同,叫做变态叶。常见的变态叶有三种,变态为叶刺,如仙人掌的刺,刺槐和酸枣叶基部的刺;变态为叶卷须,如豌豆复叶顶端的叶卷须;变态为鳞叶,如洋葱内部肥厚的肉质鳞叶和外面的膜质鳞叶;等等。

3. 茎

茎是枝上除去叶和芽以后所留下的部分,它支撑叶、花和果实,并将根吸收的水分和无机盐以及叶制造的有机物,运输到植物体的各个部分。

根据植物茎结构的不同,分为木质茎和草质茎。木质部发达,支持力强的是木质茎。具有木质茎的植物是木本植物,植株一般比较高大,寿命长,例如,所有裸子植物都是木本植物。木本植物根据主干是否明显,又分为乔木和灌木两类。木质部不发达,支持力弱的是草质茎。具有草质茎的植物是草本植物,植株一般比较矮小,有一年生的,也有多年生的。

大多数植物的茎直立生长于地面,称为直立茎,如杨、柳的茎。还有一些植物的茎又细又长,不能直立,只能匍匐在地表或攀附在其他物体而生长,如草莓和甘薯的匍匐茎,葡萄、丝瓜和地锦(爬山虎)的攀缘茎,牵牛、菜豆和紫藤的缠绕茎。这样的植物被称为藤本植物,可以按攀附方式的不同分为匍匐藤本、攀缘藤本和缠绕藤本,同样可根据木质部的发达程度分为木质藤本和草质藤本。

 比较植物的变态根和变态茎

活动准备:准备各种萝卜、胡萝卜、甘薯、麦冬、土豆、藕、荸荠、洋葱等变态根和变态茎。以小组为单位,观察、比较,并分类。

活动过程:

将变态根和变态茎进行分类。

变态根	变态茎

4. 花

花是被子植物的生殖器官，是被子植物分类的主要依据之一。

花的基本结构都是由花柄、花托、花被和花蕊四部分组成（图10-5-11）。有的花柄长，如垂丝海棠的花柄；有的花柄短，如木瓜的花柄。花柄的顶端是花托，花的其他部分都着生在它上面。花萼和花冠合称花被。花萼位于花被最外一轮或最下一轮，在花未开放时起保护作用。花冠由花瓣组成，颜色鲜艳，能保护花蕊、引诱昆虫传粉。

花冠的类型有蔷薇状（蔷薇科）、十字形（十字花科）、轮状（茄科）、坛状（越橘等）、高脚杯状（水仙、丁香、茑萝等）、钟状（桔梗科）、漏斗状（旋花科）、筒状（菊科）、蝶形（豆科）、唇形（唇形科）、舌状（菊科），等等。

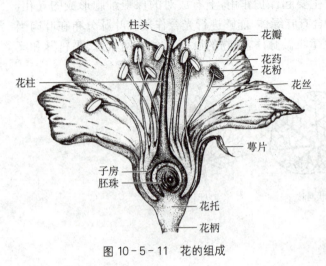

图10-5-11 花的组成

花蕊是雌蕊和雄蕊的总称，是一朵花的主要组成部分。分离的雄蕊有二强雄蕊（唇形科）和四强雄蕊（十字花科）等类型；合生的雄蕊有单体雄蕊（锦葵科）、二体雄蕊（豆科）和聚药雄蕊（菊科、葫芦科）等类型。雌蕊将来能够形成果实和种子。

根据花的组成是否完全，可以分为完全花和不完全花；根据一朵花上雌蕊和雄蕊是否同时存在，可以分为两性花和单性花（雄花、雌花）；根据雌花和雄花是否在同一植株上，可以分为雌雄同株和雌雄异株。

有些花在花轴上有规律的排列，这种排列顺序叫做花序。常见的花序有：总状花序（十字花科）、穗状花序（禾本科）、柔荑花序（杨柳科）、伞房花序（蔷薇科）、头状花序（菊科）、单歧聚伞花序（唐菖蒲），等等。

> **做一做** 比较单子叶植物和双子叶植物形态上的不同
>
> 活动准备：以小组为单位，仔细阅读课本，并搜集相关资料。
>
> 活动过程：
>
> 1. 整理资料，并将结果填入下表：
>
> | | 单子叶植物 | 双子叶植物 |
> | --- | --- | --- |
> | 根 | | |
> | 茎 | | |
> | 叶 | | |
> | 花 | | |
> | 果实 | | |
> | 种子 | | |
>
> 2. 展示相关资料和图片，介绍你所知道的单子叶植物和双子叶植物。

5. 果实

果实成熟后，根据果皮的情况分为：果皮肥厚多汁的肉果，果皮干燥无汁的干果。肉果又分为核果，如桃、杏、李、枣和胡桃、椰子等的果实；浆果，如番茄、葡萄、辣椒、柑橘（柑果）、南瓜（瓠果）等的果实；梨果，如梨、苹果、山楂等的果实。干果按果皮是否开裂又分为裂果和闭果。裂果包括蓇葖果，如牡丹、芍药、马利筋、飞燕草、八角、花椒等的果实；荚果，如大豆、豌豆、花生和槐树的果实；角果，如大白菜、萝卜、荠菜的果实；蒴果，如罂粟、棉、烟草、牵牛的果实。闭果包括瘦果，如向日葵、白头翁的果实；颖果，如小麦、水稻、玉米的果实；坚果，如板栗、榛的果实；翅果，如榆、槭的果实；双悬果，如胡萝卜、芹菜、小茴香的果实。

6. 种子

种子形态万千,但基本结构相同,可分为有胚乳种子(蓖麻、玉米)和无胚乳种子(大豆、花生)。根据植物种子中子叶的数量,可将植物分为双子叶植物(大豆、辣椒)和单子叶植物(小麦、水稻)。

巩固练习

1. 什么是自然分类法?
2. 生物分类等级共有 6 个,分类等级越高,生物间的共同特征就越_____;分类等级越低,共同特征就越_____。
3. 检索表是采用_____的方法来编制的。
4. 黄瓜、南瓜、丝瓜中有些花只开花不结果,俗称"谎花"。你能解释其中的原因吗?

科海拾贝　生物分类学家林奈

林奈(Linnaeus, Carolus, 1707—1778),瑞典植物学家,首先构想出定义生物属种的原则,并创造出统一的生物命名系统。

林奈毕生从事动植物尤其是植物的分类研究,硕果累累。他一生收集的植物标本多达 14 000 号,动物标本中仅贝类就有 7 000 号。他撰写的《自然系统》是植物学史上划时代的著作。书中对生物所做的系统分类,揭示了生物之间的亲缘关系,对研究生物的进化有很大帮助。

实训活动　给树木挂牌

活动准备　色卡纸、裁纸刀、植物分类检索表或相关书籍

活动过程

1. 制作标牌:将色卡纸切成 15 cm×20 cm 的卡片,如图 10-5-12 所示。
2. 考察和划分挂牌区域:课前分好活动小组,选好小组长。教师带领每小组组长对校园树木进行全面考察,并划分每组的挂牌区域。
3. 识别和挂牌:各小组由组长带领在指定区域内,开始识别、记录,查阅检索表和其他资料,给树木准确定名,然后填写、悬挂标牌。
4. 核查:各个区域挂牌后,小组依次轮换,相互核对正确与否。

图 10-5-12　树木标识牌

幼儿活动　树叶花瓣贴画

活动准备　树叶或花瓣、吸水纸、剪刀、固体胶或双面胶、白色卡纸、铅笔或水彩笔。

活动过程

1. 构思。构想一幅喜欢的图画,可以是动物图案、风景、人物等,用铅笔在白色卡纸上勾勒出基本的形状。
2. 选叶。根据设计好的图画,摘取各种形状、各种颜色的树叶或花瓣。
3. 修剪。用剪刀将树叶或花瓣修剪成所需要的形状。
4. 粘贴。将修剪好的树叶或花瓣粘贴在对应位置上。
5. 装饰。为花叶贴画题名,然后过塑压膜,见图 10-5-13。

图 10-5-13　花叶贴画

第十一章
代代相传的生命

从个体水平看,生物体的寿命都是有限的,死亡意味着生命的结束。而从整个生物圈来看,生命总在不断地延续和发展着,通过生殖和发育、遗传和变异,并与环境的变化相互作用,演奏着绵延不绝、跌宕起伏的生命乐章。

在幼儿的眼中,新生命是如何诞生的,种子是如何发芽并长成参天大树的,有些动物幼年怎么和成年不一样……这些都是一个又一个让他们充满好奇,努力寻求答案的问题。让我们帮孩子们揭开生命的秘密吧。

第一节 植物的繁殖

幼儿园园区里或楼顶上往往开辟有小菜园或种植区。春天,老师们会带着小朋友撒播种子,或者把马铃薯块茎的一个个芽眼里发出的芽,切成带芽的小块,种植下去。春游到郊外,看到了竹笋长成为竹子。活动室里,把富贵竹的枝条插在水里,看到它形成了新的根系,长成为一棵新的富贵竹。这些都是植物的各种生殖现象。

为什么同是被子植物有些用种子繁殖,有些却不是呢?

植物的有性生殖

植物的有性生殖一般是指由亲代产生生殖细胞,通过两性生殖细胞的结合,成为受精卵,进而发育成新个体的生殖方式。被子植物的有性生殖过程包括开花、传粉、受精、果实和种子的形成。

植物开花后,雄蕊花药中的花粉通过不同的途径传送到雌蕊柱头上的过程,叫做**传粉**。传粉有自花传粉和异花传粉两种方式。同一朵花的雄蕊花药中的花粉传给雌蕊的称为**自花传粉**;一朵花的雄蕊花药中的花粉传给另一朵花的雌蕊称为**异花传粉**。

当花粉落到雌蕊的柱头上,受到柱头分泌的黏液的刺激,花粉开始长出花粉管,花粉管伸入到柱头内,沿着花柱向子房生长,一直到达胚珠。随着花粉管的伸长,里面的内含物以及两个精子,都集中到花粉管的顶端。胚珠的外层是珠被,顶端有珠孔,胚珠里面有一个比较大的卵细胞,中央还有两个极核。

当花粉管从珠孔进入胚珠后,末端破裂,两个精子及内含物就释放出来。其中一个精子与卵细胞融合,形成受精卵;另一个精子与极核融合形成受精极核,这个过程叫做**双受精**。

双受精完成以后,花的各个部分都发生了显著的变化。花萼、花冠、雄蕊以及雌蕊的柱头和花柱一般都会逐渐凋落,只有雌蕊的子房继续生长发育,最终成为果实,如图11-1-1所示。

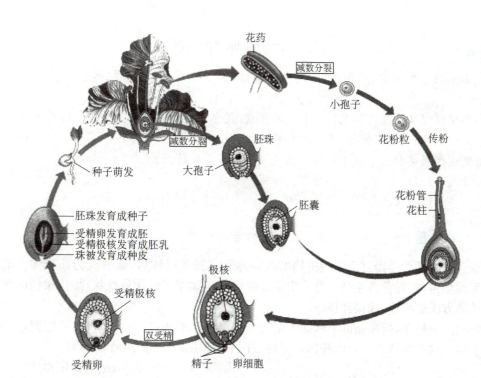

图 11-1-1　植物有性生殖发育过程示意图

 　　　　　　　　果实和种子的形成

活动准备：桃花花、桃花果实。

活动过程：

1. 观察桃花的花和果实。
2. 讨论桃果实各部分结构分别是由子房的哪一部分发育而成的，如图 11-1-2 所示。

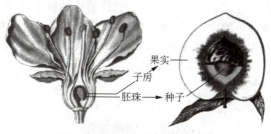

图 11-1-2　果实形成示意图

结论：

植物的果实和种子成熟以后，常常被传播到各地，从而扩大了后代的生存范围，这有利于物种的繁荣。有些植物借助风力传播，如蒲公英、棉、柳和榆树的种子借特有的冠毛、绒毛和翅等结构传播。有些植物借助水力传播，如莲、椰子等，或靠疏松的海绵状通气组织如莲蓬，或靠坚硬果皮抵抗海水侵蚀，漂到远方。有些植物借助人或动物的活动传播，如鬼针草、苍耳的果实有刺，番茄和稗草的果实随小动物粪便传播等。有些借助果皮自身的弹力传播，如大豆、绿豆、凤仙花等的果实，果皮可发生裂开而将种子弹出。

了解常见果实和种子的传播方式

活动准备：各种成熟的果实（如豌豆、油菜、凤仙花、苍耳、槭、枫杨、蒲公英、莲蓬），笔，纸。

活动过程：

1. 分小组探究各种植物的果实和种子的特点，提出有关植物的果实和种子传播方式的假设。
2. 小组讨论，经过资料搜集，确定这些果实和种子的传播方式。
3. 研究这些果实和种子适于这种传播途径的形态结构特点。
4. 设计表格，归纳总结，并小组分享。

植物的营养生殖

植物的根、茎、叶是营养器官。一些植物的营养器官在脱离母体后，能够成为新个体。植物依靠营养器官进行的无性生殖，叫做**营养生殖**。营养生殖能够保持植物亲本的优良性状，加快植物的繁殖速度。常用的营养生殖的方法是扦插、嫁接和压条。

剪取植物的一段枝条，把枝条的下部插入湿润的土壤中。不久，枝条下部长出不定根，上部发芽，最后长成一个新个体。这种繁殖方式叫做**扦插**。葡萄、月季等常用这种方法进行繁殖。

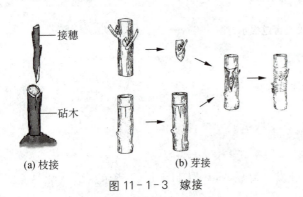

图 11-1-3 嫁接

如图 11-1-3 所示，把一株植物体的芽或带有芽的枝接到另一株植物体上，使它们愈合成一株完整的植物体，这种繁殖方式叫做**嫁接**。接上去的芽或枝叫做接穗，被接的植物体叫做砧木。芽接是用芽作接穗，枝接是用枝作接穗。不管是芽接或枝接，都要确保接穗的形成层与砧木的形成层紧密地结合在一起，这样两部分的形成层分裂出来的新细胞才能愈合在一起，提高成活率。桃、山楂、苹果等果树的树苗常用芽接的方法进行营养生殖，柑、橘等果树的树苗常用枝接的方法进行营养繁殖。

把枝条从植株上弯下来，再把枝条中部的树皮剥掉下部半圈，然后把枝条的中部埋进土壤中，让枝条的顶端露出地面。等这个枝条生出不定根并长出新叶以后，再与母体切断。这种繁殖方式叫做**压条**。夹竹桃、桂花、石榴等扦插不易成活的植物，常用这种方法进行繁殖。

 水培、扦插和嫁接

活动准备：生长旺盛的绿萝，月季枝条，蟹爪兰和仙人掌，玻璃器皿或剪口的饮料瓶，花盆、土壤、枝剪、小刀、牙签等。

活动过程：

1. 水培：将绿萝分枝，分别插在装好水的玻璃器皿或剪口的饮料瓶中，注意水质变化，注意及时添水。时隔不久，便能看到绿萝下面形成新的根系，并且长出新叶。
2. 扦插：用枝剪将月季枝条剪成 15~20 cm 长的茎段，茎段下方的切口是斜向的，茎段上方的切口是水平的，并去掉大部分甚至全部的叶。扦插入装好土壤的花盆中，一段时间后，就能发出新根，长出新芽来。
3. 枝接：将仙人掌做砧木，在适当的位置横切一刀，再在切口上向下直切一个 1~2 cm 深的切口。将蟹爪兰作接穗，在其扁平茎的下端两面削成楔形斜面，插入仙人掌纵向切口中。最后，用牙签将仙人掌在接穗处横穿固定。当蟹爪兰发出新芽，即表明嫁接成功。

撒播种子长出新的植物,这是有性生殖的方式。把马铃薯块茎的一个个芽眼里发出的芽种植下去长出新的马铃薯幼苗,竹笋长成为竹子,富贵竹的枝条插在水里形成了新的根系,这些都是营养生殖的方式。

 巩固练习

1. 在果树开花季节,如遇到阴雨连绵的天气,常会造成果树减产。这是什么原因?
2. 一棵苹果树上能结出"国光""秦冠""红富士"等不同品种的苹果,采用的处理技术是_____。
3. "有心栽花花不发,无心插柳柳成荫。"你能对此现象加以解释吗?
4. 将马铃薯的块茎切成小块来种植时,每一块都要带有_____。理由是_____。
5. 在种植菊花和芦荟时,一棵植株常常会变成一丛。你能解释这一现象吗?你会把它分成很多棵吗?

科海拾贝　虫媒花与传粉的昆虫

一些虫媒花在长期的自然选择过程中,与传粉的昆虫相互适应,使花在结构、大小以及蜜腺的位置等方面,与昆虫的形体和行为等,形成了一种奇妙的关系。

马兜铃的花与传粉的潜叶蝇之间具有十分协调的关系。马兜铃的花呈筒形,花冠前部是喇叭状的口,花冠中部收缩呈细颈状,颈的内壁着生有斜向基部的倒毛,花冠基部膨大呈球形,雌雄蕊就着生在球形的室内。

当雌蕊成熟时,马兜铃的花会散发出一股股臭味。这种臭味使潜叶蝇馋涎欲滴,它急急忙忙爬进花中,品尝"美味佳肴"。当它吃饱喝足准备离去时,却发现回路被倒毛阻挡,无法出去。潜叶蝇急得四处乱窜,这时黏在它身上的其他马兜铃的花粉,就被涂抹在雌蕊的柱头上,从而完成了异花传粉。直到这朵花的雄蕊成熟,花粉散出,并且倒毛枯萎之后,潜叶蝇才得以脱身。

实训活动　种植常见植物

活动准备　向日葵、油菜籽、大豆、白菜、萝卜、土豆、金钱草、吊兰等常见植物或种子,种植土地或容器,小铲子,浇水壶。

活动过程

1. 调查研究各种植物不同的种植方式。
2. 选择适合的种植方式,例如,用种子种植向日葵、油菜、大豆,等等。
3. 在种植过程中,注意观察植株的变化,如发芽、开花、结果等过程。
4. 尝试用科学纪录的方法纪录所观察的现象。
5. 在收获的季节,观察有几种植物结出了果实,并与同学分享。

幼儿活动　播种小菜园

活动准备　各种蔬菜种子(如青菜、西红柿、卷心菜)、小铲、浇水壶、一块不会长期潮湿、排水良好的土地。

活动过程

1. 选种:挑选粒大饱满的蔬菜种子备用。
2. 翻土:在种植区翻铲泥土,将大块的泥土敲碎,让它们晒晒太阳。然后整理平整,并保持泥土疏松透气。
3. 下种:在翻晒过的泥土上挖出小洞,每洞放2~3粒种子。然后轻轻覆盖上一层土。
4. 浇水。

第二节 动物和人类的生殖发育

《小蝌蚪找妈妈》的故事里小蝌蚪遇到了很多水中的动物,最后才找到它们的妈妈,小蝌蚪生活在水中,青蛙可以生活在陆地上,两者形态习性差别很大,小蝌蚪怎样变成青蛙的呢?《黑猫警长》的故事里雌螳螂吃了雄螳螂才能生下小宝宝,这是真的吗?丑陋的毛毛虫真的变成了漂亮的蝴蝶吗?

动物的生殖也可分为无性生殖和有性生殖两种。单细胞的草履虫、变形虫靠分裂来产生新个体,低等的腔肠动物水螅可以进行出芽生殖等,这些都是无性生殖。大多数动物靠有性生殖来实现种族的繁衍。有些动物的生殖方式是卵生,如昆虫、鱼类、两栖类、爬行类和鸟类;有些动物的生殖方式是胎生,如哺乳动物。

昆虫的生殖和发育

如图11-2-1所示,家蚕通过有性生殖方式产生后代。受精卵孵化成蚕,蚕吃桑叶长大。在逐渐长大的过程中,每经过五六天就蜕皮一次。在蜕皮期间,不食不动,叫做眠。每蜕皮一次,身体就长大一些。一般要经过四眠。四眠之后,体内的绢丝腺充分发育,里面充满透明的胶质液体,胶质液体一接触空气,很快就凝结成蚕丝。蚕用蚕丝围绕身体结成茧,然后潜伏在茧里化蛹。茧可以保护蚕蛹不致遭受不良条件的侵害。蛹在茧里,身体发生着巨大的变化,经过十多天,就羽化成蚕蛾。蚕蛾吐出一种碱性的汁液,使黏着蚕丝的丝胶溶解;然后,用头和足把丝拨开,蚕蛾就从圆洞里钻出来。

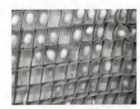

图 11-2-1 家蚕的一生

由受精卵发育成新个体的过程中,家蚕的幼虫与成体的形态结构和生活习性差异很大,这种发育过程称为**变态发育**,发育过程要经过卵、幼虫、蛹、成虫4个时期,蛹是一个不能自由活动的时期,这样的发育过程叫做**完全变态**,如瓢虫、蝴蝶、蜜蜂、蝇、蚊等昆虫的发育。

如图11-2-2所示,蝗虫的发育过程与家蚕不同,雌性蝗虫与雄性蝗虫交配后,将针状的产卵器插入土中,产出许多受精卵。受精卵孵出的幼虫,形态和生活习性与成虫相似,只是身体较小,生殖器官没有发育成熟,仅有翅芽,能够跳跃,称为跳蝻,这样的幼虫叫做若虫。若虫经过5次蜕皮,身体逐渐长大,不经过蛹期,就发育成有翅能飞的成虫。像蝗虫这样生殖发育过程要经过卵、若虫、成虫3个时期,叫做**不完全变态**,如螳螂、蟋蟀、蝉的发育。

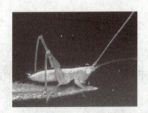

图 11-2-2 蝗虫的发育过程(产卵、若虫、成虫)

昆虫的体表具有坚硬或柔韧的外壳,这种外壳骨化后,限制了它身体的成长。昆虫需要把原有的铠甲脱掉,才能迅速扩大身体,这叫做蜕皮。如蝉(知了)退下的皮,叫蝉蜕,可以做中药材。

了解常见昆虫发育过程

活动准备：以小组为单位，搜集常见昆虫发育过程的资料和图片。

活动过程：

1. 整理图片和资料，并在班级进行展示。可选常见的蜻蜓、蝉、蝴蝶、蜜蜂、蚊、螳螂、瓢虫等为研究对象。

2. 与其他小组分享收获，进一步了解昆虫变态发育的特点。课后可以班级为单位将资料和图片整理成册，以年级为单位进行展示。

两栖动物的生殖和发育

在春末夏初，正在鸣叫的青蛙，有些蛙的口角边有一对鸣囊，鼓起来又瘪下去，这是雄蛙。青蛙的生殖方式是卵生，在水中完成受精作用。水中漂浮着一片片胶状透明的东西，里面有许多深色的小点，这就是青蛙产下的卵块（里面有许多受精卵），如图 11-2-3 所示。

  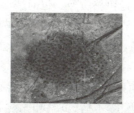 

图 11-2-3　青蛙的生殖和发育

同青蛙一样，其他两栖动物的生殖和幼体发育必须在水中进行，幼体要经过变态发育才能到陆地生活。所以，两栖动物生殖和发育受到环境的制约，这也是它们分布范围较小，种类较少的重要原因之一。

  比较蝌蚪和青蛙的不同

根据蝌蚪和青蛙的形态结构特点和生活习性，比较两者的不同之处，并填写下列表格。

	蝌蚪	青蛙
生活环境		
形态特点		
感觉器官		
呼吸系统		
运动方式		

鸟类的生殖和发育

鸟类的生殖和发育过程一般包括求偶、交配、筑巢、产卵、孵卵和育雏几个阶段，每个阶段都伴随着复杂的繁殖行为。

（1）求偶　鸟类的繁殖一般是在一定的季节进行的。在温带地区，鸟类的繁殖季节是在春季和夏初，也有延长到夏末的。鸟类在繁殖期间，交配、筑巢、产卵、孵卵和育雏大都有一定的活动区域，这个区域叫做**巢区**。雄鸟来到繁殖地点后，首先要占领巢区，然后开始求偶活动。雄鸟在求偶时，常常发出各种动听的鸣声，还用炫耀羽毛和特殊的动作，来吸引同种的雌鸟作配偶。大多数鸣禽只在繁殖期间结成配偶，也有些鸟类的配偶关系可以长期保持，如鹤类、天鹅等。

（2）筑巢　鸟类在占领巢区之后，就开始筑巢。鸟类筑巢的地点和方式是多种多样的，这跟不同鸟类的生活环境和生活习性有关。很多鸟类在大树枝丫上筑巢，例如喜鹊在树杈间筑巢。很多鸟类在地面上筑巢，例如褐马鸡在林中地面上筑巢。有些鸟类在水面上筑巢，例如天鹅在水深一米左右的蒲草和芦苇丛中筑巢。有些鸟类利用天然的树洞或岩洞筑巢，例如猫头鹰、啄木鸟和大山雀等。有些鸟巢，筑造得很巧妙，很精致，例如，缝叶莺能够用纤维把大的树叶沿着叶片边缘巧妙地缝合起来，做成袋状的巢，织布鸟能够用细枝和草茎编织成兜状的巢。有些鸟巢结构很简单，例如，三趾鹑等在地面上营巢，在选好较隐蔽的巢址后，在地面上铺上些杂草、羽毛即可。有些鸟类自己不筑巢，例如杜鹃、王企鹅等。红隼有时也不筑巢，而是利用乌鸦等鸟类的旧巢孵卵和育雏。

（3）孵卵　鸟类孵卵通常由雌鸟担任，雄鸟只在附近守卫，有时还给正在孵卵的雌鸟送食。有不少鸟类，雌雄共同孵卵，如麻雀、家鸽和鸵鸟等。也有少数鸟类只由雄鸟孵卵，如彩鹬等。鸟类孵卵的时间有长有短，小型鸟需要12～13天，某些大型猛禽则长达两个月。

（4）育雏　有些鸟的雏鸟，刚孵出来的时候，身上长满了绒羽，眼睛已经睁开，腿也硬挺，能够跟随亲鸟寻找食物，这样的鸟叫早成鸟，如鸡、鸭、鹅、鸵鸟等。有些鸟的雏鸟，刚孵出来的时候，身上没有丰满的绒羽，甚至还光着身体，眼睛没有睁开，腿也软弱，不能行走，必须在巢内由亲鸟哺育一段时间，才能够独立觅食，这样的鸟叫晚成鸟，如家鸽、啄木鸟、黄鹂和家燕等。晚成鸟比早成鸟的卵要少些。

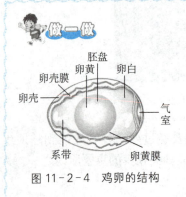

图11-2-4　鸡卵的结构

观察鸡卵的结构

取一个鸡蛋，将鸡蛋的钝端轻轻敲出裂纹，用镊子将碎裂的卵壳连同外壳膜除去，看卵壳下面是否有一个小空腔。再用剪刀将小空腔下面的内壳膜剪破，使壳膜内的卵白和卵黄流到一个烧杯或培养皿中。对照图11-2-4观察鸡卵的结构，注意卵黄上有没有小白点。

思考：鸟卵为什么需要这么复杂的结构？对鸟类的生活有什么意义？

请填写下列结构的功能：

卵壳_____。

壳膜_____。

卵白_____。

卵黄_____。

胚盘_____。

哺乳动物的生殖和发育

哺乳动物是最高等的动物类群，它们的生殖发育不同于其他动物，胎生和哺乳是它们生殖发育的特点。

哺乳动物成长到性成熟时，雌雄兽生活在一起，完成交配过程，形成受精卵。受精卵在母体子宫内发育成胚胎，胚胎通过胎盘从母体得到养料和氧气；同时，把新陈代谢所产生的废物和二氧化碳送进胎盘的血管里，由母体排出体外。胚胎逐渐发育成胎儿，胎儿从母体中生出。这样的生殖过程叫做**胎生**。**哺乳**是指出生后的幼体依靠母体的乳汁而生活。

比较脊椎动物生殖方式的不同

请根据所学内容填写下表：

	受精方式	胚胎发育方式	胚胎营养来源
鱼类			
两栖类			
爬行类			
鸟类			
哺乳类			

胎生和哺乳为胚胎和幼体的发育提供了良好的条件，如充足的营养、恒温的环境、不容易受到伤害等，因而大大提高了后代的成活率。

人类的生殖和发育

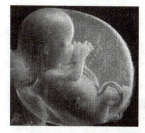

图 11-2-5 人的胚胎

人类的生殖和发育与哺乳动物相似，也是胎生和哺乳，主要由生殖系统来完成。人体的生殖系统分为男性生殖系统和女性生殖系统。男性生殖系统中的睾丸能够产生精子，并能分泌雄性激素。女性生殖系统中的卵巢，能够产生卵细胞，并能分泌雌性激素。女性的子宫是胚胎发育的场所。受精卵形成后，不断进行细胞分裂，形成胚胎，如图 11-2-5 所示，并且埋入子宫内膜继续发育。胚胎发育到第二个月末，外貌才有点像人。从这时起，一直到出生以前的胚胎，叫做胎儿。胚胎在母体子宫内发育的时间一般为 280 天左右，发育成熟后，就通过母体的阴道产生出来（即分娩）。

人出生后的发育，通常分为婴儿期、幼儿前期、幼儿期、童年期、青春期和青年期。人进入青春期，由于神经系统和激素的调节作用，人体的形态和功能都发生显著的变化。这种变化主要体现在身高、体重、生殖系统和第二性征的发育方面。在这期间，要注意摄取充足和均衡的营养，注意心理变化和生理卫生。

 通过学习我们发现很多童话故事都具有一定的科学道理。蝌蚪经过变态发育就变成了青蛙，螳螂的生殖过程中常常有雌虫吃掉雄虫的现象，丑陋的毛毛虫最终真的化蛹成蝶、翩翩飞舞……我们也最终明白了我们的生命是从何而来。

巩固练习

1. 昆虫的完全变态发育包括_____、_____、_____和_____4 个时期。
2. 请试着讲述蝌蚪变青蛙的过程。
3. "婴儿的出生，就是新生命的开始"，这种说法对吗？

科海拾贝　孵小鸡

首先要选择高产、优质、无病的种鸡群的卵。挑选出的鸡卵经过消毒，就可以用来孵化。孵化时要使用孵化箱，如图 11-2-6 所示，保证孵化时所需的适宜的温度、湿度和通风等环境条件。孵化过程中要适时翻蛋，才能确保胚胎的正常发育。还要及时用照蛋器进行检查，及时清除未受精和坏死的鸡卵。孵化到第 21 天，雏鸡破壳而出。

图 11-2-6 孵化箱

实训活动 观察青蛙的生长发育

活动准备　透明鱼缸、水草、小木板等。

活动过程

1. 从郊外采集新鲜蛙卵块,并盛装适量采集处的水源。
2. 将蛙卵养殖于鱼缸中,放置于温暖和向阳的地方。
3. 蛙卵孵化出来后,饲喂蛋黄、浮游生物等食物,稍大再饲喂水蚤、小球藻、鱼粉、豆渣等。注意水质卫生,一般3天换一次水,天热两天换一次。
4. 当青蛙长出前后肢后,鱼缸中放置一块小木板,以便幼蛙跳出水面活动,同时鱼缸上罩上纱网,以防幼蛙逃逸。此时可饲喂蚯蚓、蝇蛆和小昆虫等。
5. 在饲养的全过程中,对青蛙的变化进行观察,并进行记录。

时间____月____日,变化:_____
时间____月____日,变化:_____
时间____月____日,变化:_____
时间____月____日,变化:_____
……

6. 青蛙长成后,将青蛙放归大自然。

幼儿活动 帮我找妈妈

材料准备　《小蝌蚪找妈妈》的故事或动画片,蝌蚪、青蛙、毛毛虫、蝴蝶、蚕宝宝、蚕蛾、蝉幼虫、蝉成虫、小鸡、母鸡、天鹅宝宝(丑小鸭)、天鹅、熊猫宝宝、大熊猫、小羊、山羊等动物宝宝和雌性动物的图片和头饰,磁性黑板和磁扣,音乐磁带等。

活动过程

1. 给幼儿讲《小蝌蚪找妈妈》的故事。
2. 动物宝宝出去玩,和妈妈走失了,请幼儿帮它们找到自己的妈妈。在黑板上贴上各种动物宝宝的图片,下面展示各种动物妈妈的图片,让幼儿一一对应找到妈妈和宝宝。
3. 幼儿帮动物宝宝找到妈妈后,指导幼儿观察动物宝宝和雌性动物的形态特点,比较它们的异同,可以简单给幼儿介绍这些动物形态特点和发育过程。
4. 配合音乐模仿各种小动物的动作或叫声。
5. 做游戏:带上头饰,寻找妈妈。把小朋友分成"妈妈"组和"宝宝"组,模拟扮演。

第十二章

生物与环境

每种生物都生活在一定的环境中,它与环境有着非常密切的关系。研究生物与环境之间相互关系的科学,叫做生态学。对于自然环境和资源,人类不应当盲目开发、任意索取,而应该遵循自然界的客观规律,与大自然和谐相处,在和谐中求发展。

第一节 生态系统

春天里,当我们带着幼儿郊游,置身于一片树林中时,我们会看到什么?高大的树木,不知名的花草,各种各样的小动物,枝叶间透过的阳光。我们会听到什么呢?微风吹过,树叶沙沙作响;不远处溪水淙淙;虫鸣鸟唱,此起彼伏。有时,一张蜘蛛网挡住了我们的去路。这时候,你想过没有:在这片树林里,阳光、空气、水、花草树木和各种小动物之间有没有相互关系呢?它们的数量会不会受到相互的影响而发生变化呢?

自然界中有 200 多万种生物,它们之间结合成生物群落,靠地球表面的空气、水、土壤(非生物因素)中的营养物质生存和发展。这些生物群落在一定范围和区域内相互依存,在同一个生存环境中组成动态平衡系统,就叫做**生态系统**。

生态系统可以分为自然生态系统(如草原、森林)、半人工生态系统(如农田、鱼塘)和人工生态系统(城市、宇宙飞船)等。常见的生态系统有森林生态系统、草原生态系统、海洋生态系统、淡水生态系统、农田生态系统、湿地生态系统和城市生态系统。

生态系统的组成

在森林生态系统里有不同的植物、动物和微生物,有土壤、水分、养料等,除此之外,还有气候因子。草原生态系统、湿地生态系统里是否也有这些成分呢?在湖泊生态系统里有水生植物、水生动物、微生物、水等,还要有适当的气候条件。海洋生态系统里是否也有这些成分呢?

 观察和调查一个生态系统的组成

材料准备:记录纸。

活动过程:

1. 将全班学生分成若干小组,每小组 4~5 人。

2. 根据当地条件，每小组选择下述生态系统中的一个进行观察和调查：森林生态系统、草原生态系统、农田生态系统、池塘生态系统、城市生态系统。

3. 将调查区域内观察到的生物成分和非生物成分填入下表中。

生态系统组成成分

生物成分			非生物成分
植物	动物	微生物	

在每个生态系统里，各种环境因素决定了该生态系统的特性。例如，温度、湿度不同，组成生态系统的生物物种就不同；土壤类型不同、地形不同，形成的生态系统也不同。但是，不管哪种生态系统，都由生物成分和非生物成分两部分组成。

生物成分按照其在生态系统中的功能与特征可以分为生产者、消费者、分解者。空气、水分、养分和气候因素则称为非生物成分。

分析池塘生态系统组成的特点

仔细观察，并分析池塘生态系统（图12-1-1）组成的特点，有哪些非生物或生物参与，各自在其中的作用是什么，填写下表。

组成	包含对象	功能
非生物成分		
生产者		
消费者		
分解者		

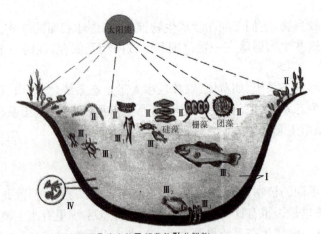

（Ⅰ.非生物的物质 Ⅱ.生产者 Ⅲ.消费者 Ⅳ.分解者）

图 12-1-1 池塘生态系统

生产者能够制造有机物，为消费者提供食物和栖息场所；消费者对于植物的传粉受精、种子传播等方面有重要作用；分解者能够将动植物的遗体分解成无机物。如果没有分解者，动植物的遗体残骸就会堆积如山，生态系统就会崩溃。由此可见，生产者、消费者和分解者是紧密联系、缺一不可的。

食物链和食物网

俗话说:"大鱼吃小鱼,小鱼吃虾米,虾米啃泥底。"它形象地比喻了自然界中生物之间相互依存的食物关系。在生态系统中,一种生物常常捕食另一种生物,而自己又被更凶猛的第三种生物捕食。例如,在森林生态系统中,野兔吃青草,狐狸吃野兔,老虎又吃狐狸。在湖泊生态系统中,虾蟹吃水中的藻类,鱼吃虾蟹,鱼又被水鸟捕食。这种以食物关系连接起来的一条锁链,称为**食物链**。在这条捕食性的食物链中,最基础的一环是植物,吃植物的动物称为草食性动物,吃食草动物的动物称为肉食性动物。

事实上,在自然界中,这种捕食与被捕食的关系十分复杂。不少物种是杂食的,如鸟可以吃昆虫,也可以吃植物的种子;蛇可以吃昆虫,也可以吃小鸟。因此,食物链常常相互交错,连接成网。这种网称为**食物网**。如图12-1-2所示是温带草原生态系统的食物网。

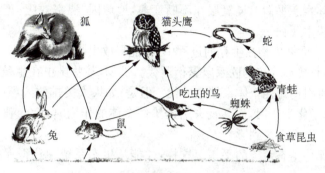

图12-1-2 温带草原生态系统食物网

编织食物网

活动准备:生物卡片或头饰、毛线团。

活动过程:

1. 将一个班的学生分成两个大组、两个小组,大组15人,小组5~6人,每个学生得到一张标志某种生物的卡片或头饰,每组各取一个毛线团。

2. 各小组内成员按捕食与被捕食的关系用毛线团连接起来。渐渐地,相互之间的关系越来越复杂,连线越来越多,最后小组内各生物体都连接起来,形成一个复杂的食物链。

3. 当扮演伐木工的学生出现在网中,砍伐树木,扮演树木的学生当即松开手中的毛线,表示树木倒下;又有猎人打野兔,扮演野兔的学生松开毛线,表示野兔被消灭。类似的干扰出现越多,原先网的连线就越少,最后导致食物网崩溃。

食物链和食物网是生态系统的营养结构,生态系统的物质的转化和能量的流动就是沿着这种渠道进行的。

生态平衡

生态系统的主要功能是进行能量流动和物质循环。生态系统的能量流动是随着物质循环而进行的。能量的固定、转移和释放,离不开物质的合成与分解等过程,反之亦然。由此可见,能量流动和物质循环之间互为因果,相辅相成,具有不可分割的联系。生态系统中的各种组成成分——非生物的物质和能量、生产者、消费者和分解者,正是通过能量流动和物质循环,才紧密联系在一起,形成一个统一的整体。

任何一个正常的生态系统中,能量流动和物质循环总是不断地进行着,但在一定的时期内,生产者、消费者和分解者之间都保持着一种动态的平衡,这种平衡状态就叫做**生态平衡**。在自然生态系统中,平衡还表现为生物种类和数量的相对稳定。

生态系统之所以能保持动态的平衡,主要是由于内部具有自动调节的能力。如肉食动物对草食动物的捕杀,不仅能控制食草动物种群的数量,从某种意义上说同时也是提高食草动物的质量。

生态系统的组成成分越多样,能量流动和物质循环的途径越复杂,其调节能力也越强;相反,成分越单纯,结构越简单,其调节能力也越小。

一个生态系统的调节能力再强,也是有一定限度的,超过了这个限度,调节就不再起作用,生态平衡就会遭到破坏,使人类和生物受到伤害。

破坏生态平衡的因素有自然因素,也有人为因素。自然因素如火山爆发、山崩海啸、水旱、地震、台风、流行病等自然灾害。人为因素主要指人类自然资源的不合理利用,工农业发展带来的环境污染等问题。人为因素引起的生态平衡的破坏,主要有三种情况。

(1) 物种改变 人类有意或无意地使生态系统中的某一种生物消失或往其中引进某一种生物,都可能对整个生态系统造成影响。例如,20世纪传入的北美黄花如今在华东地区泛滥;滥猎滥捕鸟兽,收割式砍伐森林,都会因物种数量的增加或减少甚至灭绝而使生态平衡受到破坏。

(2) 环境因素的改变 工农业的迅速发展,使大量污染物进入环境,从而改变生态系统的环境因素,影响整个生态系统,甚至破坏生态平衡。臭氧层在不断变薄,地球因"温室效应"正在变暖;酸雨直接危害植物的叶和芽,使农作物和树木死亡。

(3) 信息系统的破坏 许多生物在生存的过程中,都能释放出某种信息素(一种特殊的化学物质)以驱赶天敌、排斥异种,或取得直接或间接的联系以繁衍后代。例如,某些昆虫在生殖时期,雌虫会排放出一种性信息素,靠这种性信息素引诱雄性个体来繁殖后代。但是,如果人类排放到环境中的某些污染物与某一种动物排放的性信息素起了化学作用,使其丧失引诱雄性个体的作用时,就会破坏这种动物的繁殖,改变生物种群的组成结构,使生态平衡受到影响。

我们应当采取措施,保持生态系统的平衡。这样,才能从生态系统中获得保持稳定的产量,使人和自然和谐发展。

树林是一个生态系统。在这个生态系统中各种生物之间的关系,以及生物与非生物因素之间的关系,就像一张无形的大网,牵一发而动全身。无论是非生物因素的变化,还是某种生物数量发生变化,都会有许多种生物受到影响。可见,生物与环境是一个整体。

巩固练习

在学校附近找一块农田,仔细研究这个农田生态系统:

1. 这个生态系统内的主要成员有哪些?有几条食物链?
2. 这个农田为什么每年能为人类提供大量的粮食或蔬菜?
3. 为什么这个农田生态系统内需要人工干预,如播种、施肥、灌溉、除草和治虫等活动?

科海拾贝 欧洲兔掀起的风波

早在十二三世纪,诺曼人第一次把欧洲大陆上的兔子引进英国,寄生在兔子上的一种跳蚤也随着兔子被带进了英国,这种跳蚤是兔瘟病病毒的唯一寄主,它使欧洲兔迅速地衰弱和死亡。到了1952年,欧洲人又从澳大利亚引回欧洲兔,把这种病毒传入欧洲,兔瘟病首先在法国蔓延开来,第二年再传入英国,到1955年,英国大部分地区的兔因兔瘟的流行而几乎绝迹。

兔的消灭使英国和西欧的植被发生了一系列明显的变化。首先,作为兔的食物——植物,由于失去了兔而大量繁殖和扩展。以前被矮生苔藓所覆盖的地区,都被厚厚的草被遮盖起来;原先的开阔地也都随着兔的消失而消逝了。靠捕食兔为生的肉食动物明显减少。

实训活动 玻璃瓶中的生态系统

活动准备 球形烧瓶或有盖玻璃瓶、小鱼、螺蛳(或蜗牛)、小虾、水草、洗净的沙子、经纱布过滤过的池水或河水。

活动过程

1. 根据你的生活经验,选择上述活动材料,按不同比例放入洗净的玻璃瓶中,如图12-1-3所示。

2. 盖好瓶盖,将瓶放置在有阳光照射的窗台或架子上,但不能接受阳光的直射。白天自然光照射,或每天采用灯光照射生态瓶12小时以上。
3. 定时观察生态瓶内的变化,并记录观察到的全过程。

记录与评价

1. 生态瓶中最先死亡的是哪种生物,它存活了几天? 为什么这种生物最先死亡?
2. 5天后,生态瓶中是否还有生物健康地生活着? 是哪些生物? 数量有没有变化?
3. 一周后,教师组织学生交流,比一比谁设计的生态瓶中的生物生长得最好? 生物存活的时间最长? 请这位学生解释原因。

图12-1-3 生态瓶示意图

知识扩展 通过观察生态瓶的全过程,探索生态系统种的物质循环的过程。

 小小生态瓶

活动准备 水草(如金鱼藻、浮萍、满江红)、水生小动物(如田螺、小鱼、蜗牛)、池水或河水、洗净的砂子、有盖玻璃瓶、凡士林。

活动过程

1. 瓶子处理:洗净玻璃瓶,并用开水烫一下瓶内壁和瓶盖。
2. 放砂注水:在瓶中放入1 cm厚的砂子,再加水至瓶子容积的4/5。
3. 投放生物:待瓶内水澄清后,放入水草和水生动物。
4. 加盖封口:瓶子加盖,并在瓶盖周围涂上凡士林。
5. 粘贴标签:在瓶上贴标签,注明制作日期、制作者姓名。
6. 放置瓶子:将制作好的小生态瓶,放于阳面窗台上(以后不要再随意移动其位置)。
7. 观察记录:每天观察1次,并记录各生物的生存情况和存活时间。

第二节 生物与环境的关系

为什么一般企鹅不能生活在热带? 为什么仙人掌能生活在沙漠中? 为什么看不到黑颜色的花? 为什么金鱼从鱼缸中蹦出来,没一会儿就死了? 为什么房间里的花草长时间不晒太阳,叶子就变黄了? 为什么冬天到了,小燕子要飞到南方? 幼儿在各种科学活动中,发现很多奇怪的现象,这些现象都与生物生活环境的变化有关。你有没有发现类似的现象呢? 你能解释其中的原因吗?

环境对生物的影响

影响生物的形态、生理和分布等的因素,叫做**生态因素**,可以分为两类:一类是光、温度、水、空气等非生物因素,另一类是生物因素。

1. 非生物因素

非生物因素有很多种,下面只讲述光、温度、水这3种非生物因素对生物的影响。

(1) 光 没有光,植物就不能进行光合作用,也就不能生存下去。因此,光对植物的生理和分布起着决定性的作用。在陆地上,有些植物只有在强光下才能生长的很好,如松、柳、槐、小麦、玉米等。有些植物只有在密林下层的阴暗处才能生长得好,如药用植物人参、三七等。在海洋里,随着深度的增加,光线逐渐减弱,所分布的植物种类也有差别。阳光能到达的极限是海面以下200米处,因此,在200米以下的水域里,植物就难以生存了。另外,日照时间长短对植物的开花时期也有影响,如菊花属于短日照植物,凤仙花属于长日照植物,人们可以改变日照的长短来改变植物开花的时间。光对动物的影响也很明显。阳光能影响动物的体色,能影响动物的视觉,日照时间的长短对动物的繁殖活动也有影响。

(2) 温度　宇宙中温度变化的幅度极大,而生物体的新陈代谢需要在适宜的温度范围内进行,因此,生物能够生存的温度范围很窄。温度对植物的分布有着重要影响。在寒冷地带的森林中,针叶林较多;在温暖地带的森林中,阔叶林较多。苹果、梨等果树不宜在热带地区栽种,香蕉、凤梨不宜在寒冷地区栽种,这些都是由于受到温度的限制。温度能够影响动物的形态,如生活在北极狐(图 12-2-1)与非洲沙漠狐(图 12-2-2)相比,耳廓要小得多,以减少热量的散失。温度对动物的生活习性也有明显的影响,例如温度降低到 24 ℃ 以下时,蝉就停止鸣叫,冬天到来时,青蛙、蛇、熊等动物就要进入冬眠。

图 12-2-1　北极狐

图 12-2-2　沙漠大耳狐

(3) 水　一切生物的生活都离不开水。在生物体内的各种化学成分中,水的含量最多。对植物来说,水是进行光合作用的重要原料,在植物体内起着运输作用,还能调节植物体的温度。据统计,一株玉米每天大约需要消耗 2 kg 的水。对动物来说,缺水比缺少食物的后果更严重。一年中的降水总量和雨季的分布等,是限制陆生生物分布的重要因素。在干旱的沙漠地区,只有少数耐干旱的动植物生存;而在雨量充沛的热带雨林地区却是森林茂密,动植物种类繁多。

2. 生物因素

自然界中的每一个生物,都受到周围很多其他生物的影响。在这些生物中,既有同种的,又有异种的,因此,生物因素可以分为种内关系和种间关系两种。

(1) 种内关系　指同种生物既有种内互助,也有种内斗争。

种内互助现象是常见的。例如,蚂蚁、蜜蜂等营群体生活的昆虫,它们成百上千只个体生活在一起,在群体内部分工合作,分别负责采食、防卫、生育后代等工作,共同维护群体生存。

同种生物个体之间,由于争夺食物、空间、配偶等矛盾,也会发生斗争。例如,雄鸟在占领巢区后,如果发现同种的其他雄鸟进入,就会奋力攻击,将其赶走。羚羊、象海豹等动物在繁殖期间,常常为争夺配偶而与同种的雄性个体进行斗争。

(2) 种间关系　指不同种生物之间的关系,包括共生、寄生、竞争、捕食等。

两种生物共同生活在一起,互相依赖,彼此有利;如果彼此分开,则双方或一方不能独立生存。两种生物这种共同生活的关系,叫做**共生**。例如,豆科植物与根瘤菌(图 12-2-3)之间的互利共生关系。

一种生物寄居在另一种生物的体内或体表,从那里吸取营养物质来维持生活,这种现象叫做**寄生**。生物界中寄生的现象非常普遍,例如,蛔虫寄生在人的小肠,菟丝子(图 12-2-4)寄生在豆科植物上。

图 12-2-3　豆科植物的根瘤

图 12-2-4　菟丝子

两种生物生活在一起,相互争夺资源和空间等,这种现象叫做**竞争**。例如,农田中小麦和稗草争夺阳光、水分和养料,小家鼠与褐家鼠争夺食物。

一种生物以另一种生物为食的现象,叫做**捕食**。例如,鹰捕捉兔子,狮子捕猎羚羊(图12-2-5)。

综上所述,生物的生存受到很多生态因素的影响,这些生态因素共同构成了生物的生存环境。生物只有适应环境才能生存。

图12-2-5 狮子捕获羚羊

> **做一做** 　　　　列举生物因素实例
>
> 根据上述所学,查找资料,尝试举出下列生物因素实例各**两种**。
> 种内互助_____
> 种内斗争_____
> 共生_____
> 寄生_____
> 竞争_____
> 捕食_____

生物对环境的适应

生物对环境的适应是普遍存在的。很多生物在外形上都具有明显的适应环境的特征,在这些方面有很多生动有趣的现象,如保护色、警戒色、拟态等,如图12-2-6所示。

图12-2-6 生物对环境的适应

动物适应栖息环境而具有的与环境色彩相似的体色,叫做**保护色**。具有保护色的动物不容易被其他动物发现,这对它躲避敌害或捕猎动物都是有利的。有些动物在不同的季节具有不同的保护色。例如,有些蝗虫在夏天草木繁盛时体色是绿色的,到了秋末则变为黄褐色。

某些有恶臭或毒刺的动物所具有的鲜艳色彩和斑纹,叫做**警戒色**。例如,黄蜂腹部黑黄相间的条纹就是一种警戒色。鸟类被黄蜂蜇一次,会记忆几个月,当它们再见到黄蜂时就会很快避开。警戒色的特点是色彩鲜艳,容易识别,能够对敌害起到预先警示的作用,因而有利于动物的自我保护。

某些生物在进化过程中形成的外表形状或色泽斑,与其他生物或非生物异常相似的状态,叫做**拟态**。例如,竹节虫的形状像竹枝,尺蠖的形状像树枝,枯叶蝶停息在树枝上的模样像枯叶。

> **做一做** 　　　　谁的例子好
>
> 列举课本以外生物对环境适应的例子,比一比谁的例子既科学又生动,并记录。
> _____
> _____
> _____

保护色、警戒色和拟态等,都是生物在进化过程中,通过长期的自然选择而逐渐形成的适应性特征。这些适应并不是绝对的完全的,如果环境条件发生变化,对生物的适应也有影响。同时,生物在适应环境的同时,也能够影响环境。例如,蚯蚓在土壤中活动,可以疏松土壤,排出物还能增加土壤肥力。

由此可见,生物与环境之间是相互作用、不可分割的统一整体。

> 环境对生物的生存和生活有影响,生物对环境也有所适应。所以企鹅生活在南极,仙人掌生活在沙漠,鱼要生活在水中,绿色植物必须进行光合作用,候鸟要随季节迁徙,很多动物冬天要冬眠。例如,黑色花能吸收所有波长的光,在阳光下升温快,花的组织容易受损伤,所以自然界黑色花极少。现在,能给幼儿讲明白了吧。

巩固练习

1. 环境中影响生物的_____、_____和_____等的因素,叫做生态因素,可以分为两类:_____和_____。
2. 避役的体色能够随环境色彩的变化而改变,并与环境的色彩保持一致,属于_____;生活在亚马孙河流域的南美鲈鱼形如败叶,浮在水面,属于_____;毛毛虫体表的鲜艳色彩,属于_____。
3. 举例说明生物与环境的关系。

科海拾贝 生物入侵

生物入侵是指当非土著物种进入一个过去不曾分布的地区,并能存活、繁殖,形成野化种群的现象,其种群的进一步扩散已经或将要造成明显的环境和经济后果。生物入侵的渠道包括自然入侵、无意引进、有意引进3种。生物入侵可以**破坏生物的多样性、破坏生态平衡、危害人类健康、造成经济损失**等。

实训活动 制作海洋装饰墙

活动准备 各种彩纸、卡纸、瓦楞纸等美术用纸,水彩笔、水粉、画笔,胶水、双面胶、海绵胶等黏接工具和材料。

活动过程

1. 以小组为单位设计图纸和方案。
2. 在墙面勾勒草图。
3. 使用各种材料制作海洋生物作品,如海带、水草、珊瑚、章鱼、比目鱼、小丑鱼、鲨鱼、鲸、企鹅等。
4. 在墙面上按照预先的设计,分别将海洋生物作品装饰上墙,并进行整理。
5. 装饰好墙面后,可以小组评比,互提意见和建议,完善装饰墙。
6. 可以班级内评出优秀作品,也可在年级开展评比,评选出优秀作品。

幼儿活动 钓鱼游戏

活动准备 淡水环境、海洋环境图板各若干组,钓鱼竿若干支,淡水生物和海洋生物钓鱼小道具各若干组。

活动过程

1. 把幼儿分为若干组,每组发一套钓鱼的材料(包括淡水环境、海洋环境图板各一个,钓鱼竿几支,淡水生物和海洋生物小道具各一组),让幼儿自由玩钓鱼游戏。
2. 提示幼儿这些生物有所不同,进而指出它们生活的环境不同。
3. 教师带领幼儿分类,将淡水生物放到淡水环境的图板上,将海洋生物放到海洋环境的图板上。
4. 教师指导幼儿观察淡水生物和海洋生物的形态特点。
5. 分组游戏,看哪组小朋友钓鱼快、分类准。

第三节 植物的应激性

向日葵每天总是向着太阳的方向转动,早晨朝向东方或东南方,中午朝向南方,午后偏向西南方。这是什么原因呢?

原来,植物和动物一样也能对刺激发生反应,这就是植物的**应激性**。高等植物扎根在土壤中,它的植株体不能自由运动,但是在感受到刺激后,它的某些器官则可以在空间发生位置或方向上的移动,这就是植物的运动,是植物应激性的表现形式。其中最常见的是向性运动和感性运动两种类型。

向性运动

向性运动是植物体受单向环境因素的刺激所引起的定向运动,它的运动方向随刺激的方向而定。如果植物向着刺激方向生长,则表明是正向运动;反之,则为负向运动。

　　　　　观察植物的向光运动

活动准备:盆栽的植物幼苗(如玉米、蚕豆)。

活动过程:

1. 将盆栽的植物幼苗放在室内靠近窗口的地方。
2. 观察5天内植物幼苗生长的情况,并记录观察结果。

结论:_____。

如图12-3-1所示,植物幼苗放在一面受到阳光照射的窗口,过了一段时间后会向着光源的方向生长,这就是植物的向光性运动,使植物产生反应的刺激因素是光照。所有植物都会对光照产生反应。

植物显示出向光性,与单侧光照射引起的植物体内生长素分布不均匀有关。生长素是一种重要的植物激素,它能够加快植物细胞的生长速率,也控制着植物对光照的反应。当光照射到植物茎的某一侧时,就会使生长素在背光一侧比向光一侧分布多,背光一侧的细胞就比向光一侧的细胞生长得快。结果,茎就会向生长慢的一侧弯曲,即朝向光源的一侧弯曲。

图12-3-1 植物的向光生长

向光性使植物的茎、叶处于最适宜利用光能的位置,有利于接受充足的阳光来进行光合作用,这对于植物的生活是有利的。

　　　　　观察植物的向重力运动

活动准备:植物幼苗(如玉米、蚕豆)。

活动过程:

1. 一棵植物的幼苗水平放置。
2. 几小时后,观察它的茎和根生长方向发生的变化。

结论:_____。

如图12-3-2所示,这棵植物幼苗的茎改变了水平方向而向上弯曲生长,根也改变了水平方向而向下弯曲生长,这就是植物的向重力性运动。向重力性是指植物在重力的影响下,保持一定方向生长的反应。根顺着重力方向向下生长,这是正向重力性;茎背离重力方向向上生长,这是负向重力性。

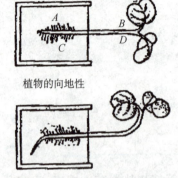

植物的向地性

图 12-3-2 植物的向重力性运动

实验证明,在重力的作用下,水平放置的植物体内的生长素,较多地移动到了离地面近的一侧。虽然茎和根都在离地面近的一侧集中了较多的生长素,但是,茎、根对生长素的敏感性不同,因此产生的反应也不同。对于茎来说,靠近地面的一侧生长素浓度较高,细胞生长较快;而远离地面的一侧,生长素浓度较低,细胞生长较慢。这样一来,茎就背着地面向上弯曲,表现出负向重力性。

由于根对生长素的反应敏感,较高浓度的生长素会抑制根的生长,因此当靠近地面的一侧生长素浓度较高时,细胞的生长受到抑制;而远离地面的一侧,却由于生长素浓度较低而使细胞的生长加速。这样一来,根就向下弯曲,表现出正向重力性。

植物的向重力性运动有着重要的生物学意义:一是种子在土壤里萌发以后,长出的幼苗总是根向下生长,茎向上生长,有利于植物的生长发育;二是根向土壤深处生长,不仅可以把植株体固定下来,而且还便于根从土壤中吸收水分和矿质元素;三是禾本科(如小麦、水稻)植株倒伏后,它的茎间基部接近地面的一侧生长素增多,使这里的一些细胞生长得快,于是茎就向上弯曲生长而逐渐直立起来,保证了植株的生长发育正常进行,如图 12-3-3 所示。这些都显示了植物对于外界环境的适应性。

除了向光性运动和向重力性运动以外,还有向化性运动和向水性运动。例如,植物的根在土壤中总是朝着肥料较多的地方生长,这是向化性运动的表现;当土壤中水分分布不均匀时,根就朝向较湿润的地方生长,这是向水性运动的表现,如图 12-3-4 所示。

图 12-3-3 小麦茎的负向地性

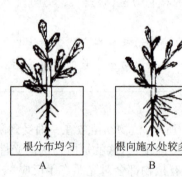

A 根分布均匀　　B 根向施水处较多

图 12-3-4 植物的向水性生长

感性运动

感性运动是植物体受到环境因素强度改变的刺激(如光线明暗、温度高低和震动强弱等)而引起的运动,包括感夜性运动和感震性运动等。例如,合欢、酢浆草的叶片在受到光线明暗的刺激后张开或闭合,就是感夜性运动。而含羞草在受到外界刺激后叶片闭合,就是感震性运动。

观察含羞草的感性运动

活动准备:盆栽含羞草。

活动过程:

1. 在一株盆栽含羞草旁边猛地拍响巴掌,或触动含羞草的小叶。
2. 观察这株含羞草发生的变化。

结论:_____。

含羞草普遍生长在经常有暴风雨的热带。每当大雨来临,最初落到含羞草植株上的几滴雨点,就能使小叶合拢,并使复叶叶柄下垂。这样,在雨水猛烈下降时,整个含羞草植株就可以免遭伤害。由此可见,含羞草的感振性运动是与它的生活环境相适应的。

小朋友观察到的"葵花朵朵向太阳"现象,就是向日葵的向光性运动所致。向日葵茎顶端部分,能够随着阳光照射方向的变化而改变它的弯曲方向,从而使它的花盘总是朝向太阳。

 巩固练习

1. 小麦倒伏以后茎通过生长而逐渐直立起来,这是因为_____。
2. 当植物的根扎入泥土时,根表现出的向性运动属于_____。
3. 将植物放在一侧有光的地方,几天后,会发现植物的茎和叶都向着阳光生长。请解释这种现象。

科海拾贝 会"运动"的植物

随着太阳落下,睡莲的花朵会逐渐关闭,仿佛花朵晚上也要睡觉一样,睡莲也因此而得名。

舞草是一支普普通通的小草,当人们对它讲话或唱歌时,小叶片会左右舞动,宛如小草听到声音翩翩起舞,因而人们称它为舞草。

实训活动 植物向光性运动的实验设计和观察

活动准备　种在花盆中的植物幼苗(如小麦、豌豆苗等)、锡纸、不透光的纸盒、台灯。

活动过程

1. 根据实验目的选择一种植物和合适的材料用具,设计出实验的方法步骤。
2. 根据方法步骤实施实验,提出实验现象的假设。
3. 观察记录植物生长的现象,并分析出现该现象的原因。
4. 验证假设,检验实验是否能出现植物向光性运动的现象。
5. 分析、总结实验的成功或不足之处。

幼儿活动 豌豆走迷宫

活动准备　鞋盒、豌豆种子、硬纸片、装满水的喷壶、花盆、肥料、剪刀。

活动过程

1. 将豌豆种子在水中浸泡一天。然后在花盆中放入肥料,将种子种上,浇水。
2. 在鞋盒的顶端裁剪出一个长方形口子。从鞋盒顶端向下,每隔5 cm,在鞋盒的一侧插入一张硬纸片。硬纸片的位置呈左右两侧交叉排列。
3. 将花盆放在鞋盒的下方,盖上盒盖,把鞋盒摆在温暖、明亮的地方。
4. 当豌豆从鞋盒顶部长出来以后,拿出花盆,观察豌豆的茎。把实验结果记录下来。

第四节　动物的行为

在看驯兽表演时,驯兽师拿出2,小狗就叫两声,拿出3,小狗就叫3声……小狗真的认识这些数字吗?一个小时候被狼收养的孩子,被人救出后,不喜欢穿衣服,不会说话,喜欢吃生肉,还会咬人。人怎么会变得像狼一样呢?

动物的行为是动物体感受刺激以后,所表现出来的有规律的适应性活动,是动物应激性的高级表现形式。动物的行为可以分为先天性行为和后天性行为两大类。

先天性行为

先天性行为是由遗传因素决定的、生来就具有的行为,包括本能行为和社会行为两种。

本能行为是动物对刺激所做出的一种反应,但是它的产生不完全取决于外界的刺激,同时还与动物体内的生理状况有密切关系。例如高等动物的交配行为,并不完全取决于外界是否有配偶动物的存在,还与动物体内有无性激素有关。许多动物在体内没有性激素的情况下,虽然外界有强烈的性刺激因素存在,也不会产生交配行为。有时,甚至不一定需要外界刺激,只要动物体内具备了一定的生理条件,就会出现本能行为。母鸡的就巢孵卵行为就是一个例证。这种行为是由于催乳激素在母鸡体内显著增多引起的。

一般来说,复杂的本能行为是由一系列简单的非条件反射的连锁活动构成的。现以细腰蜂的生殖行为为例来说明。雌蜂交尾以后,就在沙土中挖一个穴道,穴道末端扩大成小室。然后,猎获一只毛虫(或蜘蛛),并且用它的螯针将猎物麻醉以后,带回到穴道的小室内。接着,它在小室内产下一个受精卵。最后,它爬出穴道,用沙土将穴口封闭,飞走。在穴道小室内的由受精卵孵化成的幼虫,就以亲代所贮藏的猎物为食物。幼虫发育成为成虫以后,才掘一个穴口,从穴道中爬出来。由此可见,构成本能行为的连锁活动,各个环节之间的联系是牢固的。子代细腰蜂从未见过亲代是如何完成上述各项活动的,但是,当它发育到一定阶段,却能重复亲代的生殖行为。这说明细腰蜂繁殖行为是生来就具有的本能行为。

蚂蚁、蜜蜂、白蚁等,都是营群体生活的昆虫,它们的生活具有**社会行为**,群体内部不同成员之间分工合作,共同维持群体的生活。营群体生活的动物还有猴、狒狒、象、鹿等,它们具有一系列的社会行为。

具有社会行为的动物,群体内部往往形成一定的组织,成员之间有明确的分工,有的群体中还形成等级,这是社会行为的重要特征。例如白蚁群体成员之间有明显的分工,群体中有雌蚁、雄蚁、工蚁和兵蚁。工蚁的职能是筑巢、喂养雌蚁、雄蚁和兵蚁。兵蚁专司蚁穴的保卫。雌蚁是专职的"产卵机器",也叫后蚁。

有些哺乳动物的群体中还存在等级。例如,狮群中唯一的成年雄狮是首领,其余的成年雌狮是追随者。平时雌狮出去狩猎,捕获得猎物雄狮先享用,接下来才是雌狮们,最后是小狮子。

蜜蜂的社会生活

活动准备:查找资料,了解蜜蜂的社会生活。

活动过程:

1. 蜂群中分成几种蜂?它们都负责哪些工作?

蜜蜂类型	负责工作

2. 尝试了解其他各种动物的社会生活。

群体中的分工合作需要随时交流信息。动物的动作、声音和气味等都可以起传递信息的作用。例如,丹顶鹤求偶时翩翩起舞,猴群中的"哨兵"发现危险时发出的叫声等。

许多动物的个体之间都能进行通讯。例如,蜜蜂的"侦察兵"发现蜜源后,回到蜂巢展示的"舞蹈"。

后天性行为

后天性行为是动物个体出生以后,在生活过程中逐渐建立起来的行为。这种行为与遗传无关,是由生活经验和学习而获得的,所以也有人把这种行为叫做学习行为。它在同种个体之间的表现往往是不同的。

模仿是动物在幼年时期建立后天性行为的一种主要方式,例如小鸡模仿母鸡用爪扒土索食,小猫模仿母猫捕捉老鼠,幼小的黑猩猩模仿年长的黑猩猩用蘸水的树枝,从洞穴中钓取白蚁等。我们人类,在幼儿期也是从模仿开始学会走路和发音的。

条件反射也是动物建立后天性行为的一种主要方式。动物自幼年到成年都在不断地建立新的条件反射。吃过肉的狗,只要见到肉的气味,唾液腺就会分泌唾液,这是反射活动。不过这种反射活动,不是每只狗生来就有的,而是只有吃过肉的狗才能逐渐形成的。

在实践中,人们还可以根据条件反射形成的原理,使动物建立新的条件反射。每当饲养员喂小鸡时,先吹哨子(或打铃),再喂食。这样重复多次后,哨子声(或铃声)和喂食就联系起来了,哨子声就成了小鸡可以吃到食物的信号。因此,只要饲养员一吹哨子,就会引起小鸡索食的条件反射。

动物行为产生的生理基础

无论是先天性的本能行为,还是后天性的模仿和条件反射,实质上都是以反射作为基础的活动,都要受到神经系统和激素的调节与控制。

激素调节对动物行为的影响,表现最显著的是在性行为和对幼仔的照顾方面。例如,将公鸡的睾丸摘除,公鸡就不再啼鸣,鸡冠萎缩,求偶行为消失,如图12-4-1所示。

图12-4-1 阉公鸡

无论先天性行为还是后天性行为,都与神经系统的调节作用有着直接的联系。本能是由一系列非条件反射按照一定顺序连锁发生构成的,大多数本能行为比反射行为负责得多。动物后天性行为中,生活体验和学习对行为的形成起到决定性的作用。例如,刚孵化的动物有印随学习,刚孵化的小天鹅总是紧跟它所看到的第一个大的行动目标行走。动物在从幼年到成年的生活过程中,为适应外界环境的变化,需要不断地学习和体验新事物,建立新的条件反射。动物的判断和推理能力也是通过学习获得的。总之,动物行为的产生主要受神经系统的调节,同时也受激素的调节,这两种调节作用彼此协调、相辅相成。

> 小狗生来并不认识数字,杂技表演时见到数字会叫,那是经过后天的训练建立的条件反射。狼孩儿是人类的小孩儿,但从小跟着狼长大,从幼儿时就见到狼的各种习惯和表现,不断地模仿学习,就使自己的行为习惯也像极了狼。每一种动物行为现象的背后都有其原因,你能为幼儿解释了吗?

巩固练习

1. 动物的行为可以分为_____和_____两大类,它们都受_____和_____的调节。
2. 列举日常生活中多见到的几种动物行为实例,并指出它们属于哪一类行为?

科海拾贝 珍妮·古道尔和黑猩猩

1960年,古道尔这个没有受过训练的姑娘,单枪匹马,就闯入了观察黑猩猩这个从来没有人尝试过、也没有人敢尝试的科学领域之中。最初,黑猩猩们对这位闯入其领地的白皮肤的不速之客纷纷躲避。珍妮只能在500米外观察它们。为了求得黑猩猩的认同,珍妮露宿林中,吃黑猩吃的果子。她一天又一天轻手轻脚地逼近黑猩猩群,仿效黑猩猩的动作和呼叫声,使她能够和它们作一定程度的沟通,仿佛自己也是一只母猩猩。她惊人的耐心终于获得了黑猩猩群的信赖,为它们所接受,融入了它们的群体之中。

实训活动 创编生物科学童话故事

活动准备 一些生物科学童话故事、稿纸和笔。

活动过程

1. 观摩学习生物科学童话故事,了解生物科学童话故事的特点,分析利于写作的适合题材。
2. 小组讨论,拿出生物科学童话故事的主题和大纲。
3. 围绕主题和大纲,搜集资料。

4. 完成初稿。
5. 小组研讨,提出修改意见,进行修改,直至完成最终故事。
6. 全班评比优秀故事,年级展评。

动物也爱模仿秀

活动准备　具有特殊动物行为的某些动物的图片、磁性黑板和磁扣、欢快的音乐。

活动过程

1. 告诉小朋友动物王国要拍摄"动物模仿秀"的节目,请大家帮忙挑选演员和工作人员。
2. 展示某些动物的图片,指导幼儿进行观察,找到善于隐藏自己的动物。
3. 选出灯光师——萤火虫,音效师——响尾蛇,烟雾师——乌贼等工作人员。
4. 任务完成,带着幼儿在音乐声中模仿各种动物的行为特点。

图书在版编目(CIP)数据

综合理科教程/张国玺主编.—2版.—上海:复旦大学出版社,2017.6(2020.9重印)
普通高等学校学前教育专业系列教材
ISBN 978-7-309-12980-9

Ⅰ.综… Ⅱ.张… Ⅲ.学前儿童-理科(教育)-幼儿师范学校-教材 Ⅳ.G613

中国版本图书馆CIP数据核字(2017)第126037号

综合理科教程
张国玺 主编
责任编辑/朱建宝

复旦大学出版社有限公司出版发行
上海市国权路579号 邮编:200433
网址:fupnet@fudanpress.com http://www.fudanpress.com
门市零售:86-21-65102580 团体订购:86-21-65104505
出版部电话:86-21-65642845
浙江临安曙光印务有限公司

开本890×1240 1/16 印张12.75 字数410千
2020年9月第2版第6次印刷
印数42 301—53 300

ISBN 978-7-309-12980-9/G·1718
定价:40.00元

如有印装质量问题,请向复旦大学出版社有限公司出版部调换。
版权所有 侵权必究